Martin Rinscheid

Diensteanbieter und das Urheberrecht

Martin Rinscheid

Diensteanbieter und das Urheberrecht

Störerhaftung im Internet und ihre zivilrechtlichen Grundlagen

Tectum Verlag

Martin Rinscheid

Diensteanbieter und das Urheberrecht
Störerhaftung im Internet und ihre zivilrechtlichen Grundlagen

Zugl. Univ.Diss., Johannes Gutenberg-Universität Mainz 2011
ISBN: 978-3-8288-2818-6

Umschlagabbildung: photocase.com © complize (bearbeitet)
Printed in Germany

Besuchen Sie uns im Internet
www.tectum-verlag.de

MIX
Papier aus verantwortungsvollen Quellen
FSC® C003147

Bibliografische Informationen der Deutschen Nationalbibliothek
Die Deutsche Nationalbibliothek verzeichnet diese Publikation in der Deutschen Nationalbibliografie; detaillierte bibliografische Angaben sind im Internet über http://dnb.ddb.de abrufbar.

Vorwort

Die vorliegende Arbeit wurde im Sommersemester 2010 vom Fachbereich Rechts- und Wirtschaftswissenschaften der Johannes Gutenberg-Universität in Mainz als Dissertation angenommen.

Besonderer Dank gilt meinem Doktorvater Herrn Prof. Dr. Jürgen Oechsler für die stets vorbildliche Betreuung und Unterstützung. Herrn Prof. Dr. Dieter Dörr danke ich für die Erstellung des Zweitgutachtens.

Für wertvolle Hinweise sowie die Durchsicht des Manuskripts danke ich Herrn Dr. Christoph Kins. Schließlich gebührt meinen Eltern für ihre immerwährende Unterstützung mein herzlichster Dank.

Inhaltsverzeichnis

Literaturverzeichnis V

Einleitung 1

1. Kapitel: Technische Grundlagen 7

A. Die Akteure im Internet 7

B. Das Share-Hosting als neue Variante des File-Sharing 9

2. Kapitel: Die Störerfigur im Internet 15

A. Die Passivlegitimation im Urheberrecht 15

I. Täterschaft und Teilnahme 15

II. Der Störer als dritte Kategorie 16

B. Die Voraussetzungen der Störerfigur im Internet 18

I. Subsidiarität 18

II. Akzessorietät 19

III. Adäquate Kausalität 19

IV. Haftungsbeschränkungen 21

1. Die Haftungsbeschränkungen des Telemediengesetzes 22

2. Die Entwicklung der allgemeinen Haftungsbeschränkung 28

a) Haftungsbeschränkung auf Rechtsfolgenseite 28

b) Die Haftungsbeschränkung auf Tatbestandsseite 29

c) Ergebnis zu 2. 31

3. Weiterentwicklung und Präzisierung der Prüfungspflichten 32

a) ambiente.de 32

b) Cybersky ... 34
c) Internetversteigerung I ... 37
d) Jugendgefährdende Medien bei eBay ... 39
e) WLAN ... 44
V. Wiederholungsgefahr/Erstbegehungsgefahr ... 45
VI. Rechtsfolge ... 45

C. Ergebnis zum 2. Kapitel ... 46

3. Kapitel: Die dogmatische Einordnung der Störerfigur im Internet ... 49

A. Die Erforderlichkeit einer dogmatischen Einordnung der Störerfigur ... 49

B. Bestandsaufnahme zur dogmatischen Einordnung der Störerfigur ... 52

I. Dogmatische Einordnung der Störerfigur in der Rechtsprechung ... 52
II. Dogmatische Einordnung der Störerfigur in der Literatur ... 53
1. Erste Einordnungen ... 53
2. § 1004 BGB als Grundlage der Störerhaftung – Rechtswidrigkeit als Einfallstor ... 56

C. § 1004 BGB als Grundlage der Störerfigur ... 58

I. Der Rückgriff auf § 1004 BGB ... 58
1. Schutz derselben Rechtsgüter ... 62
2. Ergänzungsfunktion beim Rechtsgüterschutz ... 63
3. Ergebnis zu I. ... 65
II. Der Störer in § 1004 BGB ... 65
1. Einteilung in Handlungs- und Zustandsstörer ... 66
2. Ursächliche Handlungen (Störungen) durch mehrere ... 68

3. Die Störerfigur des § 1004 BGB als ausreichende Grundlage zur Erklärung der urheberrechtlichen Störerfigur 69

III. Ergebnis zu C 70

D. Dogmatische Einordnung der Prüfungspflichten 71

I. Das Merkmal der Rechtswidrigkeit in § 823 Abs. 1 BGB 73

1. Handlungs- und Erfolgsunrecht 74

2. Von der Lücke des Deliktsrechts zur Einführung der Verkehrspflichten 75

3. Die Bestimmung der Rechtswidrigkeit mittelbarer Verletzungshandlungen 77

4. Gleichläufigkeit zwischen Unterlassen und mittelbarem Handeln 78

5. Die einzelnen Verkehrspflichten 80

6. Ergebnis zu I. 81

II. Die Bestimmung der im Einzelfall bestehenden Verkehrspflicht 83

1. Entstehungsvoraussetzungen der Verkehrspflichten 83

2. Inhalt der Verkehrspflichten 86

3. Reichweite der Verkehrspflichten 88

E. Ergebnis zum 3. Kapitel 90

4. Kapitel: Die Verantwortlichkeit von Share-Hosting-Diensten 93

A. Die Verantwortlichkeit gemäß § 97 Abs. 1 S. 1 i. V. m. § 19a UrhG 93

I. Die Urheberrechtsverletzung 93

1. Verstoß gegen § 16 Abs. 1 UrhG durch Hochladen einer Datei 94

2. Verstoß gegen § 19a UrhG durch Hochladen einer Datei 98

3. Verstoß gegen § 19a UrhG durch Verbreitung des Download-Link 99

II. Die Passivlegitimation 99

1. Haftung als Täter 100

2. Haftung als Teilnehmer 101

III. Die Haftung als Störer 102

1. Adäquate Kausalität 102

2. Verletzung von Prüfungspflichten 103

a) Bestehen der Prüfungspflichten 104

aa) Vorliegen einer Entstehungsvoraussetzung 104

bb) Anwendung des Telemediengesetzes 105

b) Inhalt der Prüfungspflichten 111

aa) Inhaltsbezogene Konzeption der gleichartigen Rechtsverletzung 112

bb) Personenbezogene Konzeption der gleichartigen Rechtsverletzung 115

c) Zumutbarkeit der Prüfungspflichten 118

aa) Grad der Gefahr 118

bb) Funktion und Aufgabenstellung 119

cc) Sozialwert der Handlung 123

dd) Höhe und Art des mutmaßlichen Schadens 127

ee) Vertrauensschutz des Rechteinhabers 127

ff) Beherrschbarkeit des Risikos 128

gg) Sonstige Faktoren 129

hh) Feststellung der den Share-Hosting-Diensten konkret obliegenden Prüfungspflichten 131

B. Ergebnis zum 4. Kapitel 143

Schlussbetrachtung und Zusammenfassung der wesentlichen Ergebnisse 145

Literaturverzeichnis

Ahrens, Hans-Jürgen: Störerhaftung als Beteiligungsform im Deliktsrecht, in: Heldrich, Andreas/Pröls, Jürgen/Koller, Ingo, Festschrift für Claus-Wilhelm Canaris zum 70. Geburtstag, Band I, S. 3 ff., München 2007; zitiert: *Ahrens,* in: FS Canaris, Bd. I

Ahrens, Hans-Jürgen: 21 Thesen zur Störerhaftung im UWG und im Recht des Geistigen Eigentums, WRP 2007, 1281 ff.

Bamberger, Heinz Georg/Roth, Herbert: Kommentar zum Bürgerlichen Gesetzbuch, Band 2, §§ 611–1296, AGG, ErbbauVO, WEG, 2. Aufl., München 2008; zitiert: *Bearbeiter,* in: Bamberger/Roth, BGB

Bar v., Christian: Entwicklung und rechtsstaatliche Bedeutung der Verkehrs(sicherungs)pflichten, JZ 1979, 332 ff.

Ders.: Verkehrspflichten – Richterliche Gefahrsteuerungsgebote im deutschen Deliktsrecht, Köln 1980; zitiert: *v. Bar,* Verkehrspflichten

Ders.: Deliktsrecht, in: Gutachten und Vorschläge zur Überarbeitung des Schuldrechts, Band II, Köln 1981; zitiert: *v. Bar,* Deliktsrecht

Ders.: Entwicklungen und Entwicklungstendenzen im Recht der Verkehrs(sicherungs)pflichten, JuS 1988, 169 ff.

Baur, Fritz: Der Beseitigungsanspruch nach § 1004 BGB – Zugleich ein Beitrag zum Problem der Rechtswidrigkeit auf dem Gebiet des Güterschutzes, AcP 1960 (1961), 465 ff.

Baur, Jürgen/Stürner, Rolf: Lehrbuch des Sachenrechts, 18. Aufl., München 2009; zitiert: *Baur/Stürner,* Sachenrecht

Breyer, Patrick: Verkehrssicherungspflichten von Internetdiensten im Lichte der Grundrechte, MMR 2009, 14 ff.

Brinkel, Guido: Filesharing: Verantwortlichkeit in Peer-to-Peer-Tauschplattformen, Tübingen 2006; zitiert: *Brinkel,* Filesharing

Caemmerer v., Ernst: Wandlungen des Deliktsrechts, Sonderdruck aus: Hundert Jahre Deutsches Rechtsleben, Festschrift zum hundertjährigen Bestehen des Deutschen Juristentages 1860–1960, Band II, Karlsruhe 1964; zitiert: *v. Caemmerer,* Wandlungen des Deliktsrechts

Canaris, Claus-Wilhelm: Die Feststellung von Lücken im Gesetz – Eine methodologische Studie über Voraussetzungen und Grenzen der richterlichen Rechtsfortbildung praeter legem, 2. Aufl., Berlin 1982; zitiert: *Canaris,* Feststellung von Lücken

Creifelds, Carl: Rechtswörterbuch, 19. Aufl., München 2007; zitiert: *Creifelds,* Rechtswörterbuch

Däubler, Wolfgang/Klebe, Thomas/Wede, Peter/Weichert, Thilo: Bundesdatenschutzgesetz, Kompaktkommentar zum BDSG, 3. Aufl., 2010; zitiert: *Bearbeiter,* in: Däubler/Klebe/Wede/Weichert, BDSG

Decker, Ute: Haftung für Urheberrechtsverletzungen im Internet – Anforderungen an die Kenntnis des Host Providers, MMR 1999, 7 ff.

Deutsch, Erwin: Allgemeines Haftungsrecht, 2. Aufl., Köln 1996; zitiert: *Deutsch,* Allgemeines Haftungsrecht

Ders./Ahrens, Hans-Jürgen: Deliktsrecht, Unerlaubte Handlungen, Schadensersatz, Schmerzensgeld, 4. Aufl., Köln 2002; zitiert: *Deutsch/Ahrens,* Deliktsrecht

Döring, Reinhard: Die Haftung für eine Mitwirkung an Wettbewerbsverstößen nach der Entscheidung des BGH „Jugendgefährdende Medien bei eBay", WRP 2007, 1131 ff.

Dreier, Thomas/Schulze, Gernot: Kommentar zum Urheberrechtsgesetz, Urheberrechtswahrnehmungsgesetz, Kunsturhebergesetz, 3. Aufl., München 2008; zitiert: *Bearbeiter,* in: Dreier/Schulze, UrhG

Dreyer, Gunda/Kotthoff, Jost/Meckel, Astrid: Heidelberger Kommentar Urheberrecht – Urhebergesetz, Urheberrechtswahrnehmungsgesetz, Kunsturhebergesetz, 2. Aufl., Heidelberg 2008; zitiert: *Bearbeiter,* in: Dreyer/Kotthoff/Meckel, UrhG

Emmerich, Volker: BGB – Schuldrecht Besonderer Teil, 12. Aufl., Heidelberg 2009; zitiert: *Emmerich,* Schuldrecht BT

Engisch, Karl: Einführung in das juristische Denken, herausgegeben und bearbeitet von Thomas Würtenberger und Dirk Otto, 10. Aufl., Stuttgart 2005; zitiert: *Engisch,* Einführung in das juristische Denken

Ensthaler, Jürgen: Handbuch Urheberrecht und Internet, 2. Aufl., Frankfurt am Main 2010; zitiert: *Bearbeiter,* in: Ensthaler, Urheberrecht und Internet

Erman, Walter: Bürgerliches Gesetzbuch, Handkommentar mit EGBGB, ErbbauVO, HausratsVO, LPartG, ProdHaftG, UKlaG, VAHRG und WEG, Band II, 12. Aufl., Köln 2008; zitiert: *Bearbeiter,* in: Erman, BGB

Esser, Josef: Die Zweispurigkeit des Haftpflichtrechts, JZ 1953, 129 ff.

Fischer, Hans Georg: Europarecht, 2. Aufl., München 2008; zitiert: *Fischer,* Europarecht

Fitzner, Julia: Fortbestehende Rechtsunsicherheit bei der Haftung von Host-Providern – Anwendbarkeit der Haftungsbeschränkung nach TMG und der aktuellen Rechtsprechung, MMR 2011, 83 ff.

Fraenkel, Michael: Tatbestand und Zurechnung bei § 823 Abs. 1 BGB, Berlin 1979; zitiert: *Fraenkel,* Tatbestand und Zurechnung

Freytag, Stefan: Haftung im Netz, Verantwortlichkeit für Urheber-, Marken- und Wettbewerbsrechtsverletzungen nach § 5 TDG und § 5 MDStV, München 1999; zitiert: *Freytag,* Haftung im Netz

Fromm, Karl/Nordemann, Wilhelm: Kommentar zum Urheberrechtsgesetz, Verlagsgesetz, Urheberrechtswahrnehmungsgesetz, 10. Aufl., Stuttgart 2008; zitiert: *Bearbeiter,* in: Fromm/ Nordemann, UrhG

Gursky, Karl-Heinz: Schuldrecht Besonderer Teil, 5. Aufl., Heidelberg 2005; zitiert: *Gursky,* Schuldrecht BT

Hauröder, Thorsten: Urheberrechtliche Bewertung der peer-to-peer Netze – Unter besonderer Berücksichtigung sog. Musiktauschbörsen, Berlin 2008; zitiert: *Hauröder,* Peer-to-peer Netze

Heckmann, Dirk: Juris Praxiskommentar Internetrecht, Telemediengesetz, E-Commerce, E-Government, 2. Aufl., Saarbrücken 2009; zitiert: *Bearbeiter,* in: jurisPK-Internetrecht

Herdegen, Matthias: Europarecht, 12. Aufl., München 2009; zitiert: *Herdegen,* Europarecht

Herrmann, Elke: Der Störer nach § 1004 BGB – Zugleich eine Untersuchung zu den Verpflichteten der §§ 907, 908 BGB, Berlin 1987; zitiert: *Herrmann,* Der Störer nach § 1004 BGB

Hobe, Stephan: Europarecht, 5. Aufl., Köln 2010; zitiert: *Hobe,* Europarecht

Hofacker,Wilhelm: Die Verkehrssicherungspflicht, Stuttgart 1929; zitiert: *Hofacker,* Die Verkehrssicherungspflicht

Hohloch, Gerhard: Die negatorischen Ansprüche und ihre Beziehungen zum Schadensersatz, Frankfurt am Main, 1976; zitiert: *Hohloch*, Negatorische Ansprüche

Hoeren, Thomas: Anmerkung zu OLG Köln v. 02.11.2001 - 6 U 12/01, MMR 2002, 113 ff.

Ders.: Das Telemediengesetz, NJW 2007, 801 ff.

Ders./Sieber, Ulrich: Handbuch Multimediarecht, Rechtsfragen des elektronischen Geschäftsverkehrs, Loseblattsammlung, Stand Juni 2009, München 2009; zitiert: *Bearbeiter*, in: Hoeren/Sieber, Handbuch Multimediarecht

Jauernig, Othmar: Bürgerliches Gesetzbuch mit Allgemeinem Gleichbehandlungsgesetz (Auszug), 13. Aufl., München 2009; zitiert: *Bearbeiter*, in: Jauernig, BGB

Katzenstein, Matthias: Störerhaftung des Mieters wegen rechtswidrig umgebauter Wohnung - Zur Grundlage des negatorischen Beseitigungsanspruchs, JZ 2008, 1129 ff.

Kelsen, Hans: Reine Rechtslehre, 2. Aufl., Wien 1976; zitiert: *Kelsen*, Reine Rechtslehre

Kitz, Volker: Anmerkung zu Supreme Court of the United States, Entscheidung v. 27.06.2005 (Metro-Goldwyn-Mayer Studios Inc. et al. v. Grokster, Ltd. et al.), GRUR Int. 2005, 859 ff.

Köhler, Helmut: „Täter" und „Störer" im Wettbewerbs- und Markenrecht - Zur BGH-Entscheidung „Jugendgefährdende Medien bei eBay", GRUR 2008, 1 ff.

Köhler, Markus/Arndt, Hans-Wolfgang/Fetzer, Thomas: Recht des Internet, 6. Aufl., Heidelberg 2008; zitiert: *Köhler/Arndt/Fetzer*, Recht des Internet

Köster, Oliver/Jürgens, Uwe: Die Haftung von Suchmaschinen für Suchergebnislisten, Anmerkung zu LG Berlin, KR 2005, 334, K&R 2008, 108 ff.

Ders./Bornkamm, Joachim: Gesetz gegen den unlauteren Wettbewerb, Preisabgabenverordnung, Unterlassungsklagegesetz, 28. Aufl., München 2010; zitiert: *Bearbeiter*, in: Köhler/Bornkamm, UWG

Larenz, Karl: Rechtswidrigkeit und Handlungsbegriff im Zivilrecht, in: v. Caemmerer, Ernst/Nikisch, Arthur/Zweigert, Konrad, Vom Deutschen zum Europäischen Recht, Festschrift für Hans Dölle, Band I, S. 169 ff., Tübingen 1963; zitiert: *Larenz*, in: FS Dölle, Bd. I

Ders./Canaris, Claus-Wilhelm: Lehrbuch des Schuldrechts, II. Band: Besonderer Teil, 2. Halbband, 13. Aufl., München 1994; zitiert: *Larenz/Canaris,* Schuldrecht II/2

Dies.: Methodenlehre der Rechtswissenschaft, 3. Aufl., Berlin 1995; zitiert: *Larenz/Canaris,* Methodenlehre

Lehment, Cornelius: Zur Störerhaftung von Online-Auktionshäusern, zugleich Anmerkung zum Urteil des Landgerichts Düsseldorf v. 29.10.2002 - 4 a O 464/01 - eBay, WRP 2003, 1058 ff.

Lehmler, Lutz: Kommentar zum Wettbewerbsrecht, Neuwied 2006; zitiert: *Bearbeiter,* in: Lehmler, UWG

Leible, Stefan/Sosnitza, Olaf: Neues zur Störerhaftung von Internet-Auktionshäusern, NJW 2004, 3225 ff.

Leistner, Matthias: Von „Grundig-Reporter(n) zu Paperboy(s)", Entwicklungsperspektiven der Verantwortlichkeit im Internet, GRUR 2006, 801 ff.

Leistner, Matthias/Stang, Felix: Die Neuerung der wettbewerbsrechtlichen Verkehrspflichten - Ein Siegeszug der Prüfungspflichten? Zugleich ein Beitrag zur dogmatischen Fortentwicklung des Maßstabs der Prüfungspflichten, WRP 2008, 533 ff.

Lettl, Tobias: Urheberrecht, München 2008; zitiert: *Lettl,* Urheberrecht

Lippert, Pascal: Filtersysteme zur Verhinderung von Urheberrechtsverletzungen im Internet - Funktionsweise, Anknüpfungspunkte, rechtliche Rahmenbedingungen, CR 2001, 478 ff.

Lutter, Marcus/Overrath, Hans-Peter: Der Vermieter als Störer nach § 1004 BGB, JZ 1968, 345 ff.

Medicus, Dieter: Schuldrecht II, Besonderer Teil, 14. Aufl., München 2007; zitiert: *Medicus,* Schuldrecht II

Ders./Petersen, Jens: Bürgerliches Recht. Eine nach Anspruchsgrundlagen geordnete Darstellung zur Examensvorbereitung, 22. Aufl., Köln 2009; zitiert: *Medicus/Petersen,* Bürgerliches Recht

Mertens, Hans-Joachim: Verkehrspflichten und Deliktsrecht. Gedanken zu einer Dogmatik der Verkehrspflichtverletzung, VersR 1980, 397 ff.

Motive zum Entwurfe eines Bürgerlichen Gesetzbuches für das Deutsche Reich, Band III: Sachenrecht, Amtliche Ausgabe Berlin 1888, Nachdruck Berlin 1983; zitiert: Motive III zum Bürgerlichen Gesetzbuch

Mugdan, Benno: Die gesammelten Materialien zum Bürgerlichen Gesetzbuch für das Deutsche Reich, Band 3: Sachenrecht, Neudruck der Ausgabe Berlin 1899, Aalen 1979; zitiert: *Mugdan*, Materialien zum Bürgerlichen Gesetzbuch

Münzberg, Wolfgang: Verhalten und Erfolg als Grundlagen der Rechtswidrigkeit und Haftung, Frankfurt 1966; zitiert: *Münzberg*, Grundlagen der Rechtswidrigkeit

Palandt, Otto: Bürgerliches Gesetzbuch mit Nebengesetzen, 69. Aufl., München 2010; zitiert: *Bearbeiter*, in: Palandt, BGB

Picker, Eduard: Der negatorische Beseitigungsanspruch, Bonn 1972; zitiert: *Picker*, Der negatorische Beseitigungsanspruch

Prütting, Hans/Wegen, Gerhard/Weinreich, Gerd: BGB Kommentar, 4. Aufl., Köln 2009; zitiert: *Bearbeiter*, in: Prütting/Wegen/Weinreich, BGB

Raitz von Frentz, Wolfgang/Masch, Christian: Anmerkung zu OLG Köln, Urteil vom 21. September 2007 - 6 U 86/07, ZUM 2007, 930 ff.

Rössel, Markus: Anmerkung zu OLG Köln, Urteil vom 21. September 2007 - 6 U 86/07, ITRB 2008, 6 f.

Rössel, Markus: Anmerkung zu BGH, Urteil vom 29. April 2010 - I ZR 69/08 (Vorschaubilder), MMR 2010, 480 f.

Säcker, Franz Jürgen/Rixecker, Roland: Münchner Kommentar zum Bürgerlichen Gesetzbuch, Band 5 und 6 (§§ 705–1296), 5. Aufl., München 2009; zitiert: *Bearbeiter*, in: Münch/Komm, BGB

Schenke, Wolf-Rüdiger: Polizei- und Ordnungsrecht, 6. Aufl., Heidelberg 2009; zitiert: *Schenke*, Polizei- und Ordnungsrecht

Schieferdecker, Alexander: Haftung der Domainvergabestelle, Köln 2003; zitiert: *Schieferdecker*, Haftung der Domainvergabestelle

Schoch, Friedrich: Der unbestimmte Rechtsbegriff im Verwaltungsrecht, Jura 2004, 612 ff.

Schricker, Gerhard , Urheberrecht Kommentar, 3. Aufl., München 2006, zitiert: *Bearbeiter*, in: Schricker, UrhG

Schulze, Reiner: Bürgerliches Gesetzbuch Handkommentar, 6. Aufl., Baden-Baden 2009; zitiert: *Bearbeiter*, in: Hk-BGB

Schwarz, Günter Christian/Wandt, Manfred: Gesetzliche Schuldverhältnisse. Deliktsrecht - Schadensrecht - Bereicherungsrecht - GoA, 3. Aufl., München 2009; zitiert: *Schwarz/Wandt*, Gesetzliche Schuldverhältnisse

Spindler, Gerald: Urheberrecht und Tauschplattformen im Internet; JZ 2002, 60 ff.

Ders.: Präzisierungen der Störerhaftung im Internet - Besprechung des BGH-Urteils „Kinderhochstühle im Internet", GRUR 2011, 101 ff.

Spindler, Gerald/Leistner, Matthias: Die Verantwortlichkeit für Urheberrechtsverletzungen im Internet - Neue Entwicklungen in Deutschland und in den USA, GRUR Int. 2005, 773 ff.

Spindler, Gerald/Volkmann, Christian: Die zivilrechtliche Störerhaftung der Internetprovider, WRP 2003, 1 ff.

Spindler, Gerald/Schmitz, Peter/Geis, Ivo: TDG Kommentar - Telemediengesetz, Teledienstedatenschutzgesetz, Signaturgesetz, München 2004; zitiert: *Bearbeiter*, in: Spindler/Schmitz/Geis, TDG

Staudinger v., Julius: Kommentar zum Bürgerlichen Gesetzbuch mit Einführungsgesetz und Nebengesetzen, Eckpfeiler des Zivilrechts, Berlin, Neubearbeitung 2008; zitiert: *Bearbeiter*, in: Staudinger/Eckpfeiler

Ders.: Kommentar zum Bürgerlichen Gesetzbuch mit Einführungsgesetz und Nebengesetzen,

Zweites Buch, Recht der Schuldverhältnisse, §§ 823–825, 13. Aufl., Berlin 1999,
Buch 2, Recht der Schuldverhältnisse, §§ 823 E-I, 824, 825 (Unerlaubte Handlungen 1 - Teilband 2), Neubearbeitung, Berlin 2009,
Buch 2, Recht der Schuldverhältnisse, §§ 830–838 (Unerlaubte Handlungen 3), Neubearbeitung, Berlin 2008,
Buch 2, Recht der Schuldverhältnisse, §§ 826–829, Produkthaftungsgesetz, Neubearbeitung Berlin 2009,
Buch 3, Sachenrecht, §§ 985–1011 (Eigentum 3), Neubearbeitung, Berlin 2006; zitiert: *Bearbeiter*, in: Staudinger, BGB

Stoll, Hans: Unrechtstypen bei Verletzung absoluter Rechte, AcP 162 (1963), 203 ff.

Streinz, Rudolph: Europarecht, 8. Aufl., Heidelberg 2008; zitiert: *Streinz*, Europarecht

Strömer, Tobias H./Grootz, Andreas: Internet-Foren: „Betreiber- und Kenntnisverschaffungspflichten" - Wege aus der Haftungsfalle, K&R 2008, 553 ff.

Teplitzky, Otto: Wettbewerbsrechtliche Ansprüche, Unterlassung - Beseitigung - Schadensersatz, 7. Aufl., Köln 1997; zitiert: *Teplitzky*, Wettbewerbsrechtliche Ansprüche

Tettinger, Peter J./Erbguth, Wilfried/Mann, Thomas: Besonderes Verwaltungsrecht - Kommunalrecht, Polizei- und Ordnungsrecht, Baurecht, 10. Aufl., Heidelberg 2009; zitiert: *Tettinger/Erbguth/Mann*, Besonderes Verwaltungsrecht

Ufer, Frederic: Die Haftung der Internet-Provider nach dem Telemediengesetz, Hamburg 2007; zitiert: *Ufer*, Haftung der Internet-Provider

Vieweg, Klaus/Werner, Almuth: Sachenrecht, 3. Aufl., Köln 2007; zitiert: *Vieweg/Werner*, Sachenrecht

Volkmann, Christian: Der Störer im Internet - Zur Verantwortlichkeit der Internet-Provider im allgemeinen Zivil-, Wettbewerbs-, Marken- und öffentlichen Recht, München 2005; zitiert: *Volkmann*, Der Störer im Internet

Voss, Laurenz: Die Verkehrspflichten: eine dogmatisch-historische Legitimierung, Berlin 2007; zitiert: *Voss*, Verkehrspflichten

Wandtke, Artur-Axel/Bullinger, Winfried: Praxiskommentar zum Urheberrecht, 3. Aufl., München 2009; zitiert: *Bearbeiter*, in: Wandtke/Bullinger, UrhG

Wilmer, Thomas: Überspannte Prüfpflichten für Host Provider? Vorschlag für eine Haftungsmatrix, NJW 2008, 1845 ff.

Windscheid, Bernhard: Lehrbuch des Pandektenrechts unter vergleichender Darstellung des deutschen bürgerlichen Rechts, bearbeitet von Theodor Kipp, Band 1, Nachdruck der 8. Aufl., Frankfurt am Main 1900, Goldbach 1997; zitiert: *Windscheid*, Lehrbuch des Pandektenrechts, Bd. 1

Wischmann, Tim: Rechtsnatur des Access-Providing, MMR 2000, 461 ff.

Wolf, Manfred/Wellenhofer, Marina: Sachenrecht, 24. Aufl., München 2008; zitiert: *Wolf/Wellenhofer*, Sachenrecht

Zippelius, Reinhold: Juristische Methodenlehre, 10. Aufl., München 2006; zitiert: *Zippelius*, Methodenlehre

Zitelmann, Ernst: Lücken im Recht, Rede gehalten bei Antritt des Rektorats der Rheinischen Friedrich-Wilhelms-Universität zu Bonn am 18. Oktober 1902, Leipzig 1903; zitiert: *Zitelmann*, Lücken im Recht

Einleitung

Die Verbreitung von Dateien durch die Verwendung von Share-Hosting-Diensten stellt ein neues Phänomen des File-Sharing dar. Die Nutzer laden hierbei (oftmals urheberrechtlich geschützte) Dateien, zumeist Musiktitel, vermehrt aber auch Filme und Video-Clips, auf die Plattform des Share-Hoster hoch und veröffentlichen den erhaltenen Download-Link in einschlägigen Internetforen. In der Folge hat jeder Besucher des jeweiligen Forums Zugriff auf den Download-Link und somit auch auf die auf dem Server des Share-Hosting-Dienstes abgelegte Datei. In der Verbreitung der Download-Links von urheberrechtlich geschützten Dateien liegt ein Verstoß gegen das allein dem Rechteinhaber zustehende Recht der öffentlichen Zugänglichmachung gemäß § 19a UrhG – mithin eine Urheberrechtsverletzung.[1]

Die Verwendung der Share-Hosting-Dienste findet in der Internetgemeinde regen Zuspruch, insbesondere weil, anders als bei Peer-to-peer Netzwerken (P2P-Netzwerke), die IP-Adresse[2] des jeweiligen Nutzers nicht allgemein sichtbar und somit auch die Zurückverfolgung und Identifizierung erheblich erschwert ist.[3] Aufgrund der derzeitigen Möglichkeit, die Dienste eines Share-Hoster ohne Registrierung in Anspruch zu nehmen, können urheberrechtlich geschützte Dateien anonym hochgeladen und daraufhin ebenso ano-

---

1 Zu diesem Punkt ausführlich 4. Kapitel, A., I., 3.

2 Die IP-Adresse ist eine aus einer Zahlenfolge bestehende „Anschrift" eines Rechners innerhalb eines Netzwerks, mit deren Hilfe er für andere Rechner identifizierbar ist. Datenpakete können somit zielgenau ausgetauscht werden. Hierbei steht die Abkürzung „IP" für Internet Protocol. Das Internet Protocol stellt ein Netzwerkprotokoll dar, d. h. eine Vereinbarung, nach welcher Computer in einem Netzwerk Datenpakete versenden und empfangen. Vgl. hierzu *Sieber*, in: Hoeren/Sieber, Handbuch Multimediarecht, Teil 1 Rn. 42 ff., 53 ff.

3 Bei den herkömmlichen P2P-Netzwerken ist die IP-Adresse des jeweils Anbietenden sowie diejenige des Nachfragenden sichtbar, sodass durch Anfrage mittels des urheberrechtlichen Auskunftsanspruchs gemäß § 101 Abs. 1 S. 1 UrhG bei den jeweiligen Access-Providern der Inhaber des Anschlusses, von dem aus die Handlung vorgenommen wurde, identifiziert werden kann. Bei der Verwendung eines Share-Hosting-Dienstes gibt es hingegen kein Netzwerk. Erkennbar ist die IP-Adresse des Anschlusses lediglich für den jeweiligen Share-Hosting-Dienst zum Zeitpunkt des Uploads sowie zum Zeitpunkt des Downloads. Dritte hingegen können die IP-Adresse nicht sehen.

nym von Dritten heruntergeladen werden. Die Bedeutung dieser neuen Variante des File-Sharing wird bei Betrachtung der Statistiken zum Internetverkehr deutlich. Allein der weltgrößte Share-Hosting-Dienst, die in der Schweiz ansässige Rapidshare AG (im Folgenden: Rapidshare), zählt zu den vierzig meistbesuchten Webpages im Internet.[4]

Ein rechtliches Vorgehen gegen die einzelnen Nutzer ist mangels Verfolgbarkeit für die Rechteinhaber wenig vielversprechend. Anders als in P2P-Netzwerken, in denen die IP-Adresse der Nutzer sichtbar ist, lässt sich für einen Dritten von außen nicht ersehen, wer welche Daten bei einem Share-Hoster hinterlegt. Eine Inanspruchnahme der Share-Hosting-Dienste als Täter scheidet aufgrund ihres lediglich mittelbaren Tatbeitrags aus – sie stellen lediglich ihre Plattform zur Verfügung und begehen selbst keine urheberrechtsverletzende Handlung. Auch eine Verantwortlichkeit als Teilnehmer i. S. d. § 830 Abs. 2 BGB ist regelmäßig mangels Vorsatz hinsichtlich der Haupttat nicht zu begründen, sodass allein eine Inanspruchnahme gemäß § 97 Abs. 1 S. 1 UrhG i. V. m. den Grundsätzen der Störerhaftung in Betracht kommt.

Die Anwendung der Störerfigur bereitet allerdings Schwierigkeiten. Sie wird seit mehreren Jahrzehnten von der Rechtsprechung verwendet – allerdings ist ihre Bestimmung, d. h. die Beantwortung der Frage, wann eine mittelbar verursachte Rechtsverletzung zugerechnet werden kann, noch keiner eindeutigen Antwort zugeführt worden. Im Mittelpunkt der Kontroverse stehen die vom BGH in der Architektenwettbewerb-Entscheidung[5] im Jahre 1996 als haftungsbegrenzendes Merkmal eingeführten Prüfungspflichten. Sie galten zunächst für das Wettbewerbsrecht, wurden dann allerdings auch in

---

4 Vgl. hierzu die Aufstellung des Unternehmens *Alexa* unter http://www.alexa.com/topsites/global1, zuletzt aufgerufen am 23.04.2010. *Alexa* ist eine Tochtergesellschaft von Amazon.com, welche u. a. Daten über Zugriffe auf Webpages sammelt und die so festgestellten Besucherzahlen auswertet. Man wird Rapidshare aber letztlich wohl sogar zu den 15 meistbesuchten Webpages zählen können. Schließlich werden in der Statistik von Alexa bspw. die einzelnen Länder-Domains von Google (google.com, google.fr etc.) einzeln aufgeführt, sodass allein Google acht Mal in der Liste der 40 meistbesuchten Webpages auftaucht.

5 BGH GRUR 1997, 313, 316 – Architektenwettbewerb.

anderen Bereichen, etwa im Urheberrecht[6], eingeführt. Allgemeine Kriterien zur Bestimmung der Prüfungspflichten fehlen indes.

Der Mangel an klar umrissenen Kriterien zur Bestimmung der Störereigenschaft bedingt Rechtsunsicherheit für im Internet tätige Unternehmen. Welche Vorsorgemaßnahmen muss ein Diensteanbieter treffen, um nicht als Störer für die Rechtsverletzungen seiner Nutzer haften zu müssen? Eine Antwort auf diese für Diensteanbieter existenzielle Frage zu finden, gleicht mangels Vorhersehbarkeit der richterlichen Bestimmung der Prüfungspflichten einer unlösbaren Aufgabe. Orientierung bietet allein das seither entstandene Entscheidungsmaterial des BGH, also die Entscheidungen, in welchen die Prüfungspflichten für die verschiedensten Arten von Diensten und Personen präzisiert wurden. Beispiele sind die Entscheidungen zur Verantwortlichkeit von Online-Auktionshäusern[7], Foren-Betreibern[8], Softwareherstellern[9] oder Privatpersonen, die ein drahtloses Netzwerk (WLAN) betreiben[10]. Aufgrund der rasanten technologischen Entwicklung kommen neue Arten von Diensteanbietern hinzu, welche oftmals nur entfernt mit den bisher vorhandenen Diensteanbietern vergleichbar sind. Es bedarf keiner weiteren Erläuterung, dass die dem Betreiber eines Meinungsforums obliegenden Prüfungspflichten sich von denjenigen eines Online-Auktionshauses unterscheiden (müssen). Es kann schließlich aufgrund der unterschiedlichen Funktionsweise dieser beiden Dienste keine Eins-zu-eins-Übertragung der Prüfungspflichten erfolgen. Vielmehr müssen Letztere für jeden spezifischen Diensteanbieter neu bestimmt werden. Dies gilt auch für die derzeit im Fokus des Interesses stehenden Share-Hosting-Dienste.[11]

---

6 BGH GRUR 1999, 418, 420 – Möbelklassiker.

7 BGH ZUM 2004, 831 – Internetversteigerung I; BGH MMR 2007, 507 – Internetversteigerung II; BGH GRUR 2007, 890 – Jugendgefährdende Medien bei eBay; BGH MMR 2011, 172 – Kinderhochstühle im Internet.

8 BGH GRUR 2007, 724 – Meinungsforum; BGH MMR 2010, 556 – marions-kochbuch.de.

9 BGH MMR 2009, 625 – Cybersky.

10 BGH MMR 2010, 565 – WLAN.

11 Ein weiterer Diensteanbieter, zu dessen mittelbarer Verantwortlichkeit als Störer noch keine BGH-Entscheidung vorliegt, ist der sog. *Admin-C* (engl. administrative contact). Hierbei handelt es sich um den Ansprechpartner, der für alle administrativen Fragen hinsichtlich einer Domain benannt werden muss. Vgl. hierzu die bislang ergangenen Entscheidun-

Zwar ist es richtig, dass eine vergleichende Betrachtung des bislang ergangenen Entscheidungsmaterials mit Sicherheit nicht ungeeignet ist, die Prüfungspflichten eines neuen Diensteanbieters zu bestimmen. Eine solche vergleichende Betrachtung kann aber allein nur schwerlich befriedigen.

Gegen ein Interesse an der Lösung dieser Störerproblematik spricht im Übrigen nicht die Entscheidung des BGH zu „Jugendgefährdenden Medien bei eBay".[12] Das Gericht hat hierin freilich erstmals die mittelbare Verantwortlichkeit eines Diensteanbieters nicht anhand der Störerfigur, sondern anhand der neu eingeführten täterschaftlichen Haftungsfigur wegen Verletzung *wettbewerbsrechtlicher Verkehrspflichten* festgestellt.[13] Hiermit kam der BGH bereits früher geäußerten Zweifeln[14] an der Verwendung der Störerfigur im verhaltensbezogenen Wettbewerbsrecht nach. Darin ist jedoch keine Absage an die Störerfigur in anderen Bereichen des Sonderdeliktsrechts[15], wie dem Urheber- und Markenrecht, zu sehen. Vielmehr ist das Gegenteil der Fall. Zum einen passt die Kritik an der wettbewerbsrechtlichen Störerfigur nicht auf das erfolgsbezogene, absolute

---

gen der Instanzgerichte OLG Köln MMR 2009, 48; OLG Düsseldorf MMR 2009, 336 sowie OLG München MMR 2010, 261.

12 BGH GRUR 2007, 890 – Jugendgefährdende Medien bei eBay.

13 Bestätigt hat der BGH diese Entwicklung in seiner darauf folgenden Entscheidung BGH GRUR 2009, 597 – Halzband, in welcher der mittelbar Handelnde als Täter haftete, jedoch nicht aufgrund der Verletzung einer wettbewerbsrechtlichen Verkehrspflicht, sondern aufgrund der Verletzung seiner *Pflicht zur Verwahrung von geschäftlichen Daten*. Eine Verantwortlichkeit als Störer hat der BGH weder in der „Jugendgefährdende Medien bei eBay"-Entscheidung noch in der Halzband-Entscheidung angesprochen.

14 BGH ZUM 2004, 831, 835 – Internetversteigerung I.

15 Als *Sonderdeliktsrecht* bezeichnet *Ahrens* alle Normen zum Schutze von Rechten des geistigen Eigentums, also u. a. solche des Urheber- und Markenrechts sowie jene des Rechts gegen unlauteren Wettbewerb; vgl. *Ahrens*, in FS Canaris, Bd. I, 3, 4; ebenso *Döring*, WRP 2007, 1331, 1337; *Lehmler*, UWG, Einleitung Rn. 24. Auch der BGH sieht Schutzrechtsverletzungen und Wettbewerbsverstöße als deliktische Handlungen an; BGH GRUR 2002, 618, 619 – Meißner-Dekor. Gegen die Einordnung des Wettbewerbsrechts als Sonderdeliktsrecht siehe hingegen *Schünemann*, WRP 1998, 120, 122. Im Folgenden wird der Terminologie von *Ahrens* gefolgt, wonach der Begriff des Sonderdeliktsrechts mithin das Wettbewerbsrecht umfasst.

Rechte[16] schützende Urheberrecht. Zum anderen gilt auch weiterhin die klare Aussage des BGH aus der 2004 ergangenen „Internetversteigerung I"-Entscheidung[17], wonach im Immaterialgüterrecht, also auch im Urheberrecht, die Störerhaftung uneingeschränkt anwendbar bleibt. Dies hat der BGH jüngst in seiner Entscheidung „Kinderhochstühle im Internet" bestätigt.[18] Schließlich ist zur Bestimmung der *wettbewerbsrechtlichen Verkehrspflichten* auf die zu den Prüfungspflichten ergangenen Grundsätze zurückzugreifen, sodass auch diesbezüglich ein Interesse an der Herleitung der Prüfungspflichten besteht.[19]

Um also die Frage zu beantworten, ob der Anbieter eines Share-Hosting-Dienstes[20] für die Urheberrechtsverletzungen seiner Nutzer als Störer haftet, ist es zunächst erforderlich, die Grundlagen dieser Haftungsfigur eingehend zu untersuchen. Zu diesem Zwecke wird nach einem Eingehen auf die Vorgaben der Rechtsprechung zum Störerbegriff (2. Kapitel) der Versuch unternommen, allgemeine dogmatische Grundlagen zu erarbeiten (3. Kapitel). Hierbei wird ein bereits in der Literatur[21] vertretenes Konzept aufgegriffen, wonach die Prüfungspflichten ihre Grundlage in den deliktsrechtlichen Verkehrspflichten finden. Konkret steht hierbei die Frage im Vordergrund, wie der Bogen von der urheberrechtlichen Anspruchsgrundlage des § 97 Abs. 1 S. 1 UrhG über die negatorische Vorschrift des § 1004 BGB hin zur deliktsrechtlichen Anspruchsgrundlage des

---

16 Als *absolute Rechte* werden solche bezeichnet, die gegen jedermann wirken, im Unterschied zu relativen Rechten, die lediglich die Parteien des jeweiligen Schuldverhältnisses berechtigen und verpflichten; hierzu *Wagner*, in: MünchKomm, BGB, § 823 Rn. 160; *Creifelds*, Rechtswörterbuch, „Rechte" (S. 931).

17 BGH ZUM 2004, 831 – Internetversteigerung I.

18 BGH MMR 2011, 172, 174 – Kinderhochstühle im Internet.

19 BGH GRUR 2007, 890, 894 – Jugendgefährdende Medien bei eBay.

20 Zur Funktionsweise eines Share-Hosting-Dienstes siehe das nun folgende 1. Kapitel.

21 *Haedicke*, GRUR 1999, 397, 400 ff.; *Freytag*, Haftung im Netz, S. 75 ff.; *Volkmann*, Der Störer im Internet, S. 131 ff.; *Spindler/Volkmann*, WRP 2003, 1, 11; *Leistner*, WRP 2006, 801, 808 ff. Es ist zuzugestehen, dass in der Literatur mittlerweile regelmäßig die deliktsrechtlichen Verkehrspflichten als Grundlage der Prüfungspflichten genannt werden. Weitere Ausführungen zur dogmatischen Herleitung finden sich allerdings nur bei den genannten Autoren.

§ 823 Abs. 1 BGB geschlagen werden kann. Es geht darum, das geschriebene Gesetzesrecht mit der richterrechtlich geprägten Störerfigur zu harmonisieren. Mit den gewonnenen Erkenntnissen soll im Anschluss daran die Verantwortlichkeit eines Share-Hosting-Dienstes für Urheberrechtsverletzungen seiner Nutzer analysiert werden (4. Kapitel). Eine Zusammenfassung der gefundenen Ergebnisse rundet die Untersuchung ab (Schlussbetrachtung).

1. Kapitel: Technische Grundlagen

Es folgt zunächst ein kurzer Überblick über die beteiligten Akteure im Internet (A.). Im Anschluss daran wird auf die neue Variante des File-Sharing mittels Benutzung von Share-Hosting-Diensten näher eingegangen (B.).[22]

A. Die Akteure im Internet

Das Internet lässt sich als ein offenes, globales Netzwerk verstehen, welches das Austauschen von Informationen mittels verschiedenster Dienste gestattet. An diesem Prozess des Datenaustauschs sind mehrere Akteure beteiligt, wobei man im Rahmen der Kommunikation die Teilnehmer in zwei Gruppen unterteilt. Auf der einen Seite stehen die Nutzer und auf der anderen Seite die Diensteanbieter, welche zusammenfassend als Internet Service Provider (ISP) bezeichnet werden.

Bei den *Nutzern* handelt es sich um diejenigen Personen, die im Internet oder in anderen Computernetzen angebotene Dienstleistungen und Informationen nachfragen. Öffnet jemand auf seinem Computer seinen Browser[23] und ruft damit die Homepage von Google auf, so ist er ein Nutzer. Gleiches gilt, wenn jemand eine E-Mail versendet oder seine Anti-Virus-Software mittels Download vom Server des jeweiligen Anbieters aktualisiert. In allen drei Fällen wird eine Dienstleistung nachgefragt.

Der Begriff der *Internet Service Provider* wiederum ist ein Oberbegriff für die einzelnen Gruppen an Diensteanbietern im Internet.[24] Hierzu gehören im Anschluss an die Systematik der §§ 7 ff. TMG die Access-Provider, die Host-Provider sowie die Content-Provider.[25]

---

[22] Ausführlich hierzu *Sieber,* in: Hoeren/Sieber, Handbuch Multimediarecht, Teil 1, Rn. 9 ff.; ebenso *Ufer,* Haftung der Internet Provider, S. 4 ff.

[23] Der Browser ist ein Programm zum Abrufen und zur Darstellung von WWW-Inhalten. Bsp.: *Firefox* von Mozilla, *Internet Explorer* von Microsoft, *Chrome* von Google.

[24] Hierzu *Sieber,* in: Hoeren/Sieber, Handbuch Multimediarecht, Teil 1, Rn. 17.

[25] Ferner sind zu nennen die Proxy-Cache-Provider sowie die Network-Provider. Erstere speichern automatisch und zeitlich begrenzt fremde Information zwischen, um die Übermittlung dieser Information an andere

Die *Access-Provider* i. S. d. § 8 TMG sind verantwortlich für die Konnektivität, d. h. die Verbindung zum Internet. Sie stellen die technische Infrastruktur zur Verfügung, indem sie Leitungsnetze betreiben sowie den Nutzern Zugang zum Internet über einen sogenannten Einwahlknoten vermitteln.[26] Bekannte Access-Provider sind in Deutschland die Deutsche Telekom AG, die 1&1 Internet AG und die Unitymedia GmbH.

Zur Gruppe der *Host-Provider* i. S. d. § 10 TMG zählt man diejenigen Diensteanbieter, welche den Nutzern auf ihren Servern, d. h. ihren Computersystemen, Speicherplatz zur Verfügung stellen.[27] Bekannte Host-Provider sind zum Beispiel das Online-Auktionshaus eBay oder der Share-Hoster Rapidshare. eBay stellt den einzelnen Nutzern auf seiner Plattform Speicherplatz zur Verfügung, den die jeweiligen Nutzer zur Darstellung der zu versteigernden Objekte mit Bildern und Textinformationen füllen. Bei Rapidshare können die Nutzer Dateien bis zu einer bestimmten Größe auf dem Server des Unternehmens hinterlegen und die dort gespeicherte Datei durch Aktivierung eines nach dem Upload erhaltenen Hyperlink[28] jederzeit wieder herunterladen. Neben der Ablage von Sicherheitskopien sowie der Verbreitung von Dateien, deren Versand per E-Mail-Anhang zu groß ist, wird Rapidshare auch zur Verbreitung von urheberrechtlich geschützten Werken verwendet.

Die letzte Untergruppe der Internet Service Provider bilden die *Content-Provider* i. S. d. § 7 Abs. 1 TMG. Hierbei handelt es sich um Inhalteanbieter, welche eigene Informationen zur Verfügung stellen. Sie versorgen ein Netzwerk mit Inhalten, d. h., diese Inhalte werden

---

Nutzer effizienter zu gestalten. Die Gruppe der Network-Provider wird oftmals mit derjenigen der Access-Provider gleichgesetzt; vgl. *Sieber*, in: Hoeren/Sieber, Handbuch Multimediarecht, Teil 1, Rn. 17.

26 *Lippert*, CR 2001, 478, 481; *Wischmann*, MMR 2000, 461; *Heckmann*, in: jurisPK-Internetrecht, S. 157; *Sieber/Höfinger*, in: Hoeren/Sieber, Handbuch Multimediarecht, Teil 18.1, Rn. 32.

27 *Heckmann*, in: jurisPK-Internetrecht, S. 92 sowie S. 182; *Ufer*, Haftung der Internet Provider, S. 35; *Sieber/Höfinger*, in: Hoeren/Sieber, Handbuch Multimediarecht, Teil 18.1, Rn. 79.

28 Ein Hyperlink stellt sich für den Nutzer üblicherweise als hervorgehobene Textstelle oder Grafik in einer WWW-Seite dar. Der Hyperlink ist mit einem bestimmten Verweisziel (einer URL – Uniform Resource Locator, umgangssprachlich also eine Internetadresse) verknüpft und kann vom Nutzer durch Anklicken aktiviert werden; vgl. *Sieber*, in: Hoeren/Sieber, Handbuch Multimediarecht, Teil 1, Rn. 84.

auf Rechnern online vorgehalten.[29] Klassisches Beispiel ist der Autor eines Eintrags beim Online-Lexikon Wikipedia. Es ist jedem Nutzer erlaubt, Artikel und Beiträge zu verfassen und bereits vorhandene Texte zu ändern. Wikipedia ist selbst mithin der Gruppe der Host-Provider zuzuordnen, da Speicherplatz zur Verfügung gestellt wird. Der Autor eines Artikels oder Beitrags hingegen nimmt den angebotenen Speicherplatz in Anspruch - er stellt die Information, welche auf dem Server hinterlegt wird, zur Verfügung und ist mithin Content-Provider.

B. Das Share-Hosting als neue Variante des File-Sharing

Die vorliegende Untersuchung wird sich im 4. Kapitel mit der Frage der Verantwortung des Betreibers eines Share-Hosting-Dienstes für die seitens seiner Nutzer begangenen Urheberrechtsverletzungen auseinandersetzen. Die Share-Hosting-Dienste sind ein verhältnismäßig neues Phänomen im Bereich des Internets, mit deren Hilfe Dateien im Netz verbreitet werden können. Durch ihre Verwendung ist eine weitere Stufe bzw. eine Fortentwicklung des sogenannten File-Sharing erreicht, welches die Rechteinhaber vor neuerliche Probleme stellt. Im Folgenden werden in der gebotenen Kürze das Phänomen des File-Sharing und somit auch die Funktionsweise der Share-Hosting-Dienste dargestellt.[30]

Der Begriff des File-Sharing umfasst ganz allgemein das Verbreiten von Dateien im Internet.[31] Er geht zurück auf den amerikanischen Studenten Shawn Fanning, der im Jahr 1999 eine Software programmierte, mit der es ihm möglich war, Musiksammlungen mit Freunden über das Internet auszutauschen.[32] Seither wurden eine Vielzahl an ähnlichen Programmen[33] entworfen und auch andere

---

29 *Heckmann*, in: jurisPK-Internetrecht, S. 92; *Lippert*, CR 2001, 478, 480.

30 Ausführlich zur Geschichte, Entwicklung sowie der Funktionsweise des Filesharing *Heckmann*, in: jurisPK-Internetrecht, S. 403 ff.; *Köhler/Arndt/Fetzer*, Recht des Internet, S. 201 ff.

31 *Sieber*, in: Hoeren/Sieber, Handbuch Multimediarecht, Teil 1, Rn. 139; *Freiwald*, Private Vervielfältigung, S. 11.

32 *Heckmann*, in: jurisPK-Internetrecht, S. 403.

33 Unterschieden werden zentrale sowie dezentrale File-Sharing-Netzwerke. Bei den zentralen File-Sharing-Netzwerken werden alle Suchanfragen mithilfe eines zentralen Servers bearbeitet. Schaltet man diesen zentralen Server ab, bricht das Netzwerk in sich zusammen, da die Such-

Varianten[34] des Datentausches entwickelt. File-Sharing ist an sich ein neutraler Begriff. Hauptsächlich handelt es sich bei den verbreiteten Dateien um Bilder, Musiktitel, Hörbücher und Filme, wobei diese zwar nicht immer, aber häufig urheberrechtlich geschützt sind und die einzelnen Nutzer für deren Verbreitung in Gestalt der öffentlichen Zugänglichmachung i. S. d. § 19a UrhG bzw. der Vervielfältigung i. S. d. § 53 Abs. 1 S. 1 UrhG keine Lizenz besitzen. Antriebsfeder dieses Phänomens war die Digitalisierung sowie die Entwicklung neuer Datenkomprimierungstechniken, insbesondere des mp3-Formats[35], eines Dateiformats zur Kompression von Audiodateien. Seither können Dateien auf einfachste Weise vervielfältigt und gespeichert werden. Befördert wurde das Phänomen des File-Sharing zusätzlich durch höhere Bandbreiten, sodass die Übertragung immer größerer Datenmengen möglich wurde.

Die klassische Methode des File-Sharing bildet nach wie vor die Verwendung von P2P-Netzwerken, welche umgangssprachlich auch als Tauschbörsen bezeichnet werden. Dass die Bezeichnung als *Tausch*börse sprachlich ungenau ist, da bei einem Transfer der Datei

---

anfragen ins Leere laufen. Bekanntestes Beispiel ist das von Shawn Fanning ins Leben gerufene Filesharing-Netzwerk *Napster*. Die kürzlich nach der Einführung von Napster entwickelten dezentralen Systeme wie *eMule, Gnutella* und insbesondere das derzeit effektivste, auf dem gleichnamigen Protokoll basierende *BitTorrent*-Netzwerk funktionieren ohne einen zentralen Server und können somit auch nicht „abgeschaltet" werden. Suchanfragen werden von den jeweils beteiligten Rechnern bearbeitet, sodass jeder Nutzer zugleich Client als auch Server ist. Schließlich gibt es auch Hybridformen, d. h. File-Sharing-Netzwerke, die sowohl zentrale als auch dezentrale Elemente aufweisen, so bspw. das Netzwerk von *KaZaA*. Vgl. hierzu *Brinkel,* Filesharing, S. 54 ff.; *Hauröder,* Peer-to-peer Netze, S. 8 ff. sowie *Heckmann,* in: jurisPK-Internetrecht, S. 406 f.

34 Hierzu zählt bspw. die Nutzung der im Usenet bestehenden *binary newsgroups* oder eben auch die Verwendung von Share-Hosting-Diensten.

35 Hinter der Abkürzung *„mp3"* verbirgt sich eine weitere Abkürzung: *ISO MPEG Audio Layer 3*. Das mp3-Format wurde 1982 von einer Forschergruppe am Fraunhofer-Institut in Erlangen entwickelt. Die Komprimierung der Audiodateien geschieht dergestalt, dass für das menschliche Ohr nicht wahrnehmbare Audiosignale herausgelöst und lediglich die wahrnehmbaren Audiosignale gespeichert werden. Die so gespeicherte Datei ist kleiner und die Audioqualität nicht oder nur geringfügig beeinträchtigt. Das mp3-Format ist somit eine Weiterentwicklung des wav-Formats, mit dessen Hilfe Audiodateien digitalisiert, allerdings nicht komprimiert werden, sodass die Audiodaten als Rohdaten gespeichert wurden. Eine Datei im wav-Format ist in der Folge größer als bei Speicherung im mp3-Format.

zu einem anderen Rechner die Ursprungsdatei beim Zurverfügungstellenden erhalten bleibt - somit beim Download nur eine Vervielfältigung der Ursprungsdatei erstellt wird -, hat der Verwendung des Begriffs im allgemeinen Sprachgebrauch aber nicht geschadet. Als zusätzliche Form des File-Sharing hat sich die Verwendung von Share-Hosting-Diensten in den vergangenen Jahren etabliert.

Als Share-Hoster bzw. als Cyber-Locker oder One-Click-Hoster werden Diensteanbieter im Internet bezeichnet, die ihren Nutzern Speicherplatz zur Verfügung stellen.[36] Auf der Homepage der jeweiligen Anbieter finden die Nutzer eine Eingabeleiste für die Datei, die hochgeladen werden soll. Nach einem Klick auf den Bestätigungsbutton und der Beendigung des Speichervorgangs öffnet sich eine neue Seite, auf der dem Nutzer ein Hyperlink mitgeteilt wird, durch welchen auf die Datei wieder zugegriffen werden kann. Der Hyperlink besteht aus langen Zahlen- und Buchstabenkombinationen, wobei am Ende des Dateipfades der Dateiname enthalten ist.

Ähnlich wie bei dem derzeit in P2P-Netzwerken populärsten File-Sharing-Netzwerk BitTorrent handelt es sich auch beim Modell der Share-Hoster zunächst um eine neutrale Methode, Dateien zu speichern (bzw. zwischenzuspeichern) und zu verteilen. Es sind Konstellationen denkbar, in denen die Nutzung eines Share-Hosting-Dienstes auf legale Weise in Betracht kommt. So kann bspw. eine eigene Powerpoint-Präsentation mit Bildern, die für den Versand per E-Mail zu groß ist, auf dem Server eines Share-Hoster gespeichert und der Download-Link per E-Mail an die Empfangsberechtigten verteilt werden. Die Empfänger der E-Mail können sich die Datei dann durch Aktivierung des Download-Link auf ihren eigenen Rechner herunterladen. Ebenfalls denkbar ist die Nutzung eines Share-Hoster zur Anfertigung von Sicherheitskopien, etwa durch einen Studenten, der in der Bibliothek seine Diplomarbeit schreibt und keinen USB-Stick parat hat, um die Arbeit dort extern zu speichern. Durch eine kurzen Aufruf der Website eines Share-Hoster

36 Bekannte Share-Hosting-Dienste, bei denen jede Art von Datei hinterlegt werden kann, finden sich unter www.rapidshare.com, www.img-up.net sowie www.stepload.de, alle zuletzt aufgerufen am 13.04.2010. Weiterhin gibt es auch sogenannte Image-Hosting-Dienste, bei denen der Anwender ausschließlich Bilder speichern kann. Derartige Dienste finden sich bspw. unter www.flickr.com oder www.photobucket.com, beide zuletzt aufgerufen am 13.04.2010.

und die Hinterlegung der Datei kann er sich schnell eine Sicherheitskopie erstellen. Es sind zahlreiche weitere Beispiele denkbar.

Share-Hosting-Dienste werden aber vermehrt dazu benutzt, auch urheberrechtlich geschützte Dateien zu hinterlegen und die Download-Links anschließend in einer gegen § 19a UrhG verstoßenden Weise öffentlich zugänglich zu machen.[37] Diese Vorgehensweise sei hier am Beispiel des größten Share-Hoster der Welt, der vom Schweizer Unternehmen Rapidshare AG betriebenen Website www.rapidshare.com, näher dargestellt. Ein beliebiger Nutzer lädt eine urheberrechtlich geschützte Datei bei Rapidshare hoch und erhält anschließend den Download-Link zu dieser Datei.[38] Die Inanspruchnahme der Dienste von Rapidshare kann auf drei verschiedenen Wegen erfolgen, welche mit unterschiedlichen Vorteilen verbunden sind. Erstens ist es möglich, als anonymer Nutzer Dateien bei Rapidshare hochzuladen. Die zweite Möglichkeit ist die Nutzung eines sogenannten *Collector's Account*, die Dritte diejenige der Nutzung eines sogenannten *Premium Account*.

Bei der ersten Variante ist keine Anmeldung erforderlich. Die Speicherung einer Datei kann völlig anonym vonstattengehen. Der Nutzer ruft in seinem Browser die Startseite www.rapidshare.com auf und gibt in die dafür vorgesehene Eingabeleiste den Dateipfad derjenigen auf seinem Rechner befindlichen Datei ein, welche er hochladen möchte. Durch einfachen Mausklick wird das Hochladen dann initialisiert, und der Nutzer erhält anschließend den Download-Link. Die Anonymität sowie die Unentgeltlichkeit machen diesen Dienst besonders attraktiv. Bei Betätigung des Download-Link muss der Nutzer allerdings vor der Initialisierung des Download-Vorgangs eine etwa halbminütige Pause abwarten, in welcher sich dann Pop-up-Fenster mit Werbeinhalten öffnen. Je nach Browser und Einstellung können diese Pop-up-Fenster geblockt werden. Die Wartezeit hingegen kann nicht verkürzt werden. Ferner ist die Maximalgröße für eine hochzuladende Datei auf 200 Megabyte begrenzt. Wird die gespeicherte Datei innerhalb von 60 Tagen nach

---

37 Die Rapidshare AG geht nach eigener Aussage selbst davon aus, dass ein niedriger einstelliger Prozentsatz ihrer Speicherkapazitäten zu illegalen Zwecken missbraucht wird. Die betroffenen Rechteinhaber gehen freilich von einem viel höheren Prozentsatz aus; vgl. LG Hamburg ZUM 2009, 863, 865

38 Zur rechtlichen Beurteilung des Speicherns einer Datei auf einem Server, d. h. des Erstellens einer Vervielfältigung, wird im 4. Kapitel näher eingegangen.

dem Upload nicht heruntergeladen, wird sie automatisch gelöscht. Zudem ist die Zahl der Downloads der gespeicherten Datei auf insgesamt zehn begrenzt, sodass für weitere Downloads die Datei erneut hochgeladen werden muss. Möchte somit ein Nutzer seine bei Rapidshare gespeicherte Datei an fünfzehn Personen verteilen, so muss er die Datei ein zweites Mal bei Rapidshare hinterlegen. Den ersten Download-Link müsste er an die ersten zehn Personen verteilen, den zweiten Download-Link an die restlichen fünf Personen.

Mehr Vorteile bietet die Einrichtung des sogenannten Collector's Account.[39] Dieser ist ebenfalls unentgeltlich, jedoch gilt die Begrenzung von zehn Downloads nicht, sodass eine Datei unbegrenzt oft heruntergeladen werden kann. Ferner wird dem Nutzer eine Liste mit allen von ihm bei Rapidshare hinterlegten Dateien inklusive deren Download-Links zusammengestellt. Ein anonymer Nutzer ist darauf angewiesen, sich den Download-Link nach jedem Hochladen zu notieren bzw. zu speichern. Der Nutzer eines Collector's Account hingegen muss sich lediglich einloggen, um alle Download-Links mit einem Mal einsehen zu können. Erforderlich zur Nutzung eines Collector's Account ist eine vorherige Registrierung, wofür die Hinterlegung einer E-Mail-Adresse sowie eines Passwortes ausreicht. Schließlich ist ein besonderer Vorteil darin zu sehen, dass der Nutzer dieses Kontos für jeden Download seiner Datei sogenannte *RapidPoints* erhält. Diese RapidPoints können anschließend zur Eröffnung oder Verlängerung eines ansonsten kostenpflichtigen Premium Account (dazu sogleich) eingetauscht werden. Hierdurch wird ein Anreiz gesetzt, dass ein Nutzer den Download-Link an so viele Personen wie möglich verteilt. Einen Vorteil beim Herunterladen von Dateien bietet ein Collector's Account hingegen nicht. Ebenso wie jeder andere anonyme Nutzer muss auch der Nutzer eines Collector's Account die halbminütige Pause inklusive Werbeeinblendung abwarten.

Der vorab angesprochene Premium Account als dritte Möglichkeit der Nutzung von Rapidshare bietet die meisten Vorteile.[40] Diese Art des Account ist kostenpflichtig, die Preise sind nach Nutzungsdauer gestaffelt. Für 30 Tage beträgt die Gebühr € 6,99, für 365 Tage werden € 54,99 verlangt. Dem Nutzer stehen dann alle Vorteile eines Collector's Account zur Verfügung, d. h. eine unbegrenzte Anzahl

---

39 Vgl. hierzu die Homepage von Rapidshare unter https://ssl.rapidshare.com/cgi-bin/collectorszone.cgi, zuletzt aufgerufen am 24.03.2010.

40 Vgl. hierzu die Homepage von Rapidshare https://ssl.rapidshare.com/premiumzone.html, zuletzt aufgerufen am 24.03.2010.

an Downloads seiner Dateien sowie die Möglichkeit, gesammelte RapidPoints gegen die Verlängerung des Premium Account bzw. eine Neueröffnung eines weiteren Premium Account einzutauschen. Zusätzlich steht dem Nutzer dann noch die maximale Download-Geschwindigkeit zur Verfügung. Auch beträgt die Begrenzung der Dateigröße bei Up- und Download nicht wie bei allen anderen Nutzern lediglich 200 Megabyte, sondern zwei Gigabyte.[41] Schließlich hat ein *Premium Account* den Vorteil, dass keine Pause und somit keine Werbung abgewartet werden muss, bevor ein Download-Vorgang initialisiert werden kann.

Rapidshare verfügt weder über ein Inhaltsverzeichnis der abgespeicherten Dateien noch über eine Suchfunktion. Es ist mithin nicht möglich, auf der Plattform des Dienstes nach hinterlegten Dateien zu suchen. Somit können weder Dritte noch der Nutzer selbst, der eine Datei hochgeladen hat, auf der Website von Rapidshare nach der Datei und dem dazugehörigen Download-Link suchen. Versäumt es bspw. der Nutzer, nach Beendigung des Upload den angezeigten Download-Link zu speichern oder sich zu notieren, so hat er im Nachhinein selbst keine Möglichkeit, die Datei auf dem Server von Rapidshare wiederzufinden. Erst recht gilt dies für Dritte.

Diese bei Rapidshare fehlende Suchfunktion wird allerdings von anderen Websites übernommen. Frei zugängliche Seiten, auch Linksammlungen genannt, bieten eine Suchmaske an, mit deren Hilfe nach Musiktiteln, Filmen, Hörbüchern etc. gesucht werden kann. Die Suchfunktion der Linksammlung erstellt eine Liste mit Download-Links, welche den direkten Download vom Server von Rapidshare ermöglichen. Die Internetadressen der Linksammlungen ändern sich ständig bzw. alte Linksammlungen werden geschlossen und neue eröffnet. Die Linksammlungen werden meist von denjenigen Personen erstellt, die Dateien bei Rapidshare hinterlegen. Schließlich sind die Download-Links nur den einzelnen Nutzern, welche die Uploads tätigen, bekannt. Erst durch die massenhafte Weitergabe der Download-Links an die betreffenden Linksammlungen werden die öffentliche Zugänglichmachung und damit einhergehende Urheberrechtsverletzungen möglich gemacht.

---

41 Zwei Gigabyte entsprechen 2.000 Megabyte. Zum Vergleich: Ein im mp3-Format gespeichertes Musikstück hat durchschnittlich eine Größe von drei bis vier Megabyte.

2. Kapitel: Die Störerfigur im Internet

Nachdem ein für die Zwecke der vorliegenden Untersuchung hinreichendes Bild von den Akteuren und Share-Hosting-Diensten gewonnen worden ist, soll im folgenden Kapitel dem Begriff des Störers Kontur verliehen werden. Zunächst erfolgt eine Darstellung der im Urheberrecht verwendeten allgemein-zivilrechtlichen Figuren der Täterschaft, der Teilnahme sowie derjenigen des Störers (A.). Im Anschluss wird detailliert auf die Voraussetzungen der Störerfigur eingegangen, wobei der Schwerpunkt auf Entwicklung und Präzisierung der haftungsbeschränkenden Elemente durch die Rechtsprechung gelegt wird (B.).

A. Die Passivlegitimation im Urheberrecht

In der Anspruchsgrundlage des § 97 Abs. 1 S. 1 UrhG fehlt es an einer expliziten Benennung des Anspruchsgegners. Vielmehr heißt es in der Vorschrift lediglich:

> „Wer das Urheberrecht oder ein anderes nach diesem Gesetz geschütztes Recht widerrechtlich verletzt, kann von dem Verletzten auf Beseitigung der Beeinträchtigung, bei Wiederholungsgefahr auf Unterlassung in Anspruch genommen werden […]."

Sowohl die Rechtsprechung als auch die Literatur greifen zur Bestimmung des Anspruchsgegners auf die aus dem allgemeinen Zivilrecht bekannten Haftungsfiguren des *Täters*, des *Teilnehmers* sowie derjenigen des *Störers* zurück.

I. Täterschaft und Teilnahme

Für die Haftungsfiguren der Täterschaft und Teilnahme wird an § 830 Abs. 1 S. 1 bzw. Abs. 2 BGB angeknüpft. Die Zulässigkeit einer Anwendung des § 830 BGB ergibt sich aus dessen Funktion als allgemeines Rechtsanwendungsprinzip.[42] Danach ist Täter, wer die Rechtsverletzung selbst begangen hat, mithin wenn eine eigenständige Verletzungshandlung vorliegt.[43] Auf das Urheberrecht gewen-

---

42 *Larenz/Canaris*, Schuldrecht II/2, § 86 III 2 (S. 684); in diesem Sinne auch *Wagner*, in: MünchKomm, BGB, § 830 Rn. 1.

43 *Wild*, in: Schricker, UrhG, § 97 Rn. 35; *Dreier*, in: Dreier/Schulze, UrhG, § 97 Rn. 23; *v. Wolff*, in: Wandtke/Bullinger, UrhG, § 97 Rn. 14; *Norde-*

det ist für eine täterschaftlich begangene Urheberrechtsverletzung somit erforderlich, dass die Merkmale eines der handlungsbezogenen Verletzungstatbestände des Urheberrechts – bspw. der Tatbestand der öffentlichen Zugänglichmachung gemäß § 19a UrhG – erfüllt sind.[44]

Hat der Inanspruchgenommene die Rechtsverletzung nicht selbst vorgenommen, so scheidet eine Täterschaft aus. Im Anschluss ist eine Teilnahme i. S. d. § 830 Abs. 2 BGB zu prüfen. Für die Konkretisierung der Teilnahmeformen des § 830 Abs. 2 BGB ist von den strafrechtlichen Definitionen der §§ 26 ff. StGB auszugehen.[45] Als Teilnehmer ist daher anzusehen, wer eine vorsätzliche Anstiftungs- oder Beihilfehandlung zur Rechtsverletzung leistet und zudem Vorsatz hinsichtlich der konkreten Haupttat aufweist (sog. doppelter Teilnehmervorsatz).[46] Ausreichend ist hierbei sowohl bei der Täter- als auch bei der Teilnehmerschaft ein adäquater Kausalzusammenhang zwischen dem beanstandeten Verhalten und der Rechtsverletzung.[47]

II. Der Störer als dritte Kategorie

Scheiden Täter- und Teilnehmerschaft aus, kommt eine Haftung als Störer in Betracht, wobei seitens der Rechtsprechung herkömmlich auf den Störerbegriff i. S. d. § 1004 BGB zurückgegriffen wird.[48] Der Störer unterscheidet sich gerade dadurch vom Täter, dass er keine eigenständige Verletzungshandlung vornimmt, sondern lediglich an der Verletzungshandlung eines Dritten mitwirkt. Folglich leistet er keinen unmittelbaren, sondern einen lediglich mittelbaren Beitrag. Er ist der „Täter hinter dem Täter".[49] Im Unterschied zur Teilneh-

---

mann, in Fromm/Nordemann, UrhG, § 97 Rn. 145; *Ahrens*, in: FS Canaris, Bd. I, 3, 7.

44 Vgl. BGH MMR 2010, 565, 566 – WLAN.

45 *Wagner*, in: MünchKomm, BGB, § 830 Rn. 13; *Eberl-Borges*, in: Staudinger, BGB, § 830, Rn. 28, 38, jeweils m. w. N.

46 BGH GRUR 1965, 104 – Personalausweise; BGH MMR 2011, 172, 173 – Kinderhochstühle im Internet.

47 *Wild*, in: Schricker, UrhG, § 97 Rn. 35; *v. Wolff*, in: Wandtke/Bullinger, UrhG, § 97 Rn. 14; *Meckel*, in: Dreyer/Kotthoff/Meckel, UrhG, § 97 Rn. 26; *Nordemann*, in: Fromm/Nordemann, UrhG, § 97 Rn. 145.

48 BGH GRUR 1955, 492 – Grundig-Reporter; BGH GRUR 1997, 313, 315 – Architektenwettbewerb; BGH MMR 2010, 565, 566 – WLAN.

49 *Ahrens*, in: FS Canaris, Bd. I, 3, 4.

merschaft fehlt es dem Störer zudem bereits am Vorsatz hinsichtlich der Haupttat.

Bei der Anwendung der Störerfigur hat sich die Rechtsprechung des BGH seit der Grundig-Reporter-Entscheidung[50] im Jahre 1955 auf eine analoge Anwendung des § 1004 BGB berufen.[51] In § 1004 Abs. 1 S. 1 BGB wird der Anspruchsgegner des Abwehranspruchs auch explizit als „Störer" bezeichnet. Der BGH und ihm folgend die unteren Gerichte haben die für das allgemeine Zivilrecht geltenden Grundsätze des § 1004 BGB für den Unterlassungsanspruch aus § 97 Abs. 1 S. 1 UrhG aufgegriffen und in den vergangenen Jahrzehnten weiterentwickelt. Die heute bestehenden Parameter der Störerfigur sind hierbei allerdings nicht allein in urheberrechtlichen Konstellationen entstanden, sondern zunächst in Fällen des Marken- und Wettbewerbsrechts.[52] Dies erklärt sich daraus, dass auch im Markenrecht und im Recht des unlauteren Wettbewerbs eine ausdrückliche Benennung des Passivlegitimierten fehlt (vgl. §§ 14 Abs. 5, 15 Abs. 4 MarkenG bzw. §§ 8 Abs. 1 i. V. m. Abs. 3 UWG. Während die Störerfigur im Marken- und Urheberrecht weiterhin Anwendung findet, wird die mittelbare Verantwortlichkeit im Wettbewerbsrecht seit der Entscheidung des BGH „Kinderhochstühle im Internet"[53] allein anhand der Haftungskategorien von Täterschaft und Teilnahme bestimmt. Der BGH sprach in diesem Urteil ausdrücklich aus, dass die Störerfigur in den das Verhaltensunrecht betreffenden Fällen, somit also in denjenigen des Wettbewerbsrechts, nicht mehr zur Anwendung gelangt. Hierdurch beendete der BGH eine seit der „Jugendgefährdende Medien bei eBay"-Entscheidung[54] im Jahr 2007 bestehende Unsicherheit hinsichtlich der weiteren Verwendbarkeit der Störerfigur im Wettbewerbsrecht. Mit seiner Entscheidung

---

50 BGH GRUR 1955, 492 – Grundig-Reporter.

51 Mit Konstellationen der mittelbaren Verantwortlichkeit für Urheberrechtsverletzungen hat sich bereits das Reichsgericht befasst. Es berief sich auf das damals geltende Literaturrurhebergesetz (LUG), vgl. RG 78, 84 – Gastwirt, wobei ein Gastwirt für die Rechtsverletzung des von ihm engagierten Kapellmeisters verantwortlich gemacht wurde, da Letzterer nicht die entsprechenden Aufführungsrechte eingeholt hatte. Hierzu *Leistner*, GRUR 2006, 801, 802.

52 Vgl. bspw. zum Markenrecht: BGH ZUM 2004, 831, 835 – Internetversteigerung I; BGH WRP 2008, 1104 – Internetversteigerung III; BGHZ 148, 13, 17 – ambiente.de; zum Wettbewerbsrecht: BGH GRUR 1997, 313, 315 – Architektenwettbewerb.

53 BGH MMR 2011, 172 – Kinderhochstühle im Internet.

54 BGH GRUR 2007, 890 – Jugendgefährdende Medien bei eBay.

„Kinderhochstühle im Internet“ hat der BGH nun klargestellt, dass die Störerfigur von nun an allein im Marken- und Urheberrecht Anwendung findet.[55]

B. Die Voraussetzungen der Störerfigur im Internet

I. Subsidiarität

Die Störerfigur ist innerhalb der Tatbestandsstruktur subsidiär.[56] Bevor auf eine Prüfung des Inanspruchgenommenen als Störer eingegangen werden kann, müssen zunächst die Figuren der Täterschaft und Teilnahme i. S. v. § 830 Abs. 2 BGB verneint werden. Für eine Täterschaft der hier interessierenden Plattform- und Diensteanbieter fehlt es regelmäßig bereits an der eigenen Verwirklichung des Tatbestandes. Die unmittelbar zur Rechtsverletzung führende Handlung wird vom Nutzer vorgenommen. Geht man mit der h. M.[57] vom strafrechtlichen Teilnehmerbegriff aus, so wird es dem Inanspruchgenommenen darüber hinaus regelmäßig am Vorsatz bezüglich der Haupttat fehlen, sodass auch eine Teilnehmerschaft ausscheidet. Schließlich nimmt ein Diensteanbieter grundsätzlich keine Rechtsverletzungen seiner Nutzer nachweislich billigend in Kauf. Überdies wird es häufig bereits an der Kenntnis einer konkret drohenden Verletzungshandlung fehlen, sodass die Annahme eines Vorsatzes von vornherein nicht in Betracht kommt.

Ferner scheiden regelmäßig sowohl Täter- als auch Teilnehmerschaft für die Plattformbetreiber im Internet aufgrund der Anwendbarkeit der §§ 7 ff. Telemediengesetz (TMG) aus.[58] Gemäß §§ 7 Abs. 1, 10 S. 1 TMG haften Host-Provider grundsätzlich nicht auf

---

55 Vgl. hierzu noch unten 2. Kapitel, B., IV., 3., d).

56 BGH MMR 2009, 625, 626 – Cybersky; BGH ZUM 2004, 831, 835 – Internetversteigerung I; BGH MMR 2010, 565, 566 – WLAN; hierzu auch *v. Wolff*, in: Wandtke/Bullinger, UrhG, § 97 Rn. 14.

57 Erforderlich für die Annahme des strafrechtlichen Teilnehmerbegriffs ist neben der vorsätzlichen Teilnahmehandlung zumindest bedingter Vorsatz hinsichtlich der Haupttat, der das Bewusstsein der Rechtswidrigkeit einschließen muss. Vgl. BGH GRUR 2007, 890, 892 – Jugendgefährdende Medien bei eBay; *Wagner*, in: MünchKomm, BGB, § 830 Rn. 13; *Eberl-Borges*, in: Staudinger, BGB, § 830, Rn. 28, 38, jeweils m. w. N.; *Ahrens*, WRP 2007, 1281, 1282.

58 Auf die Vorschriften des TMG und ihr Verhältnis zur Störerhaftung sogleich noch ausführlich, s. 2. Kapitel, B., IV., 1.

Schadensersatz für fremde Informationen, die sie für ihre Kunden speichern.

II. Akzessorietät

Spiegelbildlich zur Subsidiarität setzt die Haftung des Störers das Vorliegen der Rechtsverletzung eines Dritten voraus.[59] Allein in diesen Konstellationen der Akzessorietät kommt im Urheberrecht eine Haftung als Störer in Betracht.[60] Der urheberrechtliche Störerbegriff ist somit enger als derjenige des allgemeinen Zivilrechts in § 1004 BGB, bei welchem auch der unmittelbar Handelnde als Störer qualifiziert werden kann.

III. Adäquate Kausalität

In haftungsbegründender Hinsicht ist als Tatbestandsvoraussetzung die Ursächlichkeit des Verhaltens für die anschließend eingetretene Rechtsverletzung festzustellen. Als Störer kann derjenige in Anspruch genommen werden, der - ohne Täter oder Teilnehmer zu sein - willentlich und adäquat kausal[61] an der Herbeiführung oder Aufrechterhaltung der rechtswidrigen Beeinträchtigung eines Dritten mitgewirkt hat.[62] Als Mitwirkungshandlung genügt hierbei bereits die Unterstützung oder Ausnutzung der Handlung eines eigenverantwortlich handelnden Dritten, sofern der Inanspruchgenommene die rechtliche Möglichkeit zur Verhinderung dieser Handlung hatte.[63]

---

59 BGH GRUR 1997, 313, 315 - Architektenwettbewerb; BGH GRUR 1999, 418, 419 - Möbelklassiker.

60 BGH GRUR 1997, 313, 315 - Architektenwettbewerb; BGH GRUR 2000, 613, 615; s. auch *v. Gierke*, WRP 1997, 892, 894; *Ahrens*, in: FS Canaris, Bd. I, 3, 20.

61 In den wettbewerbsrechtlichen Fällen statuiert der BGH noch zusätzlich, dass als Störer auch derjenige in Betracht kommt, dessen Mitwirkung ohne Wettbewerbsförderungsabsicht erfolgt. Allerdings muss es sich bei dem Verhalten des Dritten um einen Wettbewerbsverstoß handeln; vgl. BGH GRUR 1997, 313, 315 - Architektenwettbewerb; BHGZ 148, 13, 17 - ambiente.de.

62 St. Rspr. seit BGHZ 42, 118, 124 - Personalausweise; s. auch BGH GRUR 1997, 313, 315 - Architektenwettbewerb; BGH GRUR 1999, 418, 419 - Möbelklassiker; BGH GRUR 2002, 618, 619 - Meißner Dekor; BGH MMR 2010, 565, 566 - WLAN.

63 BGH GRUR 1997, 313, 315 - Architektenwettbewerb; BGH GRUR 1999, 418, 419 - Möbelklassiker.

Zur Umschreibung der adäquaten Kausalität sind bislang verschiedene Definitionen verwendet worden.[64] Es lässt sich feststellen, dass ein Verhalten dann als adäquat kausal zu klassifizieren ist, wenn das schadensverursachende Verhalten im Allgemeinen und nicht nur unter besonders eigenartigen, unwahrscheinlichen und nach dem gewöhnlichen Verlauf der Dinge außer Betracht zu lassenden Umständen geeignet ist, den eingetretenen Erfolg herbeizuführen.[65] Oder, negativ formuliert: Die adäquate Kausalität endet dort, wo die Folge so ungewöhnlich oder so entfernt ist, dass man mit ihr nach allgemeiner menschlicher Lebenserfahrung nicht rechnen konnte.[66] Die Adäquanz enthält somit ein Wahrscheinlichkeitsurteil, d. h. eine Prognose, welche auf dem Urteil eines Durchschnittsmenschen basiert, der ungewöhnliche oder weit entfernte Folgen nicht einkalkuliert.[67]

Zusätzlich zur adäquaten Kausalität muss die Mitwirkung willentlich vorgenommen worden sein. Der Bezugspunkt des Willenselements war bislang nicht explizit Gegenstand von Entscheidungen, ist aber – der Verschuldensunabhängigkeit von Abwehransprüchen[68] Rechnung tragend – lediglich auf den Kausalverlauf zu beziehen und bedeutet dessen willentliche Beherrschbarkeit.[69] Diese willentliche Beherrschbarkeit ist streng vom Verschulden zu unterscheiden und darf mit ihr nicht verwechselt werden.[70]

---

64 Nachweise hierzu bei *Deutsch/Ahrens*, Deliktsrecht, Rn. 51 ff. (S. 25 f.); sowie bei *Deutsch*, Allgemeines Haftungsrecht, Rn. 136 f. (S. 91 f.).

65 BGH NJW 1995, 126, 127; 1998, 138; 2005, 1420, 1421; *Emmerich*, Schuldrecht BT, S. 279; *Schwarz/Wandt*, Gesetzliche Schuldverhältnisse, S. 321.

66 *Looschelders*, Schuldrecht BT, S. 437; *Deutsch/Ahrens*, Deliktsrecht, Rn. 52 (S. 26); *Gursky*, Schuldrecht BT, S. 208.

67 *Deutsch/Ahrens*, Deliktsrecht, Rn. 52 (S. 26); *Deutsch*, Allgemeines Haftungsrecht, Rn. 138 ff. (S. 93 f.).

68 Der Begriff der *Abwehransprüche* umfasst sowohl Beseitigungs- als auch Unterlassungsansprüche.

69 *Ahrens*, in: FS Canaris, Bd. I, 3, 8 mit Verweis auf BGHZ 98, 135, 137.

70 So auch *v. Gierke*, WRP 1997, 892, 894.

IV. Haftungsbeschränkungen

Die Tatbestandsvoraussetzung der adäquaten Kausalität eröffnet naturgemäß einen weiten Kreis an potenziell Verantwortlichen. Sie bildet lediglich einen groben, nicht ausreichenden Filter.[71] Um diesen Kreis einzuengen, wird von der Rechtsprechung zusätzlich eine haftungsbeschränkende Komponente geprüft. Sie findet ihre Begründung darin, dass an arbeitsteiligen Prozessen regelmäßig eine Vielzahl an Akteuren beteiligt ist. Man wird nur selten die adäquate Kausalität eines Beitrags verneinen können, selbst wenn dieser im Vergleich zu den anderen ein lediglich geringfügiger ist. Regelmäßig ist nämlich auch ein geringfügiger, durch mehrere Zwischenschritte vermittelter Beitrag in vorhersehbarer Art und Weise geeignet, den Erfolg herbeizuführen. Die Internetsachverhalte sind insoweit geradezu paradigmatisch. Während der Access-Provider den Zugang zum Netz ermöglicht, stellt der Host-Provider eine Plattform bzw. einen Dienst zur Verfügung, der dann letztlich vom einzelnen Nutzer in Anspruch genommen wird. Die einzelnen Mitwirkungsbeiträge der Akteure können nicht hinweggedacht werden, ohne dass der konkrete Erfolg, mithin die Rechtsverletzung seitens der Nutzer, entfiele. Zudem sind die einzelnen Beiträge der Provider in vorhersehbarer Weise geeignet, den Erfolg herbeizuführen.

Bevor auf die seitens der Rechtsprechung entwickelten allgemeinen, d. h. für alle urheberrechtlichen Sachverhalte zu beachtenden Haftungsbeschränkungen eingegangen wird (2.), sind die speziellen Vorschriften des Telemediengesetzes (TMG) vorzustellen, welche zusätzliche, Internetsachverhalte betreffende Haftungsbeschränkungen enthalten (1.).

---

71 *Emmerich*, Schuldrecht BT, S. 280; *Schwarz/Wandt*, Gesetzliche Schuldverhältnisse, S. 323.

1. Die Haftungsbeschränkungen des Telemediengesetzes

Das Telemediengesetz[72] löste im Jahr 2007 das TDG[73] und den MDStV[74]ab, wobei es die Vorgängerregelungen nahezu wortwörtlich übernahm. Es enthält Vorschriften zur Haftungserleichterung für Telemedien, d. h., grundsätzlich alle elektronischen Informations- und Kommunikationsdienste i. S. d. § 1 Abs. 1 S. 1 TMG, mithin also Internetdiensteanbieter. Mit dem TMG verfolgte der deutsche Gesetzgeber insbesondere die Umsetzung der unionsrechtlichen Vorgaben der Art. 12–15 der E-Commerce-Richtlinie (im Folgenden: ECRL).[75]

Die Vorschriften des TMG sind selbst keine Anspruchsgrundlagen, vielmehr muss eine Verantwortlichkeit für jedes Rechtsgebiet gesondert abgeleitet werden.[76] Sie dienen dem wirtschaftlichen Schutz der Provider und übernehmen die Funktion eines Filters, welcher einer Prüfung der allgemeinen Haftungserleichterungen vorgeschaltet ist.[77] Für die Störerhaftung bedeutet dies, dass es erst nach Passieren dieses Filters auf die seitens der Rechtsprechung entwickelten, allgemeinen Haftungsbeschränkungen ankommt. Scheidet eine Haftung bereits aufgrund der TMG-Vorschriften aus, erübrigt sich jede weitere Prüfung der Verantwortlichkeit.[78]

---

72 Telemediengesetz v. 26.02.2007, BGBl. I, S. 179, zuletzt geändert durch Gesetz vom 31.05.2010 (BGBl. I, S. 692).

73 Gesetz über die Nutzung von Telediensten v. 22.7.1997, BGBl. I, S. 1870, zuletzt geändert durch das Elektronischer Geschäftsverkehr-Gesetz v. 12.12.2001, BGBl. I, S. 3721.

74 Staatsvertrag über Mediendienste v. 20.1./12.2.1997, RhPfGVBl. 1997, 235.

75 Richtlinie 2000/31/EG des Europäischen Parlaments und des Rates vom 8. Juni 2000 über bestimmte rechtliche Aspekte der Dienste der Informationsgesellschaft, insbesondere des elektronischen Geschäftsverkehrs, im Binnenmarkt („E-Commerce-Richtlinie"), ABl. EG Nr. L 178, S. 1 ff.

76 Begr. RegE zum Teledienstegesetz (TDG) v. 17.05.2001, BT-Drs. 14/6098, S. 23; *Spindler*, in: Spindler/Schmidt/Geis, TDG, vor § 8 Rn. 26; BGH GRUR 2007, 724, 725 – Meinungsforum.

77 *Weidert/Molle*, in: Ensthaler, Urheberrecht und Internet, S. 364; *Wilmer*, NJW 2008, 1845, 1846.

78 Nach dem Willen des Gesetzgebers hingegen sollten die TMG-Vorschriften nicht einen Vor-, sondern einen Nachfilter darstellen. Der Prüfung der Verantwortlichkeit nach allgemeinem Recht (d. h. bspw. einem Anspruch aus § 97 Abs. 1 S. 1 UrhG i. V. m. den Grundsätzen der Störerhaftung) sollten sie nachgeschaltet werden und somit die Haftung begrenzen. Vgl. hierzu den RegE zum Teledienstegesetz (TDG)

Die für die Verantwortlichkeit der Diensteanbieter relevanten Vorschriften finden sich in den §§ 7 ff. TMG. Während in § 7 TMG die allgemeinen Grundsätze für die Haftung der Diensteanbieter niedergelegt sind, enthalten die §§ 8–10 TMG die jeweiligen Voraussetzungen einer Haftungsprivilegierung für Access- (§ 8 TMG), Cache- (§ 9 TMG) und Host-Provider (§ 10 TMG).

Gemäß § 7 Abs. 1 TMG können sich die Diensteanbieter nur dann auf die Haftungsprivilegierungen des TMG berufen, wenn es sich bei den durchgeleiteten bzw. gespeicherten Informationen auch um *fremde* Informationen handelt. Liegen hingegen *eigene* Informationen vor, kommt das volle Haftungsrecht zur Anwendung, d. h., dass auch Schadensersatz möglich ist. Diese Thematik wird im jüngsten Urteil des BGH zur Forenhaftung (marions-kochbuch.de) behandelt.[79] In der Sache ging es um die Verantwortlichkeit des Betreibers einer Rezeptesammlung im Internet für seitens seiner Nutzer begangene Urheberrechtsverletzungen. So hatte die Betreiberin der Seite *Marions Kochbuch* die unter dem Namen *chefkoch.de* bekannte kostenlose Online-Rezeptesammlung verklagt, weil deren Nutzer geschützte Bilder von Kochrezepten der Klägerin bei chefkoch.de mithilfe des automatisierten Upload-Verfahrens hochgeladen hatten. Nach Ansicht des BGH verletzt die Bereitstellung der urheberrechtlich geschützten Bilder das Marions Kochbuch zustehende ausschließliche Recht auf öffentliche Zugänglichmachung gemäß § 15 Abs. 2 Nr. 2, § 19a UrhG. Die Beklagte könne sich auch nicht auf die speziellen Haftungsprivilegierungen der §§ 8–10 TMG berufen, da sie sich die zunächst fremden Informationen *zu eigen* gemacht habe, indem sie die von den Nutzern hochgeladenen Bilder mit einem eigenen Emblem (einer Kochmütze) versah. So übernahm chefkoch.de nach außen sichtbar die inhaltliche Verantwortung für die auf ihrer Internetseite veröffentlichten Rezepte und Abbildungen. Hierdurch wurden die fremden Informationen zu eigenen Informationen i. S. d. § 7 Abs. 1 TMG, sodass chefkoch.de nach den allgemeinen Gesetzen hafte und somit der Beklagten ein Anspruch auf Schadensersatz zustehe.

Neben § 7 Abs. 1 hat § 7 Abs. 2 TMG für die Störerfigur eine wesentliche Bedeutung. Er dient der Umsetzung des Art. 15 Abs. 1 i. V. m. Erwägungsgrund 47 ECRL, wonach also die Mitgliedstaaten den Diensteanbietern keine allgemeinen Überwachungspflichten aufer-

---

v. 17.05.2001, BT-Drucks. 14/6098, S. 23. In der Sache ergeben sich allerdings keine Unterschiede.

79 BGH MMR 2010, 556 – marions-kochbuch.de.

legen dürfen. Gemäß § 7 Abs. 2 S. 1 TMG sind die Diensteanbieter der §§ 8–10 TMG nicht dazu verpflichtet, die von ihnen gespeicherten Informationen zu überwachen oder nach Umständen zu forschen, die auf eine rechtswidrige Tätigkeit hinweisen.[80] Dies ändert sich allerdings ab Kenntniserlangung einer Rechtsverletzung. Wird bspw. ein Host-Provider durch eine Abmahnung i. S. d. § 97a UrhG von einer mittels seines Dienstes begangenen Rechtsverletzung in Kenntnis gesetzt, so ist er verpflichtet, besagte Informationen zu entfernen oder zu sperren, soweit ihm die Entfernung bzw. Sperrung technisch möglich und auch zumutbar ist (vgl. § 7 Abs. 2 S. 2 i. V. m. § 10 S. 1 Nr. 2 TMG).[81]

Bei den §§ 8–10 TMG hat der Gesetzgeber nahezu wortgleich die Unterteilung[82] und die Vorgaben aus den Art. 12–14 ECRL übernommen. Demnach ist ein Host-Provider gemäß § 10 TMG für fremde Informationen nicht verantwortlich, sofern er keine Kenntnis von der rechtswidrigen Handlung oder Information hat oder er nach Kenntniserlangung unverzüglich tätig wird, um die Information zu entfernen bzw. zu sperren. In einem die Verantwortlichkeit von Suchmaschinenbetreibern betreffenden obiter dictum hat der BGH den insoweit mehrdeutigen Wortlaut des Art. 14 Abs. 1 ECRL bzw. § 10 S. 1 Nr. 1 TMG kürzlich dahingehend präzisiert, dass das Tatbestandsmerkmal der Kenntniserlangung erst dann erfüllt sei, wenn der Provider auch Kenntnis von der Rechtswidrigkeit der Handlung erlangt. Die Kenntnis der jeweiligen Handlung des Dritten (bspw. das nicht berechtigte Einstellen von Bildern ins Internet) alleine genüge nicht, um eine Verantwortlichkeit auszulösen.[83] Es

---

80 Dies gilt natürlich nur unter der Voraussetzung des § 7 Abs. 1 TMG, d. h., es darf sich nicht um eigene Informationen des Diensteanbieters handeln.

81 Hinsichtlich der Beseitigungsfrist werden dem Diensteanbieter je nach der Art des Dienstes und der Offensichtlichkeit der Rechtswidrigkeit Zeiträume zwischen 24 Stunden bis zu einer Woche zugestanden; vgl. *Strömer/Grootz*, K&R 2006, 553, 555; *Köster/Jürgens*, K&R 2006, 108, 111.

82 Die E-Commerce-Richtlinie unterteilt zwischen dem Durchleiten von Informationen (Art. 12), dem Caching (Art. 13) und dem Hosting (Art. 14).

83 BGH MMR 2010, 475, 480 – Vorschaubilder. Vorausgegangen war eine Entscheidung des EuGH, in welcher dieser erstmals Art. 14 Abs. 1 ECRL ausgelegt hatte; s. EuGH MMR 2010, 315 – AdWord-Werbung bei Google. Der Auslegung des EuGH hat sich der BGH in seinem obiter dictum angeschlossen.

stellt sich die Frage, wozu der BGH diese Feststellung getroffen hat, da er bereits in der Internetversteigerung-I-Entscheidung darlegte, dass § 10 TMG auf Unterlassungsansprüche keine Anwendung finde und die Prüfungspflichten der Provider erst dann einsetzten, wenn der Provider auf eine klare Rechtsverletzung hingewiesen worden sei. Die Inkenntnissetzung von einer „klaren Rechtsverletzung" beinhaltet schließlich bereits das Element der Rechtswidrigkeit der Handlung. In dieser Hinsicht erscheint das obiter dictum des BGH eine rein klarstellende Funktion zu haben.[84]

Allerdings ist die Relevanz der TMG-Vorschriften für den Unterlassungsanspruch und mithin die Störerhaftung seit der Internetversteigerung-I-Entscheidung des BGH[85] erheblich gesunken. In dieser Entscheidung stellte das Gericht klar, dass die Haftungsprivilegierung des § 10 TMG[86] auf Unterlassungsansprüche keine Anwendung mehr findet.[87] Der Wortlaut der Vorschrift spreche lediglich von der *„Verantwortlichkeit des Diensteanbieters"*. Damit seien allein die strafrechtliche Verantwortlichkeit sowie die Schadensersatzhaftung angesprochen, hingegen sage die Vorschrift nichts darüber aus, ob ein Diensteanbieter nach den allgemeinen deliktsrechtlichen Maßstäben oder als Störer auf Unterlassung in Anspruch genommen werden könne.[88] Ohne die teleologische Reduktion ergäbe sich die schwer nachvollziehbare Situation, dass die Voraussetzungen

---

84 So *Rössel*, Anm. zu BGH Urt. v. 29.04.2010 - I ZR 69/08 (Vorschaubilder), MMR 2010, 480 f.; kritisch hierzu *Fitzner*, MMR 2011, 83, 85.

85 Ausführlich unten 2. Kapitel, B., IV., 3., c).

86 Zur Zeit der Entscheidung § 10 TMG = § 11 TDG. Der Wortlaut von § 10 TMG lautet: *Diensteanbieter sind für fremde Informationen, die sie für einen Nutzer speichern, nicht verantwortlich, sofern*

1. sie keine Kenntnis von der rechtswidrigen Handlung oder der Information haben und ihnen im Falle von Schadensersatzansprüchen auch keine Tatsachen oder Umstände bekannt sind, aus denen die rechtswidrige Handlung oder die Information offensichtlich wird, oder

2. sie unverzüglich tätig geworden sind, um die Information zu entfernen oder den Zugang zu ihr zu sperren, sobald sie diese Kenntnis erlangt haben.

Satz 1 findet keine Anwendung, wenn der Nutzer dem Diensteanbieter untersteht oder von ihm beaufsichtigt wird.

87 BGH ZUM 2004, 831, 834 - Internetversteigerung I.

88 BGH ZUM 2004, 831, 834 - Internetversteigerung I; in diesem Sinne bereits *Lehment*, WRP 2003, 1058, 1063; *Spindler/Volkmann*, WRP 2003, 1, 3; *Hoeren*, MMR 2002, 113.

für einen Schadensersatzanspruch geringer wären als diejenigen für einen Unterlassungsanspruch.[89]

Dass Unterlassungsansprüche durch das Haftungsprivileg des § 10 TMG nicht berührt werden, komme auch in § 7 Abs. 2 S. 2 TMG zum Ausdruck, wonach

> „Verpflichtungen zur Entfernung oder Sperrung der Nutzung von Informationen nach den allgemeinen Gesetzen auch im Falle der Nichtverantwortlichkeit nach den §§ 8–10 TMG unberührt bleiben".

Aus diesem Grund ist § 10 TMG dem BGH zufolge teleologisch dahingehend zu reduzieren, dass Ansprüche auf Unterlassen von der Haftungsprivilegierung nicht erfasst werden. Die Verantwortlichkeit eines Diensteanbieters als Störer scheitert mithin nicht an der Vorschrift des § 10 TMG.[90]

Dadurch, dass das TMG der Umsetzung der ECRL dient, muss die teleologische Reduktion des BGH mit den unionsrechtlichen Vorgaben vereinbar sein. Die mitgliedsstaatlichen Gerichte sind nach ständiger Rechtsprechung des EuGH verpflichtet, nationale Regelungen richtlinienkonform auszulegen.[91] Diese Verpflichtung folgt aus Art. 288 Abs. 3 AEUV[92] (ex-Art. 249 Abs. 3 EGV) sowie zusätz-

---

89 BGH ZUM 2004, 831, 834 – Internetversteigerung I.

90 An der Vorgehensweise des BGH wurde vereinzelt Kritik geübt. Insbesondere wurde die Frage aufgeworfen, ob die Entscheidung, Unterlassungsansprüche aus dem Anwendungsbereich der Haftungsprivilegierungen auszunehmen, überhaupt mit der europarechtlichen Vorgabe der ECRL, namentlich des Verbots der Auferlegung allgemeiner Überwachungspflichten (Art. 15 Abs. 1 und Erwägungsgrund 47 ECRL), vereinbar sei; vgl. *Leible/Sosnitza*, NJW 2004, 3225; *Spindler*, JZ 2002, 60, 67 f. Diesbezüglich wird auch aktuell noch die Forderung erhoben, diese Frage zur Klärung dem EuGH vorzulegen; *Spindler*, GRUR 2011, 101, 102.

91 St. Rspr. seit EuGH v. 10.4.1984 – Rs. 14/83 *von Colson*, Slg. 1984, 1891 Rn. 26.

92 Vertrag über die Arbeitsweise der Europäischen Union (AEUV), in Kraft getreten am 01.12. 2009, abgedruckt in ABl. EG Nr. C 83, S. 47 ff. Der AEUV geht zurück auf den Vertrag von Lissabon zur Änderung des Vertrags über die Europäische Union und des Vertrags zur Gründung der Europäischen Gemeinschaft v. 13.12.2007, abgedruckt in ABl. EG Nr. C 306, S. 1 ff.

lich aus Art. 10 AEUV (ex-Art. 10 EGV).[93] Gemäß der Formulierung in Art. 14 Abs. 3[94] der E-Commerce-Richtlinie verbleiben Unterlassungsansprüche im Regelungsbereich der Mitgliedsstaaten. Es besteht folglich keine Vorgabe vonseiten der Richtlinie, Haftungsprivilegierungen für Unterlassungsansprüche zu gewähren. Der BGH nimmt in seiner Entscheidung auch ausdrücklich auf Art. 14 Abs. 3 ECRLBezug. In diesem Sinne ist die Nichtanwendung des § 10 TMG auf Unterlassungsansprüche als richtlinienkonform anzusehen.

Die Vorschriften des TMG sind durch die Einschränkungen des BGH allerdings nicht bedeutungslos geworden. Für die Störerhaftung weiterhin von Belang ist insbesondere die Regelung des § 7 Abs. 2 S. 1 TMG, wonach den Providern bis zur Kenntniserlangung einer Rechtsverletzung keine allgemeinen Überwachungs- und Kontrollpflichten obliegen. Auf die Bedeutung dieses Privilegs ist in der folgenden Darstellung der allgemeinen Haftungsbeschränkung der Störerfigur noch zurückzukommen.

Zusammenfassend sorgen die Vorschriften des TMG in ihrer Filterfunktion dafür, dass für fremde Informationen grundsätzlich eine Verantwortlichkeit der Provider lediglich in Form der Störerhaftung in Betracht kommt. Wer im konkreten Fall sodann aber auch als Störer auf Unterlassung in Anspruch genommen werden kann, richtet sich nach den allgemeinen Haftungsbeschränkungen der Störerfigur.

---

93 Vgl. hierzu *Roth*, in: Riesenhuber, Europäische Methodenlehre, § 14 Rn. 3 (S. 309); *Streinz*, Europarecht, S. 161; *Herdegen*, Europarecht, S. 167; *Hobe*, Europarecht, S. 93 f.; *Fischer*, Europarecht, S. 98 f., jeweils m. w. N.

94 *„[…] Dieser Artikel lässt die Möglichkeit unberührt, dass ein Gericht oder eine Verwaltungsbehörde nach den Rechtssystemen der Mitgliedstaaten vom Diensteanbieter verlangt, die Rechtsverletzung abzustellen oder zu verhindern, oder dass die Mitgliedstaaten Verfahren für die Entfernung einer Information oder die Sperrung des Zugangs zu ihr festlegen.“*

2. Die Entwicklung der allgemeinen Haftungsbeschränkung

Die Rechtsprechung des BGH zur Störerhaftung unter dem Gesichtspunkt der allgemeinen Haftungsbeschränkung hat zwei Phasen durchlaufen. Zur ersten Phase gehören die Entscheidungen bis Mitte der neunziger Jahre, welche die Bestimmung des Störers allein am Vorhandensein der adäquaten Kausalität zwischen Handlung und Rechtsverletzung festmachten und die Haftung des Störers im Anschluss daran auf Rechtsfolgenseite anhand von Zumutbarkeitserwägungen gemäß § 242 BGB einschränkten (a)). Zur zweiten Phase gehören diejenigen Entscheidungen, in denen der BGH neben der adäquaten Kausalität eine zweite Tatbestandsvoraussetzung prüft: die Verletzung von Prüfungspflichten. Gleichzeitig verzichtet er auf die Rechtsfolgenkorrektur durch Zumutbarkeitserwägungen (b)).

a) Haftungsbeschränkung auf Rechtsfolgenseite

Den Beginn bildete die Grundig-Reporter-Entscheidung[95] aus dem Jahre 1955. In diesem Fall versuchte der Rechteinhaber gegen Urheberrechtsverletzungen vorzugehen, welche von Nutzern von Tonbandgeräten durch die Erstellung urheberrechtswidriger Aufnahmen verursacht worden waren. Hierzu nahm der Rechteinhaber den Hersteller der Tonbandgeräte auf Unterlassung in Anspruch. Das Gericht ließ für die Bestimmung des Störers adäquate Kausalität genügen. Eine Einschränkung der Unterlassungsverpflichtung auf zumutbare Maßnahmen wurde nicht im Rahmen der Störerbestimmung vorgenommen, sondern im Anschluss daran im Rahmen einer Begrenzung des Umfangs der Unterlassungsverpflichtung. Die Haftungsbegrenzung erfolgte somit auf der Rechtsfolgenseite des Unterlassungsanspruchs.[96]

Entsprechend verfuhr der BGH in zwei weiteren Entscheidungen. In der Personalausweise-Entscheidung[97] ging es ebenfalls um einen Unterlassungsanspruch gegen einen Tonbandgerätehersteller aufgrund von Urheberrechtsverletzungen durch die Nutzer eben jener Tonbandgeräte. Hier stellte das Gericht fest, dass sich die Bestimmung des Störers allein anhand des Merkmals der adäquaten Kau-

---

95 BGH GRUR 1955, 492 – Grundig-Reporter.

96 *Haedicke*, GRUR 1999, 397 f., der auf einen Passus in der Entscheidung hinweist, in welcher der BGH von einem gegenüber dem Klageantrag eingeschränkten Unterlassungsbegehren spricht. Ebenso *Spindler/Leistner*, GRUR Int. 2005, 773, 789; *Leistner*, GRUR 2006, 801, 803.

97 BGH GRUR 1965, 104 – Personalausweise.

salität bestimme, welche wertenden Kriterien nicht zugänglich sei. Anschließend seien jedoch Art und Umfang der Maßnahme, die der Inanspruchgenommene als Rechtsfolge schulde, durch § 242 BGB zu bestimmen, mithin nach Zumutbarkeitskriterien. Der Störer sei nur im Rahmen des Zumutbaren und Erforderlichen verpflichtet, geeignete Vorkehrungen zu treffen, durch die Rechtsverletzungen so weit wie möglich verhindert werden könnten.[98]

Das Instrument der Rechtsfolgenkorrektur bemühte der BGH sodann auch in der Kopierläden-Entscheidung[99]. Darin ging es um die Frage, inwieweit ein Copyshop-Betreiber, der seinen Kunden Kopiergeräte zur Verfügung stellt, für Urheberrechtsverletzungen verantwortlich ist, die seine Kunden durch das Anfertigen von Vervielfältigungen urheberrechtlich geschützten Materials verursachen. Das Gericht bejahte die adäquate Kausalität zwischen der Zurverfügungstellung der Kopiergeräte und der Urheberrechtsverletzung durch die Kunden. Der Betreiber wurde folglich als Störer qualifiziert. Im Rahmen der Rechtsfolge sei er verpflichtet, Maßnahmen zu treffen, die eine Gefährdung der Rechte des Klägers ausschließen oder doch ernsthaft mindern. Art und Umfang dieser Maßnahmen bestimmten sich nach Treu und Glauben (§ 242 BGB), sodass eine Haftungsbeschränkung mithilfe der Kriterien der Zumutbarkeit und Erforderlichkeit Anwendung fand.[100]

Der referierte Ansatz hatte den Vorteil, dass er dem Rechtsanwender einen immensen Freiraum zur Begrenzung der tatbestandlich weit gefassten Störerhaftung beließ. Nachteilig war die mangelnde Berechenbarkeit der Rechtsfolgenmodifikation, da die dogmatische Verortung in § 242 BGB nur undeutliche und im Gesetz nicht verankerte Zumutbarkeitskriterien bot.[101]

b) Die Haftungsbeschränkung auf Tatbestandsseite

Mitte der neunziger Jahre änderte der BGH seine Systematik zur Haftungsbeschränkung der Störerfigur. Eine Begrenzung der Unterlassungsverpflichtung, d. h. eine Korrektur auf Rechtsfolgenseite aufgrund von Zumutbarkeitserwägungen, fand nicht mehr statt.

---

98 BGH GRUR 1965, 104, 107 - Personalausweise. Die Entscheidung ist auch in anderer Hinsicht von Belang, da sie letztlich zur Einführung der gesetzlichen Geräteabgabe in Deutschland führte.

99 BGH GRUR 1984, 54 – Kopierläden.

100 BGH GRUR 1984, 54, 55 – Kopierläden.

101 *Haedicke*, GRUR 1999, 397, 399; *Leistner*, GRUR 2006, 801, 804.

Vielmehr wurde in richterlicher Rechtsfortbildung auf Tatbestandsseite der adäquaten Kausalität ein weiteres Tatbestandsmerkmal hinzugefügt: die Verletzung von Prüfungspflichten.[102]

Den Beginn dieser Entwicklung markierte die wettbewerbsrechtliche Architektenwettbewerb-Entscheidung[103] aus dem Jahr 1996. Ein Unternehmen hatte Architekten im Rahmen einer Ausschreibung aufgefordert, Entwürfe für eine Büroerweiterung einzureichen. Hierbei hatte das Unternehmen allerdings unbewusst gegen die in der HOAI[104] festgelegten Mindestsätze verstoßen. Aufgrund dieses Verhaltens nahm die Architektenkammer das Unternehmen wegen Mitwirkung an einem angeblichen Wettbewerbsverstoß auf Unterlassung in Anspruch.

Das Gericht bezweifelte zunächst das Vorliegen einer aufgrund des Akzessorietätserfordernisses benötigten Haupttat (Wettbewerbsverstoß) durch die an der Ausschreibung teilnehmenden Architekten. Unabhängig davon lägen auch die anderen Störervoraussetzungen nicht vor.

Zwar komme grundsätzlich eine Störerhaftung auch dort in Betracht, wo der Inanspruchgenommene selbst dem fraglichen Verbot nicht unterworfen sei. Allerdings dürfe diese Haftung nicht über Gebühr auf unbeteiligte Dritte erstreckt werden. Um dies zu gewährleisten, setze die Störerhaftung die Verletzung von Prüfungspflichten voraus. Dem als Störer Inanspruchgenommenen müsse ausnahmsweise der Einwand offenstehen, dass ihm im konkreten Fall eine Prüfungspflicht nicht oder nur eingeschränkt zumutbar gewesen sei.[105] Erst beim Nachweis der Verletzung einer Prüfungspflicht hafte der Inanspruchgenommene auch als Störer.

Hierdurch wurde die Haftungsbegrenzung von der Rechtsfolgenseite auf die Tatbestandsseite vorgezogen. Von nun an setzte die Haftung als Störer eine weitere Tatbestandsvoraussetzung voraus: neben dem Vorliegen adäquater Kausalität nun auch die Verletzung von Prüfungspflichten. Eine Rechtsfolgenkorrektur nach § 242 BGB hingegen entfiel.

---

102 *Köhler*, WRP 1997, 897, 898; *Haedicke*, GRUR 1999, 397, 398; *Leistner*, GRUR 2006, 801, 804.

103 BGH GRUR 1997, 313 – Architektenwettbewerb.

104 Honorarordnung für Architekten und Ingenieure.

105 BGH GRUR 1997, 313, 316 – Architektenwettbewerb.

Dass diese neue Systematik zur Haftungsbegrenzung der Störerfigur auch im Urheberrecht gelten sollte, zeigt die wenige Jahre später ergangene Möbelklassiker-Entscheidung[106] des BGH. Hier ging es um die Haftung eines Presseunternehmens wegen des Abdrucks von Anzeigen mit urheberrechtsverletzendem Inhalt. Unter ausdrücklichem Verweis auf die Architektenwettbewerb-Entscheidung stellte das Gericht klar, dass auch die urheberrechtliche Störerhaftung nach § 97 Abs. 1 S. 1 UrhG die Verletzung von Prüfungspflichten voraussetze. Wer nur durch den Einsatz technischer Mittel an der Urheberrechtsverletzung eines Dritten beteiligt sei, müsse im Falle seiner Inanspruchnahme als Störer einwenden können, dass er nicht gegen eine Prüfungspflicht verstoßen habe. Er müsse geltend machen können, dass ihm eine solche Prüfung überhaupt nicht oder nur eingeschränkt zumutbar sei.[107]

Mit der Möbelklassiker-Entscheidung sorgte der BGH für einen Gleichlauf der Voraussetzungen der Störerhaftung im Urheber- und Wettbewerbsrecht. *Haedicke* spricht diesbezüglich von einer Synthese der urheber- und wettbewerbsrechtlichen Konzeption zur Störerhaftung.[108] Dass die tatbestandsbezogene Konzeption der Störerhaftung auch für markenrechtliche Entscheidungen und somit für das gesamte Sonderdeliktsrecht gilt, zeigen die auf diesem Gebiet ergangenen Entscheidungen.[109]

c) Ergebnis zu 2.

Nachdem die Rechtsprechung eine Haftungsbegrenzung unter Berücksichtigung von Zumutbarkeitserwägungen i. S. d. § 242 BGB institutionalisierte, untersucht sie seit Mitte der neunziger Jahre als weitere Tatbestandsvoraussetzung, ob den Inanspruchgenommenen eine Prüfungspflicht trifft. Nur wenn ihm eine solche obliegt und er sie verletzt, haftet er auch als Störer. Insoweit ist entscheidend, ob es dem potenziellen Störer möglich und zumutbar ist, die Rechtsverletzung zu vermeiden. Im Ergebnis bedeutet der Wechsel von der rechtsfolgen- zur tatbestandsbezogenen Konzeption eine Abkehr von der Rechtspflicht, die Mitwirkung an Störungen zu unterlassen,

---

106 BGH GRUR 1999, 418 – Möbelklassiker.

107 BGH GRUR 1999, 418, 419 – Möbelklassiker.

108 *Haedicke*, GRUR 1999, 397, 399.

109 BGHZ 148, 13, 15 – ambiente.de; BGH ZUM 2004, 831, 835 f. – Internetversteigerung I; BGH MMR 2011, 172 – Kinderhochstühle im Internet.

bis hin zu einer positiven Formulierung von einzelnen Sorgfaltspflichten - den Prüfungspflichten.[110]

3. Weiterentwicklung und Präzisierung der Prüfungspflichten

Die Anwendung des Instruments der Prüfungspflicht mit dem Ziel einer Haftungsbegrenzung bereitet Schwierigkeiten. Kern der Problematik ist die Bestimmung des Inhalts. Allgemeingültige Kriterien, d. h. vom jeweils Inanspruchgenommenen unabhängige und für zukünftige Konstellationen zu verwendende Prüfungspunkte, hat der BGH allerdings in nur wenigen Entscheidungen benannt. Derartige Kriterien sind aber unerlässlich, um die Verantwortlichkeit der mittlerweile in fast schon nicht mehr überschaubarer Vielfalt vorhandenen Diensteanbieter in vorhersehbarer Weise zu bestimmen. Relevante Entscheidungen, in denen der BGH allgemeingültige und übertragbare Aussagen zur Bestimmung der Prüfungspflichten machte, sind insbesondere die Entscheidungen zu ambiente.de[111], Internetversteigerung I und II[112], Jugendgefährdende Medien bei eBay[113] sowie Cybersky[114].[115]

a) ambiente.de

In der ambiente-Entscheidung[116] ging es um die Registrierung einer Second-Level-Domain[117] bei der für die Top-Level-Domain „.de“

---

110 *Spindler/Volkmann*, WRP 2003, 1, 5.

111 BGHZ 148, 13 - ambiente.de.

112 BGH ZUM 2004, 831 - Internetversteigerung I; BGH MMR 2007, 507 - Internetversteigerung II.

113 BGH GRUR 2007, 890 - Jugendgefährdende Medien bei eBay.

114 BGH MMR 2009, 625 - Cybersky.

115 Weiterhin zu erwähnen sind insbesondere die kürzlich ergangenen Entscheidungen BGH MMR 2010, 556 - marions-kochbuch.de und BGH MMR 2011, 172 - Kinderhochstühle im Internet.

116 BGHZ 148, 13 - ambiente.de; vgl. ebenfalls zur Frage der Störerhaftung der DENIC BGH ZUM 2004, 561 - kurt-biedenkopf.de.

117 Bei einer Internetadresse wird die Zeichenfolge hinter dem „www.“ als Second-Level-Domain bezeichnet, die darauf folgende Zeichenfolge als Top-Level-Domain. Beispielsweise ist bei der Website www.google.com „google“ die Second-Level-Domain und „.com“ die Top-Level-Domain. Innerhalb der Top-Level-Domains wird weiterhin unterschieden zwischen den general Top-Level-Domains (gTLDs) wie „.com“, „.org“, „.biz“ und den country-code Top-Level-Domains (ccTLDs) wie „.de“, „.fr“ oder „.uk“.

zuständigen DENIC[118]. Die Klägerin war Veranstalterin einer Messe und Inhaberin einer Marke namens „Ambiente". Eine zuvor von ihr versuchte Registrierung der Zeichenfolge „ambiente" bei der DENIC scheiterte daran, dass diese Zeichenfolge bereits an einen Dritten vergeben worden war. Darauf nahm die Klägerin die DENIC auf Löschung und Neuvergabe des Domainnamens in Anspruch.

Zur Frage, ob die DENIC als Störerin hafte, führte der BGH aus, dass sich die Prüfungspflichten unter Berücksichtigung der Funktion und Aufgabenstellung des Inanspruchgenommenen sowie mit Blick auf die Eigenverantwortung des unmittelbar handelnden Dritten beurteilen.[119] Die Funktion der DENIC sei diejenige einer rein technischen Registrier- und Verwaltungsstelle, die zudem ohne Gewinnerzielungsabsicht und somit gemeinnützig handele. Ihre Aufgabe bestehe allein darin, eine möglichst schnelle und preiswerte Registrierung von Domainnamen zu gewährleisten. Auch falle eine Prüfung der Rechtmäßigkeit einzelner Registrierungen nicht unter ihre Verantwortung, sondern obliege demjenigen, der die Registrierung einer Domain vornehme.

Aufgrund dieser Funktion und Aufgabenstellung stellte der BGH fest, dass der DENIC lediglich geringe, sogenannte *eingeschränkte* Prüfungspflichten obliegen. Konkret sei die DENIC also nur dann gehalten, eine Registrierung zu löschen, wenn die Verletzung der Rechte Dritter offenkundig und für sie ohne Weiteres feststellbar sei. Diese eingeschränkten Prüfungspflichten sollten auch erst dann greifen, wenn die DENIC darauf hingewiesen werde, dass eine eingetragene Domain Rechte Dritter verletze. Solange eine derartige Inkenntnissetzung fehle, oblägen der DENIC für die Erstregistrie-

---

118 Die DENIC e. G. (Deutsche Network Information Center) ist die zentrale Registrierungsstelle für alle Domains unterhalb der Top Level Domain „.de"; vgl. hierzu die Homepage unter www.denic.de., zuletzt aufgerufen am 12.04.2010. Sie ist damit das Gegenstück zur ICANN (Internet Corporation for Assigned Names and Numbers), welche ihren Sitz in Marina del Rey, Kalifornien/USA hat und u. a. die Top-Level-Domains „.com", „.org", „.biz" und „.info" verwaltet; vgl. die Homepage unter www.icann.com, zuletzt aufgerufen am 12.04.2010. Detaillierte Ausführungen zum Registrierungsvorgang einer Domain bei der DENIC finden sich bei *Volkmann*, Der Störer im Internet, S. 97 f.

119 BGHZ 148, 13, 18 – ambiente.de.

rung einer Domain überhaupt keine Prüfungspflichten. Dies gelte auch für völlig eindeutige, für jedermann erkennbare Verstöße.[120]

Im Kern lässt sich aus der ambiente-Entscheidung eine Aussage über den Zusammenhang zwischen der Aufgabenstellung des Störers und des Inhalts der Bestimmung der Prüfungspflichten entnehmen. Je „neutraler" die Rolle des Inanspruchgenommenen ist, d. h. je automatischer der Verarbeitungsvorgang, desto geringer bzw. desto eingeschränkter fallen auch dessen Prüfungspflichten nach Kenntniserlangung einer Rechtsverletzung aus. Stellt daher jemand tatsächlich nur die Infrastruktur zur Verfügung und missbraucht ein Dritter diese zu einem uneingeschränkt eigenverantwortlichen Handeln, so sind die Anforderungen an eine Verletzung der Prüfungspflichten geringer, als wenn der Inanspruchgenommene den Missbrauch in irgendeiner Weise begünstigt.[121]

Hinsichtlich der Verallgemeinerbarkeit der Erkenntnisse ist freilich zu beachten, dass die DENIC insofern nicht ohne Weiteres mit anderen privaten Diensteanbietern im Internet gleichgesetzt werden kann, als sie ihre Aufgaben ohne eigene Zwecke und somit im öffentlichen Interesse[122] wahrnimmt. Dies wird insbesondere in den Ausführungen des BGH in der Internet-I-Entscheidung deutlich.[123]

b) Cybersky

Die Cybersky-Entscheidung des BGH[124] knüpft an die ambiente-Entscheidung an. In der Sache ging es um den Hersteller der Software „Cybersky-TV", welche es ermöglichte, zwischen den Nutzern ein P2P-Netzwerk aufzubauen und innerhalb dieses Netzes Daten in großer Menge und Geschwindigkeit zu senden und zu empfangen. Abonnenten eines Bezahlfernsehsenders war es damit grundsätzlich möglich, dessen Programm mithilfe der Cybersky-TV-Software in das P2P-Netzwerk einzuspeisen und somit anderen Nutzern, die kein Abonnement besaßen, einen Live-Stream zu ermöglichen. Hiergegen wandte sich die Vertreiberin des Bezahlfern-

---

120 BGHZ 148, 13, 18 – ambiente.de; bestätigt in BGH ZUM 2004, 561, 562– kurt-biedenkopf.de.

121 *Leistner*, GRUR 2006, 801, 805.

122 BGH ZUM 2004, 561, 562 – kurt-biedenkopf.de.

123 Vgl. BGH ZUM 2004, 831, 836 – Internetversteigerung I; dazu ausführlich noch sogleich.

124 BGH MMR 2009, 625 – Cybersky.

sehsenders unter Hinweis auf eine Verletzung ihres ausschließlichen Rechts auf Weitersendung und öffentlicher Zugänglichmachung ihrer Funksendung gemäß § 87 Abs. 1 UrhG.

Ohne dies explizit zu erwähnen, zog der BGH zur Bestimmung der Prüfungspflichten die Funktion und Aufgabenstellung des Softwareherstellers als Kriterium heran. Anders als die DENIC hatte sich der Beklagte nicht darauf beschränkt, seinen Kunden eine anwendungsneutrale, d. h. eine sowohl zu rechtmäßigen als auch rechtswidrigen Zwecken verwendbare Software anzubieten. Vielmehr hatte der Softwarehersteller gezielt damit geworben, dass die Software „Cybersky-TV" - rechtswidrig - dazu verwendet werden könne, Pay-TV-Programme zu senden und zu empfangen. Die Rolle des Softwareherstellers war somit alles andere als eine neutrale, sondern vielmehr eine aktive. Dementsprechend führte der BGH aus, der Softwarehersteller habe durch die Art seiner Werbung die Verletzung von Rechten Dritter (hier des Bezahlfernsehsenders) billigend, wenn nicht sogar willentlich in Kauf genommen, um sein eigenes Produkt zu vermarkten.

In der Konsequenz führte dies zu strengen Prüfungspflichten. Dem Softwarehersteller wurde eine Überprüfung dahingehend zugemutet, ob die von ihm geschaffene Gefahr der Rechtsverletzung durch seine Nutzer weiterhin bestehe. Komme er dem nicht nach, so sei er verpflichtet, vom Inverkehrbringen der Software abzusehen, bis die Gefahr ausgeräumt sei.[125] Dadurch, dass der Softwarehersteller trotz des weiteren Bestehens der Gefahr die Software in den Verkehr brachte, hafte er auch als Störer für anschließende Rechtsverletzungen der Nutzer.

Im Anschluss an die Cybersky-Entscheidung lässt sich sagen, dass ein Diensteanbieter strengeren Prüfungspflichten unterliegt, wenn er aktiv für sein Produkt wirbt und dabei künftige Nutzer zu Rechtsverletzungen ermutigt. Diese Aussage liegt zum einen auf einer Linie mit der aus dem Jahre 2005 stammenden Grokster-Entscheidung des U.S.-amerikanischen Supreme Court[126], zum an-

---

125 BGH MMR 2009, 625, 626 - Cybersky.

126 MGM Studios, Inc. v. Grokster, Ltd. 545 U.S. 913 (2005); eine ausführliche Besprechung hierzu findet sich bei *Spindler/Leistner*, GRUR Int. 2005, 773, 780 ff. sowie bei *Kitz*, GRUR Int. 2005, 859, 863 ff.

deren erinnert sie an die im öffentlichen Recht verwendete Figur des Zweckveranlassers[127].

Vor dem Supreme Court war Beklagte das Unternehmen Grokster, welches die dezentrale P2P-Software Morpheus vertrieb. Aufgrund der mithilfe des P2P-Netzwerkes verursachten massenhaften Urheberrechtsverletzungen klagte ein Konsortium der Unterhaltungsindustrie unter Federführung der Metro-Goldwyn-Mayer Studios (MGM). Zur Begründung der Verantwortlichkeit von Grokster griff der Supreme Court auf die Haftungsfigur des *inducement of infringement*[128] zurück. Demnach bestand eine Verantwortlichkeit insbesondere aufgrund der seitens Grokster geschalteten Werbung, welche zu urheberrechtsverletzendem Gebrauch animiert bzw. ermuntert hatte.

Die aus dem öffentlichen Recht herrührende Figur des Zweckveranlassers dient der Bestimmung des polizeirechtlich mittelbar Verantwortlichen. Anders als die sonderdeliktsrechtliche Störerfigur erfasst der Begriff des öffentlich-rechtlichen Störers auch den unmittelbar polizeilich Verantwortlichen. Seinen gesetzlichen Niederschlag findet dies in den Vorschriften der Polizeigesetze der Länder über den Verhaltens - und Zustandsstörer.[129] Während der unmittelbar eine Rechtsverletzung Vornehmende im Sonderdeliktsrecht als Täter qualifiziert wird, fällt er im öffentlichen Recht in die Kategorie des Verhaltensstörers. Die Figur des Zweckveranlassers ist gesetzlich nicht geregelt, sie lässt sich aber als Unterfall des Verhaltensstörers begreifen und sorgt für die polizeiliche Verantwortlichkeit auch des lediglich mittelbar Handelnden.[130] Als Zweckveranlasser wird der mittelbare Verursacher ausnahmsweise als Störer zur Gefahrenabwehr herangezogen, wenn die von ihm gesetzte Ursache zwar nicht selbst die Gefahrengrenze für die öffentliche Sicherheit und Ordnung überschreitet, sein Verhalten allerdings auf die letztlich von einem Dritten verursachte Störung gerichtet war, er

---

127 Hierzu *Volkmann*, Der Störer im Internet, S. 207 ff.

128 Etwa: „*Verleitung/Veranlassung zum Rechtsbruch*".

129 Bspw. § 6 HessSOG (Verhaltensstörer) und § 7 HessSOG (Zustandsstörer).

130 *Schoch*, Jura 2009, 360, 363.

diese also veranlasste bzw. billigend in Kauf nahm.[131] Teilweise wird auch vertreten, dass ein auf die Handlung des Dritten gerichteter Vorsatz des Zweckveranlassers nicht erforderlich sei. Vielmehr reiche es aus, wenn die durch das Verhalten des Dritten entstehende Gefahrenlage dem Zweckveranlasser zugerechnet werden könne.[132]

Vorliegend setzte der Softwarehersteller anhand der zu Rechtsverletzungen animierenden Werbung eine derartige, auf zukünftige Störungen gerichtete Ursache. Er nahm die anschließenden Rechtsverletzungen durch seine Nutzer auch ersichtlich billigend in Kauf. Bei einer entsprechenden Anwendung der öffentlich-rechtlichen Grundsätze über den Zweckveranlasser würde man folglich ebenfalls zu einer Verantwortlichkeit des Softwareherstellers gelangen.

c) Internetversteigerung I

In der Entscheidung Internetversteigerung I des BGH[133] stellte die Beklagte im Internet eine Plattform zur Durchführung von Fremdauktionen zur Verfügung. Unter anderem hatten Nutzer der Plattform hierbei gefälschte Markenware (Uhren der Marke Rolex) angeboten, sodass die Markeninhaberin die Plattformbetreiberin als Störerin auf Unterlassung in Anspruch nahm. Neben der teleologischen Reduktion des § 10 TMG für Unterlassungsansprüche[134] ist die Entscheidung auch in anderer Hinsicht von Bedeutung.

Erstens zeigte der BGH Zurückhaltung gegenüber dem Institut der Störerhaftung.[135] Er stellte allerdings klar, dass die von ihm gehegten Zweifel lediglich für die Fälle des Verhaltensunrechts, also dem Recht der unlauteren Handlungen, gelten. In diesen Konstellationen stehe keine Verletzung von absoluten Rechten in Rede. Auf die Verletzung von Immaterialgüterrechten, wie dem Marken- und Urheberrecht, seien die Grundsätze der Störerhaftung weiterhin uneingeschränkt anzuwenden.[136]

Zweitens machte das Gericht weitere Ausführungen zur Störerhaftung und den sie begrenzenden Prüfungspflichten. Zunächst sei

---

131 *Tettinger/Erbguth/Mann*, Besonderes Verwaltungsrecht, S. 210 f.; *Schenke*, Polizei- und Ordnungsrecht, S. 161 f.

132 *Schoch*, Jura 2009, 360, 361.

133 BGH ZUM 2004, 831 – Internetversteigerung I.

134 Vgl. oben 2. Kapitel, B., IV., 1.

135 BGH ZUM 2004, 831, 835 f. – Internetversteigerung I.

136 BGH ZUM 2004, 831, 835 f. – Internetversteigerung I.

einer Plattformbetreiberin für Fremdversteigerungen nicht zuzumuten, jedes Angebot vor Veröffentlichung im Internet auf eine mögliche Rechtsverletzung hin zu untersuchen. Eine solche Obliegenheit würde das gesamte Geschäftsmodell infrage stellen.[137] Dass ein Host-Provider nicht verpflichtet sei, gespeicherte Informationen zu überwachen oder sie nach Rechtsverletzungen Dritter zu durchsuchen, ergebe sich zwar bereits aus § 7 Abs. 2 S. 1 TMG.[138] Mit dieser gesonderten Erwähnung wollte der BGH wohl die Bedeutung der Provider-Neutralität betonen. Erst in der später ergangenen „Jugendgefährdende Medien bei eBay"-Entscheidung[139] legte das Gericht dann ausdrücklich dar, dass der Ausschluss einer Verpflichtung zur verdachtsunabhängigen Kontrolle auch der gesetzlichen Regelung des § 7 Abs. 2 TMG entspreche. Es kann letztlich dahinstehen, ob sich dieser Schutz der Provider aus dem TMG oder bereits aus der gefestigten Rechtsprechung des BGH ergibt. Für die Störerhaftung ist allein die Erkenntnis wichtig, dass etwaige Prüfungspflichten der Provider erst nach Inkenntnissetzung von einer Rechtsverletzung durch die Rechteinhaber entstehen.[140]

Aufgrund der Erzielung von Provisionen sei andererseits aber zu beachten, dass die Plattform-Betreiberin, anders als in der ambiente-Entscheidung, keine vollkommen „neutrale" Rolle bei der Transaktion einnehme. Daher komme zu ihrer ohnehin gemäß § 10 S. 1 Nr. 2 TMG bestehenden Pflicht, nach Hinweis auf eine klare Rechtsverletzung das konkrete Angebot unverzüglich zu sperren, noch eine weitere, auf die Zukunft gerichtete Pflicht hinzu. So seien eBay Fälschungsfälle bekannt geworden, weshalb das Unternehmen verpflichtet sei, *weitere derartige Markenverletzungen* zu verhindern. Hierunter fasst der BGH alle weiteren Markenrechtsverletzungen bei Rolex-Uhren. Aus diesem Grund obliege den Beklagten nach Kenntniserlangung von klar erkennbaren Markenrechtsverletzungen die Prüfungspflicht, alle weiteren Angebote von Rolex-Uhren, also der in diesem Fall verletzten Marke, einer besonderen Prüfung

---

137 Die Gefährdung des Geschäftsmodells widerspräche dem Erwägungsgrund 42 der E-Commerce-RL; ABl. EG Nr. L 178, S. 6; vgl. BGH ZUM 2004, 831, 836 – Internetversteigerung I.

138 Zur Zeit der Entscheidung ging es um § 8 Abs. 2 S. 1 TDG.

139 Dazu sogleich 2. Kapitel, B., IV., 3., d).

140 Anderes gilt hingegen für private Inhaber eines WLAN-Anschlusses – in dieser Konstellation greifen die Prüfungspflichten nämlich ab dem Zeitpunkt der Inbetriebnahme des Routers; vgl. hierzu unten die WLAN-Entscheidung des BGH, 2. Kapitel, B., IV., 3., e).

zu unterziehen.[141] Im Vergleich zur ambiente-Entscheidung wird hier deutlich, dass die einem kommerziellen und auf Profitabilität ausgerichteten Online-Auktionshaus auferlegten Prüfungspflichten strenger sind als diejenigen Pflichten, welchen die gemeinnützige und im öffentlichen Interesse handelnde DENIC nachkommen muss. Auf der anderen Seite sind die Prüfungspflichten weniger streng als im Falle eines zu Rechtsverletzungen seiner Nutzer animierenden Software-Unternehmens (Cybersky).

Zusammenfassend sind aus der Internetversteigerung-I-Entscheidung drei wesentliche Aspekte hervorzuheben. Erstens ist die Tatsache zu nennen, dass die Haftungsprivilegierung des § 10 TMG keine Anwendung auf Unterlassungsansprüche findet. Zweitens gelten Zweifel an der Anwendung der Störerfigur lediglich für die Fälle des Verhaltensunrechts, nicht aber in den Fällen des Erfolgsunrechts, d. h., dass die Störerhaftung im Urheberrecht keinen Bedenken begegnet. Drittens obliegt dem Anbieter von Fremdauktionen die Prüfungspflicht, weitere derartige Markenverletzungen zu verhindern. Gerade beim letzten Punkt bietet es sich an, diese Prüfungspflicht als allgemeinverbindlich für ähnlich funktionierende Dienste zu betrachten. Es lässt sich daher verallgemeinernd sagen, dass nach Kenntniserlangung einer Rechtsverletzung die Prüfungspflicht besteht, weitere gleichartige Rechtsverletzungen zu vermeiden.

d) Jugendgefährdende Medien bei eBay

Eine Entscheidung, die ebenfalls Rechtsverletzungen bei einer Plattform für Fremdauktionen betraf, stellt das 2007 ergangene „Jugendgefährdende Medien bei eBay"-Urteil des BGH[142] dar. Zwar geht es im Schwerpunkt um die Einführung einer neuen Haftungsfigur im Wettbewerbsrecht, welche anstelle der Störerfigur angewandt wird. Allerdings lassen sich aus dieser Entscheidung auch wertvolle allgemeingültige Aussagen zur Bestimmung der Prüfungspflichten exzerpieren.

Auf der Plattform von eBay waren seitens verschiedener Nutzer zahlreiche Medien mit jugendgefährdendem Inhalt i. S. d. §§ 18, 24 JuSchG angeboten worden, ohne dass sichergestellt war, dass der Versand nicht an Kinder und Jugendliche erfolgen würde. eBay

---

141 BGH ZUM 2004, 831, 836 – Internetversteigerung I.

142 BGH GRUR 2007, 890 – Jugendgefährdende Medien bei eBay.

wurde daraufhin auf Unterlassung in Anspruch genommen. Es handelte sich um eine typische Situation, in welcher für die Frage der Verantwortlichkeit von eBay bis dahin stets mit der Störerfigur gearbeitet worden war.[143] Schließlich hatte eBay lediglich die Auktionsplattform zur Verfügung gestellt, während die Einstellung des illegalen Angebots durch den jeweiligen Nutzer vorgenommen wurde. Der Nutzer wurde also unmittelbar tätig, während eBay einen lediglich mittelbaren Beitrag zum Wettbewerbsverstoß leistete. Eine Verantwortlichkeit als Störer wurde allerdings nicht geprüft. Vielmehr bejahte der BGH eine Täterschaft von eBay und begründete diese mit einem Verstoß gegen eine aus § 3 UWG herzuleitende *wettbewerbsrechtliche Verkehrspflicht*.[144] Wer durch sein Handeln im geschäftlichen Verkehr die Gefahr schaffe, dass Dritte durch das Wettbewerbsrecht geschützte Interessen von Marktteilnehmern verletzten, sei wettbewerbsrechtlich dazu verpflichtet, diese Gefahr im Rahmen des Möglichen und Zumutbaren zu begrenzen. Werde diese Pflicht verletzt, liege eine unlautere Wettbewerbshandlung i. S. v. § 3 UWG und mithin ein Wettbewerbsverstoß vor.[145]

Mit der Einführung der wettbewerbsrechtlichen Verkehrspflicht hatte der BGH seine in der Internetversteigerung-I-Entscheidung geäußerten Bedenken zur Anwendung der Störerfigur in Fällen des Verhaltensunrechts erstmalig umgesetzt. Eine ausdrückliche Verabschiedung von der Störerfigur in diesem Bereich erfolgte allerdings erst durch die BGH-Entscheidung „Kinderhochstühle im Internet“.[146] Darin hat das Gericht endgültig seine hinsichtlich mittelbarer

---

143 Vgl. die Entscheidungen BGH ZUM 2004, 831 – Internetversteigerung I und BGH MMR 2007, 507 – Internetversteigerung II.

144 Der BGH hatte somit einen in der Literatur vertretenen Vorschlag aufgenommen; vgl. *Freytag*, Haftung im Netz, S. 73 ff.; *Schieferdecker*, Haftung der Domainvergabestelle, S. 149 ff.; *Spindler/Volkmann*, WRP 2003, 1, 7.

145 BGH GRUR 2007, 890, 894 – Jugendgefährdende Medien bei eBay.

146 BGH MMR 2011, 172, 174 – Kinderhochstühle im Internet. Der Hersteller des Kinderhochstuhls „Tripp Trapp“ hatte eBay in Anspruch genommen, weil auf der Internetplattform zahlreiche die Marken des Unternehmens verletzende Angebote standen. In besagten Angeboten waren Kinderhochstühle präsentiert worden, welche mit den Formulierungen „ähnlich“ oder „wie Tripp Trapp“ beworben worden waren. Der klagende Hersteller war der Ansicht, dass die von eBay eingesetzten Instrumente nicht ausreichend seien, um ihre Mitverantwortlichkeit für Rechtsverletzungen ihrer Nutzer auszuschließen. Konkret hatte eBay die Durchführung von Stichprobenkontrollen, den Einsatz eines Schlagwort-

Verantwortlichkeit geltende Differenzierung innerhalb des Sonderdeliktrechts zwischen Erfolgsunrecht einerseits und Verhaltensunrecht andererseits zementiert.[147] Vorausgegangen war eine Periode, in welcher über die weitere Anwendbarkeit der Störerfigur im verhaltensbezogenen Wettbewerbsrecht Unsicherheit bestanden hatte. Diese Periode setzte durch die Entscheidung des BGH „Jugendgefährdende Medien bei eBay" ein, in welcher das Gericht erstmalig in der Konstellation einer mittelbaren Rechtsverletzung durch eBay davon ausging, dass das Unternehmen nicht als Störer, sondern als Täter aufgrund der Verletzung einer wettbewerbsrechtlichen Verkehrspflicht hafte. In Teilen der Literatur wurde in der Folge davon ausgegangen, dass die ohnehin im Wettbewerbsrecht als überflüssig betrachtete Störerfigur endgültig ein Ende gefunden habe.[148] Andere Stimmen waren diesbezüglich skeptischer, auch wenn es sich anerkanntermaßen schwer von der Hand weisen lasse, dass die Störerhaftung aufgrund der neuen Haftungsfigur zumindest im Wettbewerbsrecht mehr und mehr entbehrlich werde.[149]

Die Anzeichen für ein Ende der Störerhaftung verdichteten sich weiter, nachdem der BGH in seiner Halzband-Entscheidung[150] für die Konstellation der mittelbaren Verursachung abermals nicht auf

filters sowie das VeRI-Programm (Suchoption, mit dem Schutzrechtsinhaber nach rechtsverletzenden Angeboten auf der Internetplattform suchen und diese an eBay melden können) zur Verhinderung rechtsverletzender Angebote implementiert. Hingegen war der klagende Hersteller der Ansicht, dass es eBay im Rahmen seiner Prüfungspflichten möglich und zumutbar sei, Rechtsverletzungen insbesondere durch eine manuelle Kontrolle festzustellen. Mit Verweis auf das in Art. 15 Abs. 1 und Erwägungsgrund 47 und 48 ECRL niedergelegte Verbot der Auferlegung von allgemeinen Überwachungspflichten entschied der BGH, dass eBay mit der Implementierung der Filtersoftware und der Suchfunktion des VeRI-Programms seinen Prüfungspflichten nachgekommen sei. Eine manuelle Kontrolle, wie vom Kläger verlangt, sei hingegen mit Blick auf die Vorgaben der ECRL für eBay nicht mehr zumutbar. Schlussendlich hafte eBay weder als Täter oder Teilnehmer noch als Störer.

147 *Spindler*, GRUR 2011, 101, 102 und 105; *Engels*, MMR Fokus 2011, VII; *dies.*, Anm. zu BGH v. 22.07.2010 - I ZR 139/08, MMR 2011, 175 - Kinderhochstühle im Internet.

148 *Döring*, WRP 2007, 1281, 1286.

149 *Ahrens*, WRP 2007, 1281, 1286; *Leistner/Stang*, WRP 2008, 533, 537; *Köhler*, GRUR 2008, 1, 2 sowie *Köhler*, in: Köhler/Bornkamm, UWG, § 8 Rn. 2.14 und 2.5c.

150 BGH GRUR 2009, 597 - Halzband.

die Störerhaftung zurückgriff, sondern eine weitere Variante der Täterhaftung entwickelte. In besagter Entscheidung hatte die Ehefrau des Beklagten ohne dessen Kenntnis oder Duldung unter Verwendung seines Mitgliedskontos bei eBay ein Markenhalsband eingestellt. Der BGH entschied, dass der Beklagte als Täter dafür hafte, dass er als Inhaber der Zugangsdaten zu seinem Mitgliedskonto bei eBay diese Zugangsdaten nicht hinreichend vor dem Zugriff Dritter gesichert habe. Diese Pflichtverletzung stelle einen eigenen, gegenüber den Grundsätzen der Störerhaftung und den gegebenenfalls bestehenden Verkehrspflichten selbstständigen Zurechnungsgrund dar.[151]

Nach dieser Entscheidung musste davon ausgegangen werden, dass dem BGH zur Beurteilung der Verantwortlichkeit von mittelbar Handelnden im Wettbewerbsrecht drei verschiedene Haftungsfiguren zur Verfügung standen. Neben den Grundsätzen der Störerhaftung und der Verletzung einer wettbewerbsrechtlichen Verkehrspflicht war dies die *Täterschaft aufgrund unzureichender Kontrolle geschäftlicher Einrichtungen*. Mit der Entscheidung zu Kinderhochstühlen im Internet herrscht nun allerdings Klarheit. Die Störerfigur findet im Wettbewerbsrecht keine Anwendung mehr, während sie für das erfolgsbezogene Marken- und Urheberrecht weiterhin der Maßstab zur Bestimmung des mittelbar Verantwortlichen bleibt.

Für die vorliegende Arbeit von Interesse sind die sich aus der „Jugendgefährdende Medien bei eBay"-Entscheidung ergebenden inhaltlichen Neuerungen zur Bestimmung der Prüfungspflichten. Der BGH knüpft an seine Rechtsprechung zur Internet-I-Entscheidung an und präzisiert diese noch hinsichtlich der eBay obliegenden Prüfungspflichten. In der Internet-I-Entscheidung hieß es, dass eBay nach Kenntniserlangung einer klaren Rechtsverletzung das betreffende Angebot nicht nur gemäß § 10 Abs. 1 Nr. 2 TMG sperren, sondern zusätzlich auch Vorsorge dafür treffen müsse, dass es möglichst nicht zu weiteren derartigen Rechtsverletzungen komme.[152] Der Beklagte müsse diese Fälle zum Anlass nehmen, um Angebote von Rolex-Uhren einer besonderen Prüfung zu unterziehen. Eine

---

[151] BGH GRUR 2009, 597, 598 – Halzband. Die in dieser Entscheidung entwickelten Grundsätze gelten allerdings nur für den Bereich der deliktischen Haftung und sind nicht auf die Zurechnung von Willenserklärungen übertragbar; vgl. BGH Urteil v. 11.05.2011, Az.: VIII ZR 289/09, Rn. 19.

[152] BGH ZUM 2004, 831, 836 – Internetversteigerung I.

weitere Spezifizierung derartiger Rechtsverletzungen gab der BGH hingegen nicht. Eine solche hat das Gericht aber in der „Jugendgefährdende Medien bei eBay"-Entscheidung nachgereicht. Es spricht dann allerdings in leichter Abwandlung nicht von *derartigen*, sondern von *gleichartigen* Rechtsverletzungen. Es ist davon auszugehen, dass hiermit dasselbe gemeint ist. Eine solche gleichartige Rechtsverletzung kann fortan entweder an einer inhaltsbezogenen als auch an einer personenbezogenen Komponente festgemacht werden.[153] Die bereits aus der Internet-I-Entscheidung bekannte inhaltsbezogene Komponente bezieht sich auf das angebotene Medium. Demnach zählen zu gleichartigen Rechtsverletzungen nicht nur Angebote, die mit den bekannt gewordenen Fällen identisch sind, also das Angebot des gleichen Artikels durch denselben Versteigerer. Vielmehr hat eBay auch zu verhindern, dass die ihr konkret benannten jugendgefährdenden Medien durch andere Bieter erneut über ihre Plattform angeboten werden.[154] Die personenbezogene Komponente bezieht sich auf den einzelnen Versteigerer, der zuvor ein jugendgefährdendes Medium angeboten hat. Demnach liegt eine gleichartige Rechtsverletzung auch dann vor, wenn derselbe Versteigerer auf demselben Trägermedium (z. B. Bildträger, Tonträger, Printmedium, Computerspiel) Inhalte derselben jugendgefährdenden Kategorie (z. B. Verherrlichung der NS-Ideologie, Anreize zur Gewalttätigkeit, Pornografie) anbietet.[155]

Zusammenfassend lässt sich zur Entscheidung „Jugendgefährdende Medien bei eBay" feststellen: Die bereits in der Internetversteigerung I statuierte verallgemeinerbare Prüfungspflicht, weitere gleichartige (derartige) Rechtsverletzungen zu verhindern, wurde hier ausgeführt. Demnach müssen nach Kenntniserlangung zum einen auf den Inhalt bezogene gleichartige Rechtsverletzungen sowie zum anderen auf die Person bezogene gleichartige Rechtsverletzungen verhindert werden. Diese Spezifizierung ist auch verallgemeinerbar, sodass sie für andere Internetdiensteanbieter gilt. Inwieweit diese anhand des Online-Auktionshauses eBay spezifizierten Vorgaben

---

153 Mit dieser Terminologie *Nordemann*, in: Fromm/Nordemann, UrhG, § 97 Rn. 159.

154 BGH GRUR 2007, 890, 894 – Jugendgefährdende Medien bei eBay.

155 BGH GRUR 2007, 890, 895 – Jugendgefährdende Medien bei eBay.

auch auf andere Internetdiensteanbieter übertragen werden können, muss durch eine vergleichende Betrachtung festgestellt werden.[156]

e) WLAN

Eine relevante Aussage hinsichtlich des Zeitpunktes, ab welchem die Prüfungspflichten entstehen, enthält das WLAN-Urteil des BGH.[157] In der Sache ging es um die Verantwortlichkeit des Inhabers eines Internetanschlusses, den Dritte zur öffentlichen Zugänglichmachung urheberrechtlich geschützter Werke missbraucht hatten. Der Beklagte hatte seinen WLAN-Router während einer Urlaubsabwesenheit eingeschaltet gelassen und nicht vor fremdem Zugriff gesichert. Dritte wählten sich in das somit „offene" Netzwerk ein und machten geschützte Werke in der Online-Tauschbörse *eMule* i. S. d. § 19a UrhG öffentlich zugänglich. Der BGH stellte hierzu fest, dass dem Anschlussinhaber die Prüfungspflicht obliege, die „gebotenen Sicherungsmaßnahmen" vorzunehmen. Es könne zwar von einem privaten Verwender nicht verlangt werden, die Netzwerksicherheit fortlaufend an den neuesten Stand der Technik anzupassen. Jedoch sei es zumutbar, die im Kaufzeitpunkt des Routers marktüblichen Sicherungen ihrem Zweck entsprechend wirksam einzusetzen.[158] Diese Prüfungspflicht hatte der beklagte Anschlussinhaber verletzt, sodass er als Störer haftete.

Hinsichtlich des Beginns der Prüfungspflichten stellte das Gericht fest, dass solche für den privaten WLAN-Anschlussinhaber bereits mit Inbetriebnahme des Anschlusses entstehen. Dies stellt einen Unterschied zu den Prüfungspflichten der Plattformbetreiber dar, welche erst ab der Kenntniserlangung einer von Dritten vorgenommenen Rechtsverletzung durch missbräuchliche Nutzung des Dienstes zu beachten sind.[159] Der BGH rechtfertigt diese unterschiedliche Behandlung dadurch, dass bei Privatpersonen durch das Auferlegen präventiver Prüfungspflichten eine Gefährdung des Geschäftsmodells von vornherein ausgeschlossen sei. Zudem seien auch die für Host-Provider relevanten Haftungsprivilegierungen nach §§ 7 ff. TMG und Art. 14 f. ECRL auf Privatpersonen nicht an-

---

156 Diese Problematik wird im 4. Kapitel aufgegriffen.

157 BGH MMR 2010, 565, 566 – WLAN.

158 BGH MMR 2010, 565, 566 – WLAN.

159 BGH ZUM 2004, 831, 835 – Internetversteigerung I; BGH GRUR 2007, 890, 894 – Jugendgefährdende Medien bei eBay.

wendbar.[160] Durch die Vorverlagerung des Beginns der Prüfungspflichten werde das hoch zu bewertende, berechtigte Interesse, über WLAN leicht und räumlich flexibel Zugang zum Internet zu erhalten, nicht infrage gestellt. Die Verpflichtung zur Vornahme der im Zeitpunkt der Installation des WLAN-Routers verkehrsüblich vorhandenen Sicherungsmaßnahmen sei Privatpersonen zumutbar.[161]

V. Wiederholungsgefahr/Erstbegehungsgefahr

Als letzte Tatbestandsvoraussetzung wird für die Haftung des Störers das Vorliegen einer *Wiederholungsgefahr* vorausgesetzt. Für die Annahme einer solchen ist eine vollendete Verletzung nach Begründung der Prüfungspflicht erforderlich.[162] Die Wiederholungsgefahr wird in einem solchen Fall vermutet. Wurde eine Prüfungspflicht somit zuvor begründet und hat der Inanspruchgenommene sie verletzt, so wird automatisch von einer Wiederholungsgefahr ausgegangen.

Es besteht seit der Internetversteigerung-II-Entscheidung[163] zudem die Möglichkeit, vorbeugend gegen mutmaßliche Störer vorzugehen, d. h. dann, wenn gerade noch keine vorangegangene Rechtsverletzung eingetreten ist. Voraussetzung hierfür ist eine aufgrund von ernsthaften und greifbaren tatsächlichen Anhaltspunkten erstmalig drohende, zukünftige konkrete Rechtsverletzung - die sogenannte *Erstbegehungsgefahr*.[164]

VI. Rechtsfolge

Die Rechtsfolge der Störerhaftung ist ein Anspruch auf Beseitigung der Störung bzw. Unterlassung weiterer Störungen. Ein Schadensersatzanspruch ist hingegen ausgeschlossen.[165] Denn für einen solchen

---

160 BGH MMR 2010, 565, 566 - WLAN.

161 BGH MMR 2010, 565, 566 - WLAN.

162 BGH GRUR 2007, 890, 895 - Jugendgefährdende Medien bei eBay.

163 BGH MMR 2007, 507, 510 - Internetversteigerung II.

164 BGH MMR 2009, 625, 626 - Cybersky. Durch das Gesetz zur Verbesserung der Durchsetzung von Rechten des geistigen Eigentums v. 07.07.2008 m. W. v. 01.09.2008, BGBl. 2008, Teil I, S. 1191 ff., wurde der vorbeugende Unterlassungsanspruch in § 97 Abs. 1 S. 2 UrhG eingefügt und ist im Urheberrecht seither ausdrücklich kodifiziert.

165 BGH GRUR 2002, 618, 619 - Meißner Dekor; BGH ZUM 2004, 831, 836 - Internetversteigerung I.

müssen die Voraussetzungen einer Täterschaft oder Teilnahme vorliegen. Sowohl § 97 Abs. 1 S. 1 UrhG als auch § 1004 BGB haben keine schadensersatzrechtliche Funktion und können auch nicht zu Schadensersatznormen umfunktioniert werden.[166] Gestützt wird dies zudem durch den Wortlaut der genannten Normen.

C. Ergebnis zum 2. Kapitel

Erforderlich für die Störerhaftung ist aufgrund des Akzessorietätserfordernisses zunächst die Urheberrechtsverletzung eines Dritten. Spiegelbildlich hierzu darf der Inanspruchgenommene nicht die Voraussetzungen einer Täter- oder Teilnehmerschaft erfüllen (Subsidiarität). Ferner muss ein für die Rechtsverletzung willentliches und adäquat kausales Verhalten des als Störer Inanspruchgenommenen vorliegen. Hierbei genügt auch die Unterstützungshandlung eines eigenverantwortlich handelnden Dritten.

Als haftungsbeschränkende Elemente sind die Normen des TMG sowie die vom BGH entwickelten Prüfungspflichten zu beachten. Zwar schließen die Vorschriften der §§ 8–10 TMG Unterlassungsansprüche nicht aus. Aufgrund von § 7 Abs. 2 S. 1 TMG besteht für einen Diensteanbieter bis zur Kenntniserlangung einer Rechtsverletzung allerdings keine Verpflichtung zur aktiven Durchsuchung seiner Server. Ab dem Moment der Kenntniserlangung allerdings obliegt bspw. dem Host-Provider neben der sich aus § 7 Abs. 2 S. 2 i. V. m. § 10 S. 1 Nr. 3 TMG ergebenden Verpflichtung, die rechtsverletzende Information zu löschen, noch die Erfüllung der jeweils auf ihn zugeschnittenen Prüfungspflichten. Zu deren Bestimmung ist im Einzelfall auf die vom BGH entwickelten verallgemeinerbaren Grundsätze zurückzugreifen. Hierzu zählen die Beachtung der Funktion und Aufgabenstellung des Inanspruchgenommenen sowie dessen Verpflichtung, nach Kenntniserlangung weitere gleichartige Rechtsverletzungen zu vermeiden. Die Gleichartigkeit der Rechtsverletzung hat sowohl eine personen- als auch eine inhaltsbezogene Komponente, welche je nach Art des in Anspruch genommenen Dienstes im Einzelfall zu bestimmen ist. Verletzt der Inanspruchgenommene in der Folgezeit die Prüfungspflichten, so ist der Tatbestand des § 97 Abs. 1 S. 1 UrhG erfüllt. Das Vorliegen einer Wiederholungsgefahr wird in einem solchen Fall vermutet.

---

166 So ausdrücklich für § 1004 BGB *Baldus*, in: MünchKomm, BGB, § 1004 Rn. 13.

Liegen diese Voraussetzungen (Akzessorietät, Subsidiarität, Willentlichkeit und Kausalität, Verletzung einer Prüfungspflicht, Wiederholungsgefahr) schließlich vor, so ist der Inanspruchgenommene als Störer zu qualifizieren - die Voraussetzungen für einen Unterlassungsanspruch gemäß § 97 Abs. 1 S. 1 UrhG sind dann gegeben.

3. Kapitel: Die dogmatische Einordnung der Störerfigur im Internet

Das zweite Kapitel widmete sich der Behandlung des Störers durch die Rechtsprechung. Der Zugriff war ein rechtsrealistischer, die zugrunde liegende Frage lautete: Wer wird unter welchen Voraussetzungen gegenwärtig worauf in Anspruch genommen? Nach dieser auf die Rechtspraxis bezogenen Bestandsaufnahme befasst sich das dritte Kapitel mit den dogmatischen Grundlagen. So wird das Konzept der Störerhaftung, welches die Rechtsprechung anwendet, einer kritischen Würdigung unterzogen. Auch wird eine dogmatische Einordnung gewagt. Zuerst jedoch ist die Erforderlichkeit einer dogmatischen Einordnung der Störerfigur zu begründen.

A. Die Erforderlichkeit einer dogmatischen Einordnung der Störerfigur

Bereits vor der Architektenwettbewerb-Entscheidung im Jahr 1996 wurde im Schrifttum die Konstruktion der Störerhaftung kritisiert.[167] Der bloße Rekurs auf eine Analogie zu § 1004 BGB liefere noch kein in sich schlüssiges Konzept, selbst wenn der zugrunde liegende Gedanke tragfähig sein sollte.[168] Zum einen sei die Rechtsfolgenmodifikation nach Treu und Glauben (§ 242 BGB) dogmatisch kaum zu begründen. Zum anderen erschienen die Konturen dieser Haftungsbegrenzung durch Zumutbarkeitserwägungen vage und schwammig.

Verständlicherweise erfuhr der Schwenk der Rechtsprechung - weg von der Rechtsfolgenbeschränkung, hin zu einer Tatbestandsbeschränkung - zunächst einmal Zustimmung im Schrifttum.[169] Allerdings wurden zwei Punkte kritisiert. Man bemängelte die fehlende inhaltliche Klarheit der Prüfungspflichten. Auch diese würden lediglich dazu einladen, Billig- und Zumutbarkeitserwägungen anzustellen. Mit solchen Erwägungen habe man bereits innerhalb der rechtsfolgenmodifizierenden Haftungsbeschränkung vor der Ein-

---

167 Vgl. hierzu *Teplitzky*, Wettbewerbsrechtliche Ansprüche (7. Aufl., 1997), Kap. 14, Rn. 4 ff. (S. 137 ff.); *v. Gierke*, WRP 1997, 892 m. w. N.

168 *Schünemann*, WRP 1998, 120.

169 Vgl. *Haedicke*, GRUR 1999, 397, 399; *Köhler*, WRP 1997, 897; *Schünemann*, WRP 1998, 120.

führung der Prüfungspflichten operiert. Auf diese Weise komme man der eigentlichen Frage, wann denn nun ein mittelbar mitwirkender Dritter für eine Rechtsverletzung verantwortlich sei, nicht näher. Des Weiteren wurde das Fehlen eines dogmatisch fundierten Konzepts der Prüfungspflichten beklagt.[170] Zum Zwecke der Eingrenzung der Störerfigur habe die Rechtsprechung Prüfungspflichten statuiert, ohne diese näher zu begründen.[171] Dieses Problem sei ebenfalls bereits vorher vorhanden gewesen, sodass man durch die Einführung der Prüfungspflichten keinen nennenswerten Fortschritt gemacht habe. Es sei weiterhin unklar, mit welchen Kriterien zu arbeiten sei, um die im Einzelfall bestehenden Prüfungspflichten zu bestimmen. Insbesondere bei den Internetsachverhalten könne es nicht ausreichend sein, sich allein anhand der wenigen, verallgemeinerbaren Vorgaben der Rechtsprechung zu orientieren. Es sei zugestanden, dass nach etlichen Entscheidungen[172] zu Online-Auktionshäusern wie eBay die Prüfungspflichten für diese Dienste mittlerweile einigermaßen detailliert gefasst werden können.

Es fehlt an einer zufriedenstellenden Antwort, wie mit anderen Diensteanbietern zu verfahren ist. Sie funktionieren auf unterschiedliche Weise, sodass sich in der Folge auch die konkret obliegenden Prüfungspflichten von denjenigen bei eBay unterscheiden. Zwar besteht die Möglichkeit, in Form des Vergleiches mit eBay die einem anderen Dienst obliegenden Prüfungspflichten zu bestimmen. Ein alleiniges Abstellen auf diese Methode ist allerdings nicht zielführend. Im Sinne der Rechtssicherheit und Vorhersehbarkeit besteht gerade für die jeweiligen Diensteanbieter und auch für die rechtsanwendenden Gerichte ein Interesse daran, allgemeingültige Kriterien zu haben, auf welche dann zur Bestimmung der Prüfungspflichten zurückgegriffen werden kann.

Vorgaben des Gemeinschaftsrechts bzw. des Völkerrechts zur Ausgestaltung der Störerfigur finden sich nicht. In Art. 8 Abs. 3 der Informationsgesellschafts-Richtlinie[173] sowie in Art. 11 der Durchset-

---

170 *Schünemann*, WRP 1998, 120, 121.

171 *Köhler*, WRP 1997, 897, 898.

172 Vgl. 2. Kapitel, B., III., 2.

173 Richtlinie 2001/29/EG des Europäischen Parlaments und des Rates vom 22. Mai 2001 zur Harmonisierung bestimmter Aspekte des Urheberrechts und der verwandten Schutzrechte in der Informationsgesellschaft („Informationsgesellschafts-Richtlinie"), ABl. EG Nr. L 167, S. 10 ff.

zungs-Richtlinie[174] wird den Mitgliedsstaaten lediglich aufgetragen, sicherzustellen, dass die Rechteinhaber eine Anordnung gegen Mittelspersonen beantragen können, deren Dienste von einem Dritten zwecks Verletzung eines Rechts des geistigen Eigentums in Anspruch genommen werden. Ebenso wenig weiter hilft das TRIPS-Abkommen[175], durch welches die Mitgliedsstaaten der Welthandelsorganisation (WTO) völkerrechtlich verpflichtet werden.[176] In diesen Vorschriften findet sich gleichermaßen lediglich die Vorgabe an die Mitgliedsstaaten, den Rechteinhabern geeignete Verfahren zur Durchsetzung ihrer Rechte bereitzustellen (Art. 41 Abs. 1 S. 1 TRIPS). Ferner ist die Gewährung von Unterlassungsansprüchen zugelassen, ohne dass allerdings eine Verpflichtung hierzu besteht (Art. 44 Abs. 1 S. 1 TRIPS). Nähere Angaben zur Ausgestaltung der Passivlegitimation im Rahmen eines solchen Unterlassungsanspruchs finden sich nicht.

Die genannten gemeinschafts- und völkerrechtlichen Verpflichtungen bedürfen aufgrund des vorhandenen urheberrechtlichen Unterlassungsanspruchs in § 97 Abs. 1 S. 1 UrhG und der institutionalisierten Störerfigur keiner weiteren Umsetzung.[177] Mangels weiterer Vorgaben, wie die Haftungsfigur in diesen Fällen der Verantwortlichkeit von Mittelspersonen näher ausgestaltet sein muss, helfen sie nicht weiter.

In diesem Kapitel wird versucht, die urheberrechtliche Störerfigur, so wie sie in der Praxis verwendet wird, auf eine dogmatische Grundlage zu stellen. Zunächst soll ein Blick auf bislang hierzu vertretene Ansätze geworfen werden (A.) Sodann wird näher auf § 1004 BGB als mögliche Grundlage der Störerfigur eingegangen (B.) Schließlich soll die Querverbindung zwischen negatorischem Anspruch und dem allgemeinen Deliktsrecht hergestellt und somit das

---

174 Richtlinie 2004/48/EG des Europäischen Parlaments und des Rates vom 29. April 2004 zur Durchsetzung der Rechte des geistigen Eigentums („Durchsetzungs-Richtlinie"), ABl. EG Nr. L 195, S. 16 ff.

175 Agreement on Trade-Related Aspects of Intellectual Property Rights (TRIPS) – Übereinkommen über handelsbezogene Aspekte der Rechte des geistigen Eigentums, abgedruckt u. a. in BGBl. II 1994, S. 1730 ff.

176 Siehe hierzu *Sieber/Höfinger*, in: Handbuch Multimediarecht, Teil 18.1 Rn. 7 f.; *Freytag*, Haftung im Netz, S. 20 ff.; *Decker*, MMR 1999, 7, 8 f.

177 *v. Wolff*, in Wandtke/Bullinger, UrhG, § 97 Rn. 14 UrhG.

haftungsbeschränkende Element der Prüfungspflichten dogmatisch eingeordnet werden (C.).

B. Bestandsaufnahme zur dogmatischen Einordnung der Störerfigur

I. Dogmatische Einordnung der Störerfigur in der Rechtsprechung

Mangels ausdrücklicher Benennung des Anspruchsgegners in den entsprechenden Anspruchsgrundlagen des Urheber-, Marken- und Wettbewerbsrechts verwies der BGH bislang in ständiger Rechtsprechung auf § 1004 BGB analog.[178] Vereinzelt hat er allerdings auch leicht abgewandelte Grundlagen genannt, so bspw. in der Meißner-Dekor-Entscheidung aus dem Jahre 2002. Dort heißt es, die Störerhaftung habe „ihre Grundlage nicht im Deliktsrecht, sondern in der Regelung über die Besitz- und Eigentumsstörung in § 862 und in § 1004 BGB".[179] Von einer Analogie ist in diesem Fall allerdings keine Rede. In der Entscheidung Internetversteigerung I führt der BGH aus, dass für die Verletzung von Immaterialgüterrechten, welche als absolute Rechte nach § 823 Abs. 1, § 1004 BGB Schutz genießen, weiterhin die Grundsätze der Störerhaftung anwendbar seien.[180] Auch hier wurde eine Analogie nicht erwähnt. Auf § 823 Abs. 1 i. V. m. § 1004 Abs. 1 BGB analog stützte der BGH hingegen die Störerhaftung in der Entscheidung „Meinungsforum".[181] In anderen, später ergangenen Entscheidungen hat sich das Gericht dann gar nicht mehr zur Grundlage der Störerhaftung geäußert, sondern vielmehr einfach deren Voraussetzungen geprüft.[182]

Abweichend von den Aussagen des BGH haben vereinzelt Instanzgerichte die Grundlage der Störerhaftung in §§ 823 Abs. 1,

---

178 Siehe nur BGH GRUR 1997, 313, 315 – Architektenwettbewerb.

179 BGH GRUR 2002, 618, 619 – Meißner Dekor.

180 BGH ZUM 2004, 831, 835 f. – Internetversteigerung I.

181 BGH GRUR 2007, 724, 725 – Meinungsforum.

182 BGH MMR 2007, 507, 509 – Internetversteigerung II; BGH MMR 2009, 625, 626 – Cybersky; BGH Urteil v. 12.05.2010, Az. I ZR 121/08 (WLAN), Rn. 19 ff.

1004 BGB analog verankert.[183] Soweit bekannt, wird - von den soeben referierten Ausnahmen abgesehen - auch von den Instanzgerichten auf § 1004 BGB abgestellt.

Insgesamt lässt sich feststellen, dass die Rechtsprechung mehrheitlich die Störerfigur aus einer analogen Anwendung des § 1004 BGB herleitet. Soweit bekannt, setzen die Gerichte heute als Tatbestandsvoraussetzungen neben der Akzessorietät und dem adäquat kausalen Mitwirkungsbeitrag die Verletzung von Prüfungspflichten voraus. Eine Prüfung der Analogievoraussetzungen unterbleibt indes regelmäßig. Es findet sich allenfalls ein Verweis auf § 1004 BGB in analoger Anwendung. Auch die Herkunft der Prüfungspflichten wurde vom BGH bislang nie angesprochen. Die Literatur hat sich dagegen mit dem Problem befasst, wie im Folgenden zu sehen sein wird.

II. Dogmatische Einordnung der Störerfigur in der Literatur

Es besteht Einigkeit hinsichtlich der Terminologie, dass der Passivlegitimierte als „Störer" zu bezeichnen ist. Diese Bezeichnung sollte auch beibehalten werden, da sie sich eingebürgert habe.[184] Allerdings bedeute die Verwendung des Begriffs „Störer" nicht, dass auch der sachenrechtliche Inhalt dieses aus den zivilrechtlichen Vorschriften der §§ 862 sowie 1004 BGB bekannten Begriffs notwendigerweise übernommen werden müsse. Die Verwendung deute lediglich auf die verschuldensunabhängige Verantwortlichkeit einer kausal mitwirkenden Person hin.[185] Innerhalb der Literatur wird somit nicht um die Terminologie des Störers gestritten, sondern vielmehr über dessen Verortung und Grundlage im allgemeinen Zivilrecht.

1. Erste Einordnungen

Ein Ansatz, der abweichend von der vom BGH ausgeformten Systematik argumentiert, findet sich bei *v. Gierke*.[186] Sie sieht zwar die Grundlage der Störerhaftung in § 1004 BGB verankert und verlangt

---

183 LG Hamburg ZUM 2009, 863, 868; OLG Hamburg ZUM-RD 2009, 439, 440 - Alphaload (Usenet II). Auf die Voraussetzungen einer Analogie gehen die Gerichte nicht ein.

184 *Schünemann*, WRP 1998, 120, 123.

185 *Ahrens*, in: FS Canaris, Bd. I, 3, 6.

186 *v. Gierke*, WRP 1997, 892.

als Tatbestandsvoraussetzungen neben der Akzessorietät die Willentlichkeit und Adäquanz der infrage stehenden Handlung. Insoweit ist ihre Ansicht konform mit derjenigen der höchstrichterlichen Rechtsprechung. Die Haftungsbegrenzung soll aber nicht wie seit der Architektenwettbewerbs-Entscheidung anhand des Maßstabs von Prüfungspflichten erfolgen. Vielmehr fordert *v. Gierke* eine den Tatbestandsvoraussetzungen nachgeschaltete, umfassende und einzelbezogene Interessenabwägung, bei welcher Gläubiger- wie Schuldnerinteressen gleichermaßen zu bewerten und einzubeziehen sind.[187] Im Endeffekt führt dies aber gerade nicht zum eigentlichen Ziel, welches die dogmatische Begründung der Störerhaftung bleibt. Denn die vorgeschlagene Interessenabwägung ist nichts anderes als die von der Rechtsprechung bereits vor Einführung der Prüfungspflichten angewandte Zumutbarkeitsprüfung nach § 242 BGB. Sie begegnet lediglich in anderem Gewand.

Die Prüfungspflichten erfahren zwar Kritik aufgrund ihrer Weite, jedoch ist anzumerken, dass *v. Gierkes* Rekurs auf eine Interessenabwägung nach § 242 BGB noch weniger genau ist.[188] Es gilt hier nicht, die Störerfigur neu zu erfinden, sondern sie vielmehr, so wie sie in der Praxis von der Rechtsprechung verwendet wird, d. h. mitsamt der haftungsbeschränkenden Prüfungspflichten, auf eine dogmatische Grundlage zu stellen. Hierzu ist der Ansatz von *v. Gierke* nicht geeignet.

Gleiches wird man für den von *Schünemann*[189] vertretenen Ansatz sagen müssen. Ihm zufolge finde sich in § 1004 BGB für die Störerhaftung keine Grundlage. Es fehle bereits an einer Lücke für einen Analogieschluss. Zudem seien die Grundsätze der sachenrechtlich geprägten *actio negatoria*[190] für den wettbewerbsrechtlichen Unterlassungsanspruch ungeeignet. Die Kritik *Schünemanns* bezieht sich

---

187 *v. Gierke*, WRP 1997, 892, 895.

188 Zu dieser Kritik *Schünemann*, WRP 1998, 120, 123; sich anschließend *Haedicke*, GRUR 1997, 397, 400.

189 *Schünemann*, WRP 1998, 120.

190 Die Bezeichnung der *actio negatoria* wird oftmals für die Abwehransprüche des § 1004 BGB verwendet. Zur Herkunft und Verwendung des Begriffs im römischen und gemeinen Recht vgl. *Gursky*, in: Staudinger, BGB, § 1004 Rn. 1 ff.; *Baldus*, in: MünchKomm, BGB, § 1004 Rn. 1 ff.; *Picker*, Der negatorische Beseitigungsanspruch, S. 62 ff.; *Herrmann*, Der Störer nach § 1004, S. 1 ff., 458.

allein auf die wettbewerbsrechtliche Störerfigur[191], sodass auch diese Ansicht für die Begründung des urheberrechtlichen Störers nicht weiterhilft.

Auch die von *Köhler*[192] vertretene Ansicht trägt nicht zur dogmatischen Einordnung der urheberrechtlichen Störerfigur bei. *Köhler* lehnt die Störerfigur ab und möchte die Passivlegitimation des Unterlassungsanspruchs allein anhand der Kategorien von Täterschaft und Teilnahme i. S. d. § 830 Abs. 2 BGB begründen. Seine Ablehnung der Störerfigur gründet auf der erfolgsbezogenen Formulierung des § 1004 BGB. Diese Vorschrift sei ihrer Formulierung nach auf den Schutz absoluter Rechte ausgerichtet, sodass die Rechtswidrigkeit eines Verhaltens stets den Erfolg in Gestalt einer Rechtsgutbeeinträchtigung voraussetze. Für das Wettbewerbsrecht, in dem das Rechtswidrigkeitsurteil nicht an den Erfolg (objektive Beeinträchtigung eines fremden Rechts), sondern an ein Verhalten (objektive Verletzung einer Verhaltenspflicht) anknüpfe, sei ein Rückgriff auf die Störerfigur nach § 1004 BGB daher nicht geeignet.[193] Schließlich sei der Adressatenkreis eines wettbewerbsrechtlichen Unterlassungsanspruchs nach § 8 Abs. 1 S. 1 UWG von vornherein auf diejenigen beschränkt, die auch den spezifischen Verhaltenspflichten des Wettbewerbs unterliegen. Eine derartige Beschränkung des Adressatenkreises sei § 1004 BGB hingegen nicht zu entnehmen.

So zutreffend die Zweifel *Köhlers* in Bezug auf das Wettbewerbsrecht auch sein mögen, so wenig können sie im Urheberrecht fruchtbar gemacht werden.[194] Denn anders als im Wettbewerbsrecht ist die urheberrechtliche Anspruchsgrundlage des § 97 Abs. 1 S. 1 UrhG erfolgsbezogen formuliert. Sowohl im Urheberrecht wie auch in § 1004 BGB geht es um den Schutz absoluter, gegenüber jeder-

---

191 *Schünemann* zufolge bieten bereits die vom Inanspruchgenommenen verletzten Normen des UWG eine ausreichende Grundlage zur Bestimmung der Passivlegitimation. Störer und somit Unterlassungsschuldner sei stets der Betriebsinhaber, da er allein Normadressat der wettbewerbsrechtlichen Verhaltenspflichten sei; s. *Schünemann*, WRP 1998, 120, 123. Zur Kritik hieran vgl. *Haedicke*, GRUR 1999, 397, 400.

192 *Köhler*, WRP 1997, 897, 898.

193 *Köhler*, WRP 1997, 897, 898.

194 Zur Möglichkeit der weiteren Verwendung der Störerfigur im Wettbewerbsrecht s. *Leistner/Stang*, WRP 2008, 533, 539.

mann wirkender Rechte. Der Kern der Kritik *Köhlers*, die Diskrepanz zwischen verhaltensbezogenem Wettbewerbsrecht und der erfolgsbezogenen Vorschrift des § 1004 BGB, kann nicht für das erfolgsbezogene Urheberrecht gelten. Aus diesem Grund ist die Kritik *Köhlers* nicht geeignet, die Passivlegitimation mittelbarer Verletzungshandlungen im Urheberrecht zu begründen.[195]

2. § 1004 BGB als Grundlage der Störerhaftung – Rechtswidrigkeit als Einfallstor

Haedicke und *Leistner* sprechen sich für eine Anwendung des § 1004 BGB aus. Den Umfang der Prüfungspflichten, welche die Rechtsprechung des BGH dem Diensteanbieter grundsätzlich auferlegt, wollen sie gemäß der Methodik der Zurechnung rechtswidriger Handlungen im allgemeinen Deliktsrecht bestimmen.[196]

Sie knüpfen zunächst an die Differenzierung zwischen *Erfolgs-* und *Handlungsunrecht* an. Die Lehre vom Handlungsunrecht sieht im Gegensatz zum Erfolgsunrecht als Grundlage des Unwerturteils nicht den Erfolg als solchen, sondern den Verstoß gegen ein Verhaltensgebot.[197] Im Rahmen des § 823 Abs. 1 BGB wird die Rechtswidrigkeit adäquat kausaler, *unmittelbarer* Verletzungshandlungen durch den damit eingetretenen Erfolg indiziert[198], während im Falle *mittelbarer* Verletzungshandlungen eine Indikation der Rechtswidrigkeit gerade nicht ohne Weiteres stattfindet. Ansonsten wäre der Kreis an Verantwortlichen aufgrund des nur geringfügig eingrenzenden Tatbestandsmerkmals der adäquaten Kausalität unangemessen groß. Vielmehr ist im Falle einer mittelbaren Verletzungshandlung – zusätzlich zum adäquat kausalen Mitwirkungsbeitrag – die Verletzung einer Handlungspflicht, einer sogenannten Verkehrspflicht, erforderlich. Die Verkehrspflicht übernimmt also die

---

195 Zur weiteren Kritik an *Köhlers* Auffassung s. *Haedicke*, GRUR 1999, 397, 400.

196 *Haedicke*, GRUR 1999, 397, 400 ff.; *Leistner*, GRUR 2006, 801, 808 ff.; ebenso *Volkmann*, Der Störer im Internet, S. 133 ff., *Freytag*, Haftung im Netz, S. 75 ff.

197 *Hager*, in: Staudinger, BGB, § 823 Rn. H 14; *Wagner*, in: MünchKomm, BGB, § 823 Rn. 6, 13; *Haedicke*, GRUR 1999, 397, 401.

198 Gemeint ist mit dieser Formulierung, dass die Rechtswidrigkeit im Falle des Erfolgs nicht positiv begründet werden muss, sondern dass lediglich negativ das Fehlen eines Ausschlussgrundes festgestellt werden braucht; vgl. *Larenz/Canaris*, Schuldrecht II/2, § 75 II 2 c (S. 363).

Funktion einer Begrenzung der Rechtswidrigkeitsindikation.[199] Erst wenn die Verletzung einer solchen Verkehrspflicht festgestellt ist, kann auch die Rechtswidrigkeit der Verletzungshandlung bejaht werden. Der Tatbestand des § 823 Abs. 1 BGB vertypt somit bei unmittelbarer Verletzungshandlung einen Fall des Erfolgsunrechts, während bei einer mittelbaren Verletzungshandlung die Rechtswidrigkeit keinen Erfolg, sondern den Verstoß gegen eine Handlungspflicht voraussetzt. Im letzteren Fall geht es mithin um Verhaltensunrecht.[200]

Haedicke und *Leistner* sehen nun die Möglichkeit einer Übertragbarkeit der Lehren vom Erfolgs- und Verhaltensunrecht aus dem Deliktsrecht in den negatorischen Rechtsschutz. Das Einfallstor ist das sowohl in § 823 Abs. 1 BGB als auch in § 1004 BGB einheitliche Merkmal der Rechtswidrigkeit.[201] Aufgrund dieser Einheitlichkeit enthält auch der Rechtswidrigkeitsbegriff des § 1004 BGB Elemente des Erfolgs- sowie des Handlungsunrechts. Während also die Verkehrspflichten im Deliktsrecht als Zurechnungsinstrument für die Rechtswidrigkeit mittelbarer Verletzungshandlungen dienen, erfüllen die Prüfungspflichten dieselbe Funktion im Rahmen des § 1004 BGB.

Für die weitere Untersuchung soll dieser Gedankengang von *Haedicke* und *Leistner* aufgegriffen werden. Bevor allerdings die Brücke von § 1004 BGB zu § 823 Abs. 1 BGB geschlagen werden kann, muss der Rückgriff auf § 1004 BGB im Rahmen des § 97 Abs. 1 S. 1 UrhG begründet werden.

---

199 So *Medicus/Petersen*, Bürgerliches Recht, Rn. 645 (S. 439); auch *Deutsch*, Allgemeines Deliktsrecht, Rn. 71 (S. 51 f.).

200 *Hager*, in: Staudinger, BGB, § 823 H 14 ff.; *Wagner*, in: MünchKomm, BGB, § 823 Rn. 13 ff.; *Looschelders*, Schuldrecht BT, S. 416; *Medicus/Petersen*, Bürgerliches Recht, Rn. 606 (S. 286).

201 *Haedicke*, GRUR 1999, 397, 401; *Leistner*, GRUR 2006, 801, 808; ebenso *Volkmann*, Der Störer im Internet, S. 133 ff.; ausführlich zum einheitlichen Merkmal der Rechtswidrigkeit im deliktischen als auch im negatorischem Rechtsschutz *Baur*, AcP 1960 (1961), 465, 471 ff.

C. § 1004 BGB als Grundlage der Störerfigur

Überwiegend wird stillschweigend vorausgesetzt, dass § 1004 BGB zumindest analog anwendbar sei, soweit die Bestimmung der Passivlegitimation im Urheberrecht in Rede steht.[202] Diese Annahme wird im Folgenden überprüft (I.). Im Anschluss wird untersucht, ob der zivilrechtliche Störerbegriff, der § 1004 BGB zugrunde liegt, den Anforderungen des erfolgsbezogenen Urheberrechts genügt bzw. ob die Heranziehung der Verkehrspflichtendogmatik im Rahmen des § 1004 Abs. 1 BGB, die *Haedicke* und *Leistner* propagieren, in urheberrechtlicher Hinsicht erforderlich ist (II.).

I. Der Rückgriff auf § 1004 BGB

Unter einer Analogie ist die Übertragung der für einen Tatbestand im Gesetz gegebenen Regel auf einen vom Gesetz nicht geregelten, „ähnlichen" Tatbestand zu verstehen.[203] Der Gedanke einer derartigen Übertragung im Rahmen der urheberrechtlichen Anspruchsgrundlage ergibt sich auf den ersten Blick aus der fehlenden Erwähnung des Wortes „Störer" in § 97 Abs. 1 S. 1 UrhG. Durch eine analoge Anwendung des § 1004 BGB könnte auf die dort niedergelegte Bezeichnung des Anspruchsgegners zurückgegriffen werden.

Die hierfür notwendige Ähnlichkeit der Tatbestände von § 97 Abs. 1 S. 1 UrhG und § 1004 BGB ist auch gegeben. *Ähnlich* sind zwei Tatbestände dann, wenn sie in mancherlei Hinsicht übereinstimmen, jedoch nicht in jeder Hinsicht - bei einer vollständigen Übereinstimmung wären die Tatbestände schließlich gleich.[204] Beide Anspruchsgrundlagen schützen absolute Rechte (Eigentum, Urheberrecht).[205] Ferner stellen sowohl § 97 Abs. 1 S. 1 UrhG als auch § 1004

---

202 So bspw. *Wilmer*, NJW 2008, 1845, 1846; vgl. hierzu auch oben 3. Kapitel, A.

203 Einige Autoren sprechen anstelle von *Ähnlichkeit* von einer *vergleichbaren Interessenlage*. Inhaltlich ist hiermit das Gleiche gemeint, sodass sich in der Sache keine Unterschiede ergeben, vgl. *Larenz/Canaris*, Methodenlehre, S. 202; *Honsell*, in: Staudinger/Eckpfeiler, S. 33.

204 *Larenz/Canaris*, Methodenlehre, S. 202. „Ähnlich" heißt auch, als wertungsmäßig (teleologisch) gleich zu erachten; vgl. *Kramer*, Methodenlehre, S. 176.

205 Mit der Hervorhebung der mangelnden Ähnlichkeit zwischen § 1004 BGB und dem Wettbewerbsrecht begründet *Döring* die fehlenden Analogievoraussetzungen der wettbewerbsrechtlichen Störerfigur. Sein Argument greift allerdings nicht für die urheberrechtliche Störerfigur, da § 97

BGB Abwehransprüche dar, sodass sich beide Normen im Anspruchsziel gleichen. Beide Vorschriften gewähren einen verschuldensunabhängigen Anspruch auf Beseitigung/Unterlassung für den Fall der Urheberrechtsverletzung (§ 97 Abs. 1 S. 1 UrhG) bzw. für den Fall der Beeinträchtigung/Unterlassung eines geschützten Rechts (§ 1004 Abs. 1 S. 2 BGB).

Der Unterschied der beiden Vorschriften liegt insbesondere darin, dass § 1004 BGB den Anspruchsgegner konkret benennt. Verglichen mit § 97 Abs. 1 S. 1 UrhG, bietet § 1004 BGB in seinem Abs. 1 S. 1 daher ein „Mehr" an, nämlich die Benennung des Anspruchsgegners – des Störers. Die beiden Vorschriften gleichen sich in vielen Hinsichten, aber eben nicht in allen. Sie sind folglich ähnlich.

Eine Analogie an dieser Stelle zu bejahen, griffe aber zu kurz. Zusätzliche Voraussetzung der Rechtsfortbildung *praeter legem*[206] ist das Vorliegen einer Gesetzeslücke in § 97 Abs. 1 S. 1 UrhG. Der Begriff der *Gesetzeslücke* hat wiederum selbst zwei Voraussetzungen und wird allgemein als eine planwidrige Unvollständigkeit des Gesetzes definiert.[207]

Eine *Unvollständigkeit* des Gesetzes liegt dann vor, wenn keine unmittelbar anwendbare Norm vorhanden ist.[208] Der Gesetzgeber hat es unterlassen, etwas zu normieren, was er hätte normieren müssen,

---

Abs. 1 S. 1 UrhG, wie soeben gesehen, ein absolutes Recht schützt – genauso wie § 1004 BGB; vgl. *Döring*, WRP 2007, 1131, 1134.

206 Bei der Rechtsfindung *praeter legem* wird der Richter zur *Ergänzung* des Gesetzes tätig; vgl. *Engisch*, Einführung in das juristische Denken, S. 177; *Canaris*, Feststellung von Lücken, S. 17.

207 *Engisch*, Einführung in das juristische Denken, S. 182; *Canaris*, Feststellung von Lücken, S. 16: Die Voraussetzung der *Unvollständigkeit* ergibt sich bereits aus dem allgemeinen Sprachgebrauch. So wird von einer Mauerlücke oder einer Gedächtnislücke dann gesprochen, wenn man eben auf eine *Unvollständigkeit* innerhalb eines an sich mehr oder weniger geschlossenen Ganzen hinweisen möchte. Ebenso verhält es sich mit der *Gesetzeslücke*. Der fehlende Stein in der Mauer entspricht einer fehlenden Tatbestandsvoraussetzung oder Rechtsfolge in einem Gesetz. Allerdings wird auch im allgemeinen Sprachgebrauch nicht jede *Unvollständigkeit* zugleich als Lücke bezeichnet. Die besagte Mauer wird nur dann als lückenhaft empfunden, wenn sie „eigentlich" vollständig sein sollte.

208 *Canaris*, Feststellung von Lücken, S. 20, 55.

wenn es überhaupt möglich sein soll, das Gesetz anzuwenden.[209] Als Beispiel für eine solche Art der Unvollständigkeit lässt sich der in § 904 BGB niedergelegte zivilrechtliche Notstand nennen, welcher in seinem Satz 2 statuiert:

> „Der Eigentümer kann Ersatz des ihm entstehenden Schadens verlangen".

Die Norm statuiert zwar somit eine Schadensersatzpflicht, sie lässt allerdings offen, wer den Schadensersatz zu leisten hat. Mangels Regelung der Passivlegitimation ist § 904 BGB daher unvollständig i. S. e. Gesetzeslücke.[210]

Nachfolgend bleibt zu untersuchen, ob die Situation bei § 97 Abs. 1 S. 1 UrhG vergleichbar ist. Die Aussage, es fehle in § 97 UrhG an einer Regelung der Passivlegitimation[211], erscheint auf den ersten Blick zustimmungswürdig. Anders als bspw. § 1004 BGB benennt § 97 UrhG schließlich keinen ausdrücklichen Anspruchsgegner. Vielmehr findet sich in § 97 Abs. 1 S. 1 UrhG lediglich folgende unbestimmte Formulierung:

> „Wer das Urheberrecht [...] widerrechtlich verletzt, kann von dem Verletzten [...] bei Wiederholungsgefahr auf Unterlassung in Anspruch genommen werden."

Anders als bei § 904 BGB fehlt es in § 97 Abs. 1 S. 1 UrhG aber nicht an der Passivlegitimation als solcher, sondern lediglich an der expliziten Benennung des Anspruchsgegners. Es stellt sich die Frage, ob das Vorhandensein einer derartigen unbestimmten Bezeichnung des Anspruchsgegners ausreicht, um wie im Falle des § 904 BGB von einer unanwendbaren Vorschrift und somit von einer Unvollständigkeit i. S. e. Gesetzeslücke zu sprechen. Die Zweifel hieran ergeben sich aufgrund der Tatsache, dass § 97 Abs. 1 S. 1 UrhG den Verpflichteten in der gleichen unbestimmten Weise wie § 823 Abs. 1 BGB benennt; so heißt es dort:

> „Wer vorsätzlich oder fahrlässig [...] das Leben, den Körper [...] oder ein sonstiges Recht eines anderen widerrechtlich

---

209 *Zippelius*, Methodenlehre, S. 64, der hierbei von einer sog. *Formulierungslücke* spricht. In diesem Sinne auch bereits *Kelsen*, Reine Rechtslehre, S. 254.

210 *Zippelius*, Methodenlehre, S. 64.

211 So ausdrücklich *Nordemann*, in: Fromm/Nordemann, UrhG, § 97 Rn. 144.

verletzt, ist dem anderen zum Ersatz des daraus entstehenden Schadens verpflichtet."

Eine fehlende Regelung der Passivlegitimation wurde im Deliktsrecht bislang aber nicht beklagt. Die Bestimmung des Anspruchsgegners wird innerhalb von § 823 Abs. 1 BGB dadurch erreicht, dass für den unbestimmten Rechtsbegriff[212] *„Wer"* zwischen dem Inanspruchgenommenen, der eine unmittelbare Verletzungshandlung vornimmt, und demjenigen, der lediglich mittelbar zum Verletzungserfolg beiträgt, differenziert wird.[213] Im Falle der vorsätzlichen Schädigung durch mehrere Personen kommt § 830 BGB zur Anwendung, welcher die aus dem Strafrecht bekannten Haftungsfiguren der Mittäterschaft (Abs. 1) und des Teilnehmers (Abs. 2) ins Deliktsrecht einführt.[214]

Die Vorschriften über unerlaubte Handlungen sind nicht auf den Anwendungsbereich der §§ 823 ff. BGB beschränkt, sondern können auf Tatbestände unerlaubter Handlungen innerhalb und außerhalb des BGB ausgedehnt werden.[215] Urheberrechtsverletzungen sind unerlaubte Handlungen i. S. d. §§ 823 ff. BGB.[216] So ergibt sich die Anwendbarkeit der Figuren der Täterschaft und Teilnahme im Rahmen des § 97 Abs. 2 UrhG, ohne dass eine Analogie vonnöten wäre.

---

212 Der Terminus „unbestimmter Rechtsbegriff" will sagen, dass es um solche Rechtsbegriffe geht, die in besonderem Maße der Auslegung und (Maßstabs-)Konkretisierung bedürfen, bevor sie auf den konkreten Sachverhalt zur Anwendung gelangen; *Schoch*, Jura 2004, 612, 613.

213 Hierzu noch ausführlich 3. Kapitel, D., II.

214 *Wagner*, in: MünchKomm, BGB, § 830 Rn. 2; *Eberl-Borges*, in: Staudinger, BGB, § 830 Rn. 11, 27 m. w. N. aus der Rechtsprechung. § 830 BGB stellt hierbei nicht nur eine Beweislastregel, sondern eine selbstständige Anspruchsgrundlage dar; vgl. BGHZ 67, 14; 72, 358; *Teichmann*, in: Jauernig, BGB, § 830 Rn. 1; *Sprau*, in: Palandt, BGB, § 830 Rn. 1.

215 *Hager*, in: Staudinger, BGB, Vorbem. zu §§ 823 ff. Rn. 26.

216 *Wild*, in: Schricker, UrhG, § 97 Rn. 35; *Deutsch/Ahrens*, Deliktsrecht, Rn. 144 ff. (S. 73 f.); *Wagner*, in: MünchKomm, BGB, § 823 Rn. 163; *Hager*, in: Staudinger, BGB, § 823 Rn. B 137; *Looschelders*, Schuldrecht BT, S. 433. Dadurch, dass im Urheberrecht bereits eine Anspruchsgrundlage für Schadensersatzbegehren wegen vorsätzlicher oder fahrlässiger Beeinträchtigung des Schutzgehalts des jeweiligen Rechts vorhanden ist, bedarf es bei der Geltendmachung von Ansprüchen keiner Erwähnung des § 823 Abs. 1 BGB. § 97 UrhG ist insoweit lex specialis.

Aus der Anwendbarkeit der §§ 823 ff. BGB ergeben sich allerdings zunächst keine Rückschlüsse auf die Verwendung der Störerfigur in § 97 Abs. 1 S. 1 UrhG. Denn diese ist nicht im Abschnitt über unerlaubte Handlungen, sondern in § 1004 BGB geregelt. Andererseits bestehen wesentliche Querverbindungen zwischen deliktischer und negatorischer Haftung, welche dafür sprechen, auch im Rahmen des § 823 BGB auf § 1004 BGB zurückgreifen zu können. Im Folgenden werden die Gründe dargestellt, welche die Verwandtschaft und die zusammenhängende Systematik von deliktischer und negatorischer Haftung aufzeigen.[217]

1. Schutz derselben Rechtsgüter

Eine wesentliche Querverbindung besteht im Schutz derselben Rechtsgüter. Sowohl § 823 Abs. 1 als auch § 1004 BGB schützen ausdrücklich das Eigentum i. S. d. § 903 BGB gegen Eingriffe Dritter – jeweils aber gegen Eingriffe unterschiedlicher Art: im einen Fall gegen Eingriffe in Gestalt der Verletzung, im anderen Fall gegen Eingriffe in Gestalt der Beeinträchtigung.[218] Das Eigentum ist allerdings nicht das einzige Schutzgut des § 1004 BGB. Bereits kurz nach Inkrafttreten des BGB wurde § 1004 BGB von einem lediglich negatorischen Abwehranspruch zu einem *allgemeinen quasi-negatorischen* Abwehranspruch weiterentwickelt.[219] Zur Begründung wird auf das vergleichbare Schutzbedürfnis sowie den dahinterstehenden allgemeinen Rechtsgedanken verwiesen.[220]

---

217 Grundlegend zu den Parallelen zwischen deliktischer und negatorischer Haftung: *Hohloch,* Negatorische Ansprüche, S. 156 ff. sowie *Larenz/Canaris,* Schuldrecht II/2, § 86 I (S. 673 ff.).

218 Auf die Problematik, ob das Tatbestandsmerkmal der Beeinträchtigung auch Schäden umfasst, braucht hier nicht eingegangen zu werden. Relevant ist allein, dass beide Normen das gleiche Rechtsgut, nämlich das Eigentum, schützen.

219 RGZ 60, 6, 7; 116, 53; BGHZ 14, 163, 170; BGH NJW 1998, 2058, 2059; *Gursky,* in: Staudinger, BGB, § 1004 Rn. 1, 16; *Hager,* in: Staudinger, BGB, Vorbem. zu §§ 823 Rn. 63; *Jauernig,* in: Jauernig, BGB, § 1004 Rn. 2; *Baldus,* in: MünchKomm, BGB, § 1004 Rn. 13, jeweils m. w. N.; zur Entwicklung ausführlich *Hohloch,* Negatorische Ansprüche, S. 21 ff., 40 ff.

220 *Hager,* in: Staudinger, BGB, Vorbem. zu §§ 823 ff. Rn. 63; *Wagner,* in: MünchKomm, BGB, vor § 823 Rn. 35; *Larenz/Canaris,* Schuldrecht II/2, § 86 I 1 a (S. 673); *Staudinger,* in: HK-BGB, vor §§ 823–853 Rn. 10. Teilweise wird zur Begründung von einer analogen Anwendung des § 1004 BGB innerhalb des § 823 BGB ausgegangen, ohne dass allerdings auf die Ana-

Der Anspruch ist *allgemein,* weil er über den gesetzlich normierten Schutzbereich des Eigentums hinaus auch auf alle anderen absoluten Rechte anwendbar ist.[221] Alle absoluten Rechte genießen auch den Schutz durch § 823 Abs. 1 BGB. Der Anspruch aus § 1004 BGB ist *quasi-negatorisch,* weil er über die absoluten Rechte hinaus auch sonstige Rechte im Sinne des § 823 Abs. 1 BGB schützt.[222] Zu diesen sonstigen Rechten werden auch die Immaterialgüterrechte gezählt, d. h. diejenigen Rechte, welche das Patent-, Marken- und Urheberrecht verleihen.

Insgesamt lässt sich feststellen, dass nach heutiger Rechtslage sämtliche Rechte und Interessen, die den Schutz des Deliktsrechts genießen, durch präventiv wirkende Abwehransprüche gegen drohende Eingriffe abgeschirmt sind.[223] Alle Rechtsgüter, welche dem Schutz des § 1004 BGB unterstehen, werden auch durch § 823 Abs. 1 BGB geschützt. Diese Ausdehnung der negatorischen Ansprüche auf Rechte und Güter des § 823 Abs. 1 BGB ist auch methodisch geboten, da es keinen vernünftigen Grund gibt, zwar Eigentum (§ 1004 BGB) und Namen (§ 12 BGB) durch negatorische Rechtsbehelfe zu schützen, nicht aber auch andere absolute Rechte.[224] Die Geltendmachung des Rechtsschutzes erfolgt mithilfe des quasi-negatorischen Beseitigungs-/Unterlassungsanspruchs gemäß § 823 Abs. 1 i. V. m. § 1004 BGB. Es besteht in beiden Normen Deckungsgleichheit hinsichtlich der geschützten Rechtsgüter und mithin eine wesentliche Querverbindung.

2. Ergänzungsfunktion beim Rechtsgüterschutz

§ 823 Abs. 1 und § 1004 BGB schützen dieselben Rechtsgüter, wobei dies auf unterschiedliche Art und Weise geschieht – die beiden Vorschriften ergänzen sich. Verwirklicht wird der Rechtsgüterschutz durch die Anordnung verschiedener Rechtsfolgen. Während § 823

---

logievoraussetzungen eingegangen wird; s. bspw. *Jauernig,* in: Jauernig, BGB, vor § 823 Rn. 6; *Vieweg/Werner,* Sachenrecht, S. 269 f.

221 *Ebbing,* in: Erman, BGB, § 1004 Rn. 9; *Hager,* in: Staudinger, BGB, Vorbem. zu §§ 823 Rn. 63; *Hohloch,* Negatorische Ansprüche, S. 42.

222 *Gursky,* in: Staudinger, BGB, § 1004 Rn. 1, 16; *Hager,* in: Staudinger, BGB, Vorbem. zu §§ 823 ff. Rn. 63; *Ebbing,* in: Erman, BGB, § 1004 Rn. 10.

223 *Wagner,* in: MünchKomm, BGB, vor § 823 Rn. 35; *Hager,* in: Staudinger, BGB, Vorbem. zu §§ 823 ff. Rn. 63; *Larenz/Canaris,* Schuldrecht II/2, § 86 II 1 (S. 675).

224 *Larenz/Canaris,* Schuldrecht II/2, § 86 I 1 a (S. 673); *Hager,* in: Staudinger, BGB, Vorbem. zu §§ 823 ff. Rn. 63.

Abs. 1 BGB einen Anspruch auf Schadensersatz im Falle einer schuldhaften, rechtswidrigen Rechtsgutverletzung gewährt, stellt § 1004 BGB die Grundlage für einen verschuldensunabhängigen Anspruch auf Unterlassung im Falle der Rechtsgutbeeinträchtigung zur Verfügung, sofern für den Rechtsgutinhaber keine Duldungsverpflichtung gemäß § 1004 Abs. 2 BGB besteht. Ohne die Vorschrift des § 1004 BGB wäre der Rechtsgüterschutz im BGB nur unvollständig, da rechtswidrige Rechtsgutbeeinträchtigungen oftmals ohne Verschulden stattfinden und es dem Rechtsgutinhaber ansonsten an einer Abwehrmöglichkeit fehlen würde. Insbesondere sollen Rechte und Rechtsgüter nicht nur nach vollendeter Verletzung durch Schadensersatzansprüche geschützt werden, sondern schon präventiv gegen eine drohende Verletzung durch Unterlassungsansprüche.[225] Indem § 823 Abs. 1 und § 1004 BGB die gleichen Rechte und Rechtsgüter schützen, bei sich unterscheidenden Tatbestandsvoraussetzungen jedoch unterschiedliche Rechtsfolgen anordnen, ergänzen sich die beiden Vorschriften zu einem umfassenden System an Verteidigungsmöglichkeiten für den Inhaber der geschützten Rechtsgüter. Negatorischer und deliktischer Schutz sind in diesem Zusammenhang daher zwei Seiten der gleichen Medaille.[226]

Aufgrund der genannten Querverbindungen (quasi-negatorischer Unterlassungsanspruch, Ergänzungsfunktion beim Rechtsgüterschutz) lässt sich argumentieren, dass der Störerbegriff des § 1004 BGB über § 823 Abs. 1 BGB bei der Konkretisierung des unbestimmten Rechtsbegriffs „Wer“ in § 97 Abs. 1 S. 1 UrhG verwendet werden kann. Dieser Befund steht auch in Einklang mit der Struktur des § 97 UrhG, welcher mit seinem Anspruch auf Unterlassen (Abs. 1) und dem Anspruch auf Schadensersatz (Abs. 2) schon seinem Wortlaut nach eine auf Urheberrechtsverletzungen bezogene Synthese der §§ 823 und 1004 BGB darstellt.

---

225 *Baldus*, in: MünchKomm, BGB, § 1004 Rn. 9; *Gursky*, in: Staudinger, BGB, § 1004 Rn. 210.

226 *Baur*, AcP 160 (1961), 465, 474 f.; *Lutter/Overrath*, JZ 1968, 345, 347; *Larenz*, in: FS Dölle, Bd. I, 169, 198 f.; *Freytag*, Haftung im Netz, S. 75; *Haedicke*, GRUR 1999, 397, 401; *Leistner*, GRUR 2006, 801, 808.

3. Ergebnis zu I.

Es lässt sich mithin feststellen, dass trotz der fehlenden expliziten Erwähnung eines Anspruchsgegners eine Regelung der Passivlegitimation in § 97 Abs. 1 S. 1 UrhG enthalten ist. Die Vorschrift ist nicht unvollständig i. S. e. Gesetzeslücke. Ein Eingehen auf die Planwidrigkeit erübrigt sich hierdurch.

Für den Rückgriff auf die allgemein-zivilrechtliche Vorschrift des § 1004 BGB scheidet eine Analogiebildung mangels Vorliegen einer Gesetzeslücke in § 97 Abs. 1 S. 1 UrhG aus. Die Anwendung der Störerfigur im Urheberrecht ergibt sich bereits aus der Konkretisierung des unbestimmten Rechtsbegriffs „Wer" in § 97 Abs. 1 S. 1 UrhG mithilfe der allgemeinen Rechtsgedanken aus den §§ 823, 1004 BGB.

II. Der Störer in § 1004 BGB

Soeben wurde festgestellt, dass es zulässig ist, im Urheberrecht zur Bestimmung des mittelbaren Verletzers auf § 1004 BGB zurückzugreifen. Weiterhin gilt es zu untersuchen, ob die dort verwendete allgemein-zivilrechtliche Störerfigur auch inhaltlich geeignet ist, den urheberrechtlichen Störer in § 97 Abs. 1 S. 1 UrhG zu bestimmen. Um dies festzustellen, soll nun die Störerfigur beleuchtet werden.

Zwar benennt § 1004 BGB explizit den Anspruchsgegner - den Störer -, allerdings ohne diesen näher zu definieren und ohne sonstige Kriterien zu seiner Bestimmung festzulegen. Dies hat dazu geführt, dass sowohl Rechtsprechung als auch Literatur Kriterien zur Störerbestimmung festgelegt und entwickelt haben, die heute kaum mehr in einer allgemeingültigen Definition zusammengefasst werden können. Die Vielfalt an Bestimmungskriterien ist „geradezu überwältigend, beinahe sogar erschreckend".[227] Aus diesem Grunde kann hier nur versucht werden, die groben Strömungen der Rechtsprechung und Literatur zur Störerbestimmung im Rahmen des § 1004 BGB zu kategorisieren. Im Anschluss wird untersucht, inwieweit die heranzuziehende Störerkonzeption in § 1004 BGB im Urheberrecht fruchtbar gemacht werden kann.

---

227 So *Fritzsche*, in: Bamberger/Roth, BGB, § 1004 Rn. 14; ähnlich auch *Gursky*, in: Staudinger, BGB, § 1004, Rn. 92.

1. Einteilung in Handlungs- und Zustandsstörer

Eine erste Definition des Störers findet sich in den Motiven des Bürgerlichen Gesetzbuches zum heutigen § 1004 BGB. Dort heißt es:

> „Der Anspruch hat, analog wie bei der Vindikation, seine Richtung gegen die Person desjenigen, durch dessen Willen der mit dem Inhalte des Eigenthums in Widerspruch stehende Zustand aufrecht erhalten wird."[228]

An dieser Vorgabe ist sowohl in Rechtsprechung als auch in der Literatur festgehalten worden. Man bezeichnet auch heute noch denjenigen, der die Beeinträchtigung zwar nicht verursacht hat, durch dessen maßgebenden Willen der beeinträchtigende Zustand aber aufrechterhalten wird, als sogenannten *Zustandsstörer*.[229] Vorausgesetzt wird zusätzlich die Möglichkeit zur Beseitigung der Störung sowie die Zurechenbarkeit der Beeinträchtigung. Regelmäßig ist als Zustandsstörer der Eigentümer bzw. Besitzer verantwortlich. Allerdings reicht allein der Umstand des Eigentums oder des Besitzes an der störenden Sache oder Anlage nicht aus, um jemanden als Zustandsstörer zu qualifizieren.[230] Das Eigentum bzw. der Besitz an der störenden Sache kann allenfalls als ein Indiz für eine Zustandsstörerhaftung angesehen werden. Typische Fälle nämlich, in denen der Eigentümer nicht verantwortlich ist, sind solche Beeinträchtigungen, die ausschließlich auf Naturwirken zurückzuführen sind, weil es in diesen Fällen an einer willentlichen Handlung des Eigentümers/Besitzers fehlt. Beispiele sind ein durch Blitzschlag ausgelöstes Feuer[231] oder auch der Befall eines Baumes durch Schädlinge, der von einem auf dem Nachbargrundstück stehenden Baum herrührt.[232]

---

228 Vgl. *Mugdan*, Materialien zum Bürgerlichen Gesetzbuch, S. 238 sowie Motive III zum Bürgerlichen Gesetzbuch, S. 425.

229 St. Rspr. seit RGZ 47, 164; s. auch BGHZ 49, 340, 347; BGH NJW-RR 2003, 953, 955; BGH NJW-RR 2008, 827; vgl. hierzu *Gursky*, in: Staudinger, BGB, § 1004 Rn. 94, 102; *Baldus*, in: MünchKomm, BGB, § 1004 Rn. 63; *Fritzsche*, in: Bamberger/Roth, BGB, § 1004 Rn. 15, 20; *Ebbing*, in: Erman, BGB, § 1004 Rn. 108; *Bassenge*, in: Palandt, BGB, § 1004 Rn. 19.

230 RGZ 134, 231, 234; *Jauernig*, in: Jauernig, BGB, § 1004 Rn. 17 m. w. N; *Gursky*, in: Staudinger, BGB, § 1004 Rn. 118 ff.

231 BGHZ 142, 66, 69; s. auch *Fritzsche*, in: Bamberger/Roth, BGB, § 1004 Rn. 23 m. w. N. sowie *Gursky*, in: Staudinger, BGB, § 1004 Rn. 106.

232 BGH NJW 1995, 2633 – Wollläuse; s. auch *Fritzsche*, in: Bamberger/Roth, BGB, § 1004 Rn. 23 m .w. N.

Neben der Kategorie des Zustandsstörers wird eine weitere Variante des Störers in § 1004 BGB unterschieden. Für eine Beeinträchtigung verantwortlich ist danach auch derjenige, der durch sein eigenes Verhalten, d. h. durch aktives Tun oder pflichtwidriges Unterlassen, die Beeinträchtigung eines von § 1004 BGB geschützten Rechts oder Rechtsguts willentlich und adäquat kausal verursacht oder aufrechterhalten hat.[233] Zur Bezeichnung dieses Verantwortlichen hat sich der Begriff des *Handlungsstörers* etabliert.[234] Wichtiges Merkmal zur Abgrenzung von der Zustandshaftung ist das Fortdauern der Handlung, d. h., die Ursache der gegenwärtigen Störung darf nicht ein bereits in der Vergangenheit abgeschlossenes Handeln sein. Typisches Beispiel für den Handlungsstörer ist somit derjenige, der ohne Erlaubnis über ein fremdes Grundstück läuft, oder derjenige, der Lärm macht.[235] In beiden Fällen handelt es sich um Beeinträchtigungen durch ein fortdauerndes Handeln.

Die Grenzen zwischen den Figuren des Handlungs- und des Zustandsstörers verlaufen fließend und sind stark vom Einzelfall abhängig. Dadurch allerdings, dass die Unterscheidung beider Figuren keine praktischen Konsequenzen zeitigt, ist die Differenzierung auch eher von theoretischer Bedeutung.[236]

---

233 St. Rspr. seit RGZ 92, 22, 25; vgl. seither BGHZ 49, 340, 347; 144, 200, 203; BGH NJW 2007, 432, 432.

234 *Gursky*, in: Staudinger, BGB, § 1004 Rn. 93; *Baldus*, in: MünchKomm, BGB, § 1004 Rn. 62; *Fritzsche*, in: Bamberger/Roth, BGB, Rn. 15 ff.; *Ebbing*, in: Erman, BGB, § 1004 Rn. 108; *Bassenge*, in: Palandt, BGB, § 1004 Rn. 16; *Baur/Stürner*, Sachenrecht, § 12 III 1 (S. 142); *Katzenstein*, JZ 2008, 1129, 1131 f. Zu einer auf *Medicus* zurückgehenden abweichenden Einteilung siehe *Baldus*, in: MünchKomm, BGB, § 1004 Rn. 67 ff., wonach zwischen dem *Tätigkeits-* und dem *Untätigkeitsstörer* unterschieden wird. *Baldus* betont, dass diese Einteilung allerdings eher sprachliche Hintergründe und keine sachliche Abweichung von den Ergebnissen der Einteilung in Handlungs- und Zustandsstörer hat.

235 *Baldus*, in: MünchKomm, BGB, § 1004 Rn. 62; *Fritzsche*, in: Bamberger/Roth, BGB, § 1004 Rn. 16; *Larenz/Canaris*, Schuldrecht II/2, § 86 III 1 (S. 683).

236 So *Jauernig*, in: Jauernig, BGB, § 1004 Rn. 15; dem folgend *Gursky*, in: Staudinger, BGB, § 1004 Rn. 94 sowie *Baldus*, in: MünchKomm, BGB, § 1004 Rn. 61.

2. Ursächliche Handlungen (Störungen) durch mehrere

Die soeben dargestellten Fälle der Handlungs- und Zustandsstörerhaftung erfassen ausschließlich unmittelbare Beiträge. Deshalb kommt ihre Übertragung auf § 97 Abs. 1 S. 1 UrhG im hier interessierenden Fall der Diensteanbieter im Internet nicht in Betracht. Denn dabei geht es um mittelbare Störungen. Sie begehen selbst keine Rechtsverletzung, sondern stellen lediglich das Medium zur Verfügung, mit dem dann Dritte unmittelbar rechtsverletzende Handlungen vornehmen. Indes ist zu beachten, dass das allgemeine Zivilrecht als Untergruppe der Handlungsstörung den Begriff des mittelbaren Handlungsstörers kennt.

Der *mittelbare Handlungsstörer* veranlasst die Beeinträchtigung durch einen Dritten adäquat kausal und ist in der Lage, sie zu verhindern bzw. abzustellen.[237] Exemplarisch für den Fall des mittelbaren Störers ist der Vermieter, wenn es durch unmittelbare Handlungen des Mieters zu Beeinträchtigungen eines Dritten kommt und der Vermieter diese Handlungen vertraglich gestattet bzw. gegen unerlaubte Handlungen nicht vorgeht. Ebenso als mittelbare Störer zu qualifizieren sind der Gastwirt für Lärmbeeinträchtigungen durch Besucher auf der Straße und der Betreiber einer Sportstätte für Sportlärm durch Benutzer.[238] Die Haftung des mittelbaren Störers wird hierbei durch Zumutbarkeitserwägungen begrenzt. Hat der Inanspruchgenommene alle ihm zumutbaren Maßnahmen ergriffen, um die Beeinträchtigung durch Dritte abzustellen, kann er einer Haftung entgehen.[239] Entscheidend ist, inwiefern dem Inanspruchgenommenen die Möglichkeit gegeben ist, auf das Verhalten des unmittelbar störenden Dritten Einfluss zu nehmen.[240]

---

237 BGHZ 49, 340, 347; *Fritzsche*, in: Bamberger/Roth, BGB, § 1004 Rn. 17 m. w. N.; *Gursky*, in: Staudinger, BGB, § 1004 Rn. 128 ff.; *Wolf/Wellenhofer*, Sachenrecht, S. 363; ablehnend hingegen *Baldus*, in: MünchKomm, BGB, § 1004 Rn. 62, dem zufolge durch die Herausformung eines mittelbaren Handlungsstörers nur zusätzliche Verwirrung gestiftet wird.

238 *Fritzsche*, in: Bamberger/Roth, BGB, § 1004, Rn. 17 m. w. N.; *Gursky*, in: Staudinger, BGB, § 1004 Rn. 129; *Baldus*, in: MünchKomm, BGB, § 1004 Rn. 82 ff. m. w. N., welcher in diesen Konstellationen von einer Mehrheit von *Handlungsstörern* ausgeht, welche nebeneinander haften.

239 BGH NJW 1982, 440, 441; OLG Koblenz NJW-RR 1988, 142, 143; s. auch *Fritzsche*, in: Bamberger/Roth, BGB, § 1004 Rn. 17; *Gursky*, in: Staudinger, BGB, § 1004 Rn. 128 ff., jeweils m. w. N.

240 *Fritzsche*, in: Bamberger/Roth, BGB, § 1004 Rn. 17. Es sei noch erwähnt, dass diese Fälle, in denen es häufig um die Nutzung einer dem Störer

3. Die Störerfigur des § 1004 BGB als ausreichende Grundlage zur Erklärung der urheberrechtlichen Störerfigur

Es fragt sich, wie weit die Heranziehung des Störerbegriffs aus § 1004 BGB reicht. Zugrunde zu legen ist die Figur des mittelbaren Handlungsstörers. Legt man die Voraussetzungen beider Störerfiguren, d. h. derjenigen aus § 97 Abs. 1 S. 1 UrhG und derjenigen aus § 1004 BGB übereinander, so lassen sich nachfolgende Beobachtungen machen.

Augenscheinliche Kongruenz zwischen der im Urheberrecht verwendeten Störerfigur und derjenigen des allgemeinen Zivilrechts besteht zunächst bei den Merkmalen der Willentlichkeit und der Adäquanz. Sowohl der mittelbare Handlungsstörer in § 1004 BGB als auch der Störer in § 97 Abs. 1 S. 1 UrhG setzen ein willentliches und für die eingetretene Rechtsverletzung adäquat kausales Verhalten voraus.

Der im Rahmen des § 97 Abs. 1 S. 1 UrhG Inanspruchgenommene ist neben seinem willentlichen und adäquat kausalen Beitrag nur dann Störer, wenn er zusätzlich ihm obliegende zumutbare Prüfungspflichten verletzt. Die Haftung des mittelbaren Handlungsstörers im Rahmen des § 1004 BGB wird hingegen auf der Rechtsfolgenseite durch Zumutbarkeitserwägungen eingegrenzt. Innerhalb beider Figuren wird somit zwar ein Instrument zur Haftungsbegrenzung verwendet. Allerdings unterscheiden sich diese Instrumentarien in systematischer Art und Weise. Während die Prüfungspflichten bei der urheberrechtlichen Störerfigur bereits auf der Tatbestandsseite ansetzen, setzt die Begrenzung durch Zumutbarkeitserwägungen in § 1004 BGB erst auf der Rechtsfolgenseite ein. Dies entspricht der Verwendung der urheberrechtlichen Störerfigur bis Ende der neunziger Jahre.[241] Anschauungsmaterial für die Haftungsbegrenzung durch Zumutbarkeitserwägungen in § 1004 BGB bietet eine Entscheidung des BGH[242] zu einer allgemein-zivilrechtlichen Problematik aus dem Jahre 1988. Dort heißt es:

---

zugeordneten Sache oder Anlage geht, von manchen Autoren nicht der Gruppe der *mittelbaren Handlungsstörung*, sondern vielmehr der *Zustandsstörerhaftung* zugeordnet werden; so *Jauernig*, in: Jauernig, BGB, § 1004 Rn. 17. Wie bereits geschildert, ergeben sich für die praktische Anwendung hieraus aber keine Unterschiede.

241 Vgl. hierzu oben 2. Kapitel, B., IV., 1., a).

242 BGHZ 106, 229, 235.

> „[…] Allerdings ist die Beklagte […] nur eine mittelbare Störerin. Das ändert aber nichts daran, dass auch sie eine Adressatin der Unterlassungsansprüche des Klägers ist […]. Deshalb ist sie gehalten, alle ihr zu Gebote stehenden rechtlichen und wirtschaftlichen Möglichkeiten auszuschöpfen, um weitere Rechtsbeeinträchtigungen des Klägers auszuschließen; nur rechtlich oder wirtschaftlich unzumutbare Maßnahmen […] können ihr nicht abverlangt werden […].“

Hier wird deutlich, dass die Haftungsbegrenzung der Zumutbarkeit im Rahmen von § 1004 BGB unabhängig von der Qualifizierung als Störer ist. Vielmehr wird die Inanspruchgenommene zunächst als Störerin qualifiziert und sodann in einem zweiten Schritt die Rechtsfolge auf das Zumutbare begrenzt.

Hinsichtlich der Haftungsbeschränkung liegt somit keine Kongruenz zwischen der allgemein-zivilrechtlichen Störerfigur des § 1004 BGB und der urheberrechtlichen Störerfigur in § 97 Abs. 1 S. 1 UrhG vor. Genauer gesagt: Eine Kongruenz liegt *nicht mehr* vor. Schließlich bestand bis zur Einführung der Prüfungspflichten in der Möbelklassiker-Entscheidung ein Gleichlauf zwischen der allgemein-zivilrechtlichen und der urheberrechtlichen Störerfigur. Durch die Einführung der Prüfungspflichten als Tatbestandsmerkmal spaltete sich die Störerfigur des Urheberrechts von der allgemein-zivilrechtlichen Störerfigur ab. In diesem Punkt liegt der wesentliche Unterschied zwischen den beiden Störerfiguren.

III. Ergebnis zu C.

Inhaltlich gesehen bietet die allgemein-zivilrechtliche Figur des mittelbaren Handlungsstörers in § 1004 BGB eine solide Grundlage für die urheberrechtliche Störerfigur des § 97 Abs. 1 S. 1 UrhG. Denn sowohl im allgemeinen Zivilrecht als auch im Urheberrecht werden neben dem Rechtseingriff eines Dritten auch Adäquanz und Willentlichkeit aufseiten des Inanspruchgenommenen vorausgesetzt. Allerdings ergibt sich ein wesentlicher Unterschied bei der Haftungsbegrenzung beider Störerfiguren. Denn für die zu diesem Zwecke innerhalb des § 97 Abs. 1 S. 1 UrhG verwendete Tatbestandsvoraussetzung der Prüfungspflichten findet sich in § 1004 BGB zunächst keine Grundlage. Vielmehr wird in § 1004 BGB allein auf Rechtsfolgenseite haftungsbegrenzend anhand von Zumutbarkeitserwägungen korrigierend eingegriffen. Hierin unterscheiden sich die urheberrechtliche und die allgemein-zivilrechtliche Störerfigur.

Zwar kann § 1004 BGB im Rahmen des § 97 UrhG entsprechend herangezogen werden. Es ist jedoch unklar, wie die urheberrechtlichen Prüfungspflichten mit dem Konzept des mittelbaren Handlungsstörers harmonisiert werden können. Dies ist im folgenden Abschnitt zu klären.

D. Dogmatische Einordnung der Prüfungspflichten

Eine Harmonisierung setzt voraus, dass die Prüfungspflichten, die der BGH verwendet, dogmatisch eingeordnet werden. Als mögliche Grundlage kommen die im Deliktsrecht entwickelten Verkehrspflichten infrage. Denn ebenso wie die Prüfungspflichten wirken die Verkehrspflichten im Deliktsrecht als ein haftungsbegrenzendes Instrument. Bei der Untersuchung soll an die zuvor bereits dargestellte Überlegung von *Haedicke* und *Leistner*[243] angeknüpft werden. Gelangt man zu dem Ergebnis, dass die Dogmatik der Verkehrspflichten innerhalb von § 1004 BGB Verwendung finden kann, so könnte sie aufgrund der Anwendung eben jener Norm auch im Rahmen der Störerhaftung des § 97 Abs. 1 S. 1 UrhG i. V. m. § 1004 BGB zur Bestimmung der Prüfungspflichten berücksichtigt werden. Durch eine derartige dogmatische Rückeinbindung der Prüfungspflichten bestünde der praktische Vorteil insbesondere darin, auf die über Jahrzehnte in Rechtsprechung und Literatur detailliert entwickelte Systematik sowie das umfassende Fallrecht zurückgreifen zu können.[244]

Zweifel an einer Anwendung der Verkehrspflichten innerhalb des § 1004 BGB ergeben sich freilich aus dem Unterschied zwischen deliktischer und negatorischer Haftung. Die Verkehrspflichten wurden von der Rechtsprechung innerhalb der deliktischen, nicht aber innerhalb der negatorischen Haftung des § 1004 BGB entwickelt. Es ist somit zunächst zu klären, ob die Figur der deliktsrechtlichen Verkehrspflichten auf § 1004 BGB übertragbar ist.

Für eine Übertragbarkeit sprechen die bereits erwähnten Querverbindungen zwischen deliktischer und negatorischer Haftung. Hinzu kommt, dass neben den Querverbindungen eine weitere Ähnlichkeit in der Tatbestandsstruktur der §§ 823 Abs. 1 und § 1004 BGB besteht. Beide Normen verlangen zum einen auf Tatbestandsseite eine

---

243 Vgl. hierzu oben 3. Kapitel, A., II., 2.

244 *Freytag*, Haftung im Netz, S. 75; *Volkmann*, Der Störer im Internet, S. 133; *Leistner*, GRUR 2006, 801, 808.

Rechtsgutsverletzung bzw. eine Rechtsgutsbeeinträchtigung, d. h. den Eingriff in ein geschütztes Recht.

Ferner geht die h. M.[245] davon aus, dass auch die Rechtswidrigkeit ein in beiden Normen zu prüfendes Tatbestandsmerkmal darstellt. Uneinigkeit besteht hierüber deshalb, weil die Vorschrift des § 1004 BGB, im Gegensatz zu § 823 Abs. 1 BGB, die Rechtswidrigkeit nicht ausdrücklich verlangt. Vielmehr heißt es in § 1004 Abs. 2 BGB, dass der Anspruch ausgeschlossen ist, wenn der Eigentümer[246] zur Duldung verpflichtet ist.[247] Trotz der fehlenden ausdrücklichen Erwähnung des Merkmals der Rechtswidrigkeit wird die Duldungsverpflichtung in § 1004 Abs. 2 BGB jedoch weitgehend im Sinne der Rechtswidrigkeit des § 823 Abs. 1 BGB interpretiert.[248] Der unterschiedliche Wortlaut in beiden Vorschriften bedeutet nicht zwangsläufig, dass den Vorschriften kein einheitlicher Begriff der Rechtswidrigkeit zugrunde liegen kann. § 1004 Abs. 2 BGB fasst das Erfordernis der Rechtswidrigkeit aus Gründen der Beweislastverteilung negativ:

> „Der Anspruch ist ausgeschlossen, wenn der Eigentümer zur Duldung verpflichtet ist."

Damit wird – ähnlich wie in § 823 Abs. 1 BGB – die Rechtswidrigkeit einer jeden (unmittelbaren) Eigentumsbeeinträchtigung indiziert, es

---

245 *Larenz/Canaris*, Schuldrecht II/2, § 86 II 1 (S. 674); *Wagner*, in: MünchKomm, BGB, vor § 823 Rn. 36; *Baur/Stürner*, Sachenrecht, § 12 II 3 (S. 140); *Fritzsche*, in: Bamberger/Roth, BGB, § 1004 Rn. 53; *Wolf/Wellenhofer*, Sachenrecht, S. 361 ff.; differenzierend *Picker*, Der negatorische Beseitigungsanspruch, S. 175 und ihm folgend *Gursky*, in: Staudinger, BGB, § 1004 Rn. 173.

246 Das Wort „Eigentümer" ist aufgrund des heutigen allgemeinen, quasinegatorischen Charakters der Norm über seinen Wortlaut hinausgehend als „Rechteinhaber" zu verstehen.

247 Aufgrund dieses unterschiedlichen Wortlauts führt eine Mindermeinung an, dass den beiden Vorschriften gerade kein einheitlicher Begriff der Rechtswidrigkeit zugrunde liegen könne. Zudem sei der unterschiedliche Charakter zwischen deliktischer und negatorischer Vorschrift zu betonen. Während nämlich die deliktische Vorschrift des § 823 Abs. 1 BGB auf den Ersatz eines Schadens gerichtet sei, ziele die negatorische Vorschrift des § 1004 Abs. 1 BGB auf die Beseitigung einer Störung ab; vgl. hierzu *Münzberg*, Grundlagen der Rechtswidrigkeit, S. 381 f.

248 *Baur*, AcP 160 (1961), 465, 474 f.; *Larenz/Canaris*, Schuldrecht II/2, § 86 I 1 b (S. 674); *Wagner*, in MünchKomm, BGB, vor § 823 Rn. 36; *Baur/Stürner*, Sachenrecht, § 12 II 3 (S. 140); *Lutter/Overrath*, JZ 1968, 345, 347; *Bassenge*, in: Palandt, BGB, § 1004 Rn. 31.

sei denn, dass dem Eingreifenden der Eingriff gestattet ist.[249] Als Einredeberechtigter trägt sodann der Störer die Beweislast für das Vorliegen einer Duldungsverpflichtung des Anspruchstellers.

Folgt man der h. M., so besteht ein einheitlicher Begriff der Rechtswidrigkeit i. S. d. § 823 Abs. 1 BGB und der Duldungsverpflichtung aus § 1004 Abs. 2 BGB.[250] Es lässt sich folglich feststellen, dass beide Normen als gemeinsame Tatbestandsmerkmale neben dem Rechtsguteingriff auch die Rechtswidrigkeit dieses Eingriffs voraussetzen.

In einem zweiten Schritt bleibt aufzuzeigen, wie die Verkehrspflichten innerhalb des § 823 Abs. 1 BGB zur Anwendung kommen. Hierzu ist es erforderlich, ausführlich darauf einzugehen, wie das Merkmal der Rechtswidrigkeit in § 823 Abs. 1 BGB bestimmt wird. Nach Darlegung des Anwendungsbereichs der Verkehrspflichten kann die Verwandtschaft der Prüfungspflichten mit den Verkehrspflichten aufgezeigt werden.

I. Das Merkmal der Rechtswidrigkeit in § 823 Abs. 1 BGB

Die Bestimmung des Merkmals der Rechtswidrigkeit im Deliktsrecht sowie die Notwendigkeit und Funktion der Verkehrspflichten werden erst dann ersichtlich, wenn man sich die Konzeption und Entwicklung des Deliktsrechts vergegenwärtigt. Während der Beratungen zum BGB stand der Gesetzgeber bei der Formulierung des Deliktsrechts vor einer wesentlichen Entscheidung. Es ging um die Frage, die deliktsrechtlichen Vorschriften entweder in einige wenige, allgemein formulierte Deliktstatbestände[251] zu fassen oder mehrere spezifische Deliktstatbestände einzuführen.

---

249 *Baur/Stürner*, Sachenrecht, § 12 II 3 (S. 140); *Ebbing*, in: Erman, BGB, § 1004 Rn. 32.

250 Ausdrücklich *Larenz*, in: FS Dölle, Bd. I, 169, 199.

251 Dieser Variante diente der 1804 in Frankreich eingeführte Code Civil als Vorbild, welcher lediglich fünf Artikel zum Deliktsrecht enthielt. Die größte Bedeutung kam hierbei den Art. 1382 und 1383 des Code Civil zu. Diese bestimmten, dass derjenige, der einem anderen schuldhaft (Art. 1382: vorsätzlich; Art. 1383: fahrlässig) einen Schaden zufüge, diesem zum Ersatz verpflichtet sei. Wann eine solche Schädigung rechtswidrig oder schuldhaft war, sagte der Code Civil allerdings nicht. Diese Lücke im Gesetz wurde in Frankreich in den Folgejahren dann durch die Rechtsprechung geschlossen, wodurch eine reichhaltige Kasuistik entstand; vgl. hierzu *v. Caemmerer*, Wandlungen des Deliktsrechts, 49, 50; *Wagner*, in: MünchKomm, BGB, vor § 823 Rn. 10 ff.

Gewählt wurde die letztgenannte Variante, welche darin bestand, ein Hybrid aus verschiedenen Generalklauseln als Grundlage zu nehmen und diese mit spezielleren Deliktstatbeständen zu ergänzen. Letztere fanden dann Eingang in den §§ 824 ff. sowie §§ 831 ff. BGB.[252] Die drei Grundtatbestände oder Generalklauseln des deutschen Deliktsrechts sind seither in § 823 Abs. 1, § 823 Abs. 2 sowie § 826 BGB verankert.[253] Die Verwendung des Begriffs „Generalklausel" ist angebracht, da alle drei Normen in hohem Maße konkretisierungsbedürfige Begriffe enthalten: *fahrlässige rechtswidrige Verletzung* in § 823 Abs. 1, *Schutzgesetz* in § 823 Abs. 2 sowie *Sittenwidrigkeit* in § 826 BGB.[254]

1. Handlungs- und Erfolgsunrecht

Diesen drei Generalklauseln liegen zwei verschiedene Begriffe der Rechtswidrigkeit zugrunde, welche auf die Lehre von *Windscheid* zurückgehen.[255] Beide vorgesehenen Arten der Rechtswidrigkeit fanden schließlich Eingang in die deliktischen Generalklauseln des BGB.

In der ersten Generalklausel des § 823 Abs. 1 BGB wurde eine Schadensersatzpflicht für denjenigen statuiert, der das geschützte Recht eines anderen schuldhaft widerrechtlich verletzt. In dieser Vorschrift findet sich die erste Art der Rechtswidrigkeit wieder. Sie ist von einer Rechtsgutverletzung abhängig und folglich rechtsgutorientiert zu bestimmen. Anknüpfungspunkt für die Rechtswidrigkeit ist der Erfolg, d. h. die eingetretene Rechtsgutverletzung. § 823 Abs. 1 BGB ist somit der Gesetzesformulierung nach ein Ausdruck

---

252 *v. Bar*, Deliktsrecht, 1681, 1695 f.; *Wagner*, in: MünchKomm, BGB, vor § 823 Rn. 7, 14; *Larenz/Canaris*, Schuldrecht II/2, § 75 I 2 (S. 354) m. w. N. sowie *Voss*, Verkehrspflichten, S. 22.

253 Vgl. *Hager*, in: Staudinger, BGB, Vorbem. zu §§ 823 ff. Rn. 4; *Westermann/Buck-Heeb/Schiemann*, in: Erman, BGB, vor § 823 Rn. 1; *Oechsler*, in: Staudinger, BGB, § 826 Rn. 2 ff., 20.

254 *Larenz/Canaris*, Schuldrecht II/2, § 75 I 3 (S. 355).

255 *Windscheid* differenzierte zwei verschiedene Arten, nach welchen ein Verhalten als rechtswidrig eingestuft werden konnte. Unerlaubt sei erstens eine Rechtsgutverletzung, d. h. die Verletzung eines subjektiven Rechts. Unerlaubt sei zweitens ein verbotenes Verhalten, d. h. ein Verhalten, welches einem besonderen Verbot des Rechts widerspreche; vgl. *Windscheid*, Lehrbuch des Pandektenrechts, Bd. 1, § 101 (S. 446); eine ausführliche Analyse hierzu findet sich bei *Voss*, Verkehrspflichten, S. 20 ff., 59 ff.

von Erfolgsunrecht, da der Grund für die Rechtswidrigkeit einer Handlung vom Erfolg abhängt.[256] Ist der Erfolg eingetreten, so indiziert er die Rechtswidrigkeit der Handlung. Die Rechtswidrigkeit ist daher im Falle des Erfolgs grundsätzlich gegeben, es sei denn, es liegt ein Rechtfertigungsgrund[257] vor.

Die zweite Art der Rechtswidrigkeit fand Eingang in die Generalklausel des § 823 Abs. 2 BGB sowie in diejenige des § 826 BGB. Beide Vorschriften qualifizieren ein Verhalten dann als rechtswidrig, wenn es einem besonderen Verbot des Rechts zuwiderläuft. § 823 Abs. 2 BGB verbietet die Verletzung eines Schutzgesetzes und qualifiziert ein derartiges Verhalten mithin als rechtswidrig.[258] § 826 BGB verbietet die vorsätzliche Schadenszufügung in einer gegen die guten Sitten verstoßenden Weise, sodass auch ein derartiges Verhalten rechtswidrig ist.[259] § 823 Abs. 2 BGB und § 826 BGB sind daher ein Ausdruck von Handlungsunrecht.

2. Von der Lücke des Deliktsrechts zur Einführung der Verkehrspflichten

Die gesetzliche Konzeption des Deliktssystems erwies sich allerdings als nicht ausreichend, um alle Fälle rechtswidriger Schädigung zu erfassen, sodass das Reichsgericht rechtsfortbildend[260] tätig werden musste. Diese Rechtsfortbildung bestand in der Herausarbeitung und Entwicklung der *Verkehrspflichten*. Exemplarisch für die Notwendigkeit der Entwicklung der Verkehrspflichten sind zwei Urteile des Reichsgerichts aus den Jahren 1902[261] und 1903[262], weil

---

256 Vgl. hierzu oben 3. Kapitel, B., II., 2.

257 Als Rechtfertigungsgründe kommen bspw. der zivilrechtliche Notstand gemäß §§ 228, 904 BGB oder auch die zivilrechtliche Notwehr gemäß § 227 BGB in Betracht.

258 Hierzu *Hager*, in: Staudinger, BGB, § 823 Rn. G 1 ff.; *Wagner*, in: MünchKomm, BGB, § 823 Rn. 327 ff.; *Schiemann*, in: Erman, BGB, § 823 Rn. 153 ff.

259 Hierzu *Oechsler*, in: Staudinger, BGB, § 826 Rn. 24 ff.; *Wagner*, in: MünchKomm, BGB, § 826 Rn. 8 ff.; *Schiemann*, in: Erman, BGB, § 826 Rn. 3 ff.

260 *Hager*, in: Staudinger, BGB, § 823 Rn. E 1; *Wagner*, in: MünchKomm, BGB, § 823 Rn. 50; *v. Bar*, JZ 1979, 332; *Voss*, Verkehrspflichten, S. 48 f.

261 RGZ 52, 373, worin es um einen dem Beklagten gehörenden morschen Baum ging, der auf einem öffentlichen Wege stand, dann umgefallen war und am Gebäude des Klägers Schaden verursacht hatte.

sich das Gericht in diesen beiden Fällen mit der Problematik konfrontiert sah, dass die Vorschriften des BGB keine ausreichende Grundlage für eine Haftung der Beklagten boten.[263] Da es an einer den Verletzungserfolg unmittelbar herbeiführenden Handlung, an Schutzgesetzen und sittenwidrigem Verhalten fehlte, kam es auf ein etwaiges vorwerfbares Unterlassen an.

Die entscheidende Frage lautete folglich, ob die auf unmittelbare Verletzungshandlungen zugeschnittene Haftungsvorschrift des § 823 Abs. 1 BGB so ausgelegt werden könne, dass sie das Unterlassen einer Handlung erfasse. Es stellte sich mit anderen Worten die Frage, ob § 823 Abs. 1 BGB eine Handlungspflicht begründen könne. Das Reichsgericht bejahte diese Frage schließlich. Auch nach der Bestimmung des § 823 Abs. 1 BGB trete eine Haftung für rechtswidriges Unterlassen ein.[264]

In beiden vom Reichsgericht entschiedenen Fällen ging es um die Eröffnung eines Verkehrs auf einem Grundstück. Es wurde eine

---

262 RGZ 54, 53. Hier war der Kläger abends auf einer dem öffentlichen Verkehr dienenden Treppe zu Fall gekommen, welche im Eigentum der beklagten Gemeinde stand. Die Treppe war nicht nur schadhaft und unbeleuchtet, die Gemeinde hatte zudem trotz der herrschenden Schneeglätte weder die Treppe gesäubert noch gestreut.

263 Die Konstellationen waren nicht neu, sie waren allerdings bislang stets nach *gemeinem Recht* beurteilt worden. Nun musste das Reichsgericht allerdings auf der Grundlage des neu eingeführten Bürgerlichen Gesetzbuches urteilen. Ohne die Einführung des Bürgerlichen Gesetzbuches hätte das Reichsgericht unproblematisch an vorhergehende Entscheidungen aus dem gemeinen Recht anknüpfen können; vgl. *v. Bar*, JZ 1979, 332, 333; *ders.*, Verkehrspflichten, S. 3 ff.; *Hager*, in: Staudinger, BGB, § 823 Rn. E 1.

264 Das Reichsgericht begründete diese Ausdehnung des Anwendungsbereichs des § 823 Abs. 1 BGB auf Konstellationen des Unterlassens mit zwei grundlegenden Aussagen. Erstens könne seit dem Inkrafttreten des BGB zur Begründung von Handlungspflichten nicht mehr allein an den strengen Prinzipien des römischen Rechts festgehalten werden; vgl. hierzu ausführlich *v. Bar*, Verkehrspflichten, S. 3 ff. Zweitens gingen mit den einem Berechtigten zugewiesenen Befugnissen an einer Sache stets zugleich sich in § 823 Abs. 1 BGB manifestierende Sorgfaltspflichten einher. Unabhängig davon, woraus sich eine tatsächliche oder rechtliche Beziehung zu einer Sache ergebe, müsse der Betreffende bei Handhabung oder Gebrauch der Sache im Rechtsverkehr Sorgfaltspflichten beachten. Jedenfalls müsse derjenige, welcher sein Grundstück zum öffentlichen Verkehr freigebe, auch für dessen Verkehrssicherheit sorgen; RGZ 52, 373, 379; RGZ 54, 53, 56 und 59.

Gefahrenquelle geschaffen, welche zur Vornahme von Vorkehrungen zur Abwendung der daraus Dritten drohenden Gefahren führte.[265] Die sich aus diesen ursprünglichen Konstellationen ergebenden Pflichten, in denen es somit um die Sicherung eines räumlich-gegenständlichen Bereichs geht, bilden auch heute noch die Gruppe der sogenannten *Verkehrssicherungspflichten*, einer Untergruppe der Verkehrspflichten.

Die Entwicklung der Verkehrspflichten ergab sich mithin aus der reinen Notwendigkeit. Nur mithilfe der Einführung der Verkehrspflichten konnte ein adäquater Rechtsgüterschutz in den Fällen gewährleistet werden, in denen die Rechtsverletzung auf ein Unterlassen zurückzuführen war.

3. Die Bestimmung der Rechtswidrigkeit mittelbarer Verletzungshandlungen

Neben der Konstellation des Unterlassens erlangten die Verkehrspflichten im Rahmen des § 823 Abs. 1 BGB schließlich auch bei der Bestimmung der Rechtswidrigkeit lediglich mittelbarer Verletzungshandlungen Bedeutung.[266] Die Qualifizierung mittelbarer Rechtsverletzungen rückte in den Mittelpunkt des Interesses, weil in § 823 Abs. 1 BGB das einzig erforderliche Tatbestandsmerkmal zur Auslösung der Rechtswidrigkeitsindikation in der Vorgabe der adäquaten Kausalität zwischen Handlung und Rechtsgutverletzung lag. Sofern ein wie auch immer gearteter Beitrag als adäquat kausal für eine Rechtsgutverletzung eingestuft wurde, war auch die Rechtswidrigkeit indiziert. Hierdurch ergab sich nun in Fällen der mittelbaren Handlung das Problem, dass zusätzlich zum unmittelbar Handelnden ein viel zu großer Kreis an Verantwortlichen bestimmt war. Unter Umständen erfüllten Hunderte bzw. sogar Tausende von Menschen den Unrechtstatbestand.[267] Ein Rückgriff auf die Ver-

---

265 *v. Bar*, JuS 1988, 169.

266 Vgl. *Hager*, in: Staudinger, BGB, § 823 E 2 f.; *Schiemann*, in: Erman, BGB, § 823 Rn. 5; *Larenz/Canaris*, Schuldrecht II/2, § 76 III 1 c (S. 401 f.); *v. Bar*, Verkehrspflichten, S. 157. Als mittelbar sind diejenigen Verletzungshandlungen zu werten, bei denen der Inanspruchgenommene zunächst nur eine Gefahr geschaffen hat, die eigentliche (unmittelbare) Verletzung dann aber erst durch eine weitere Person oder eben den Verletzten selbst herbeigeführt wird; vgl. *Medicus/Petersen*, Bürgerliches Recht, Rn. 643 (S. 437).

267 Schließlich leistet auch der Konstrukteur eines Kraftfahrzeugs, welches vom Eigentümer in einen Verkehrsunfall mit Verletzten verwickelt wird,

kehrspflichten bot sich an, weil die Problematik die Gleiche war. In Fällen des Unterlassens wäre der Kreis an Verantwortlichen nämlich ebenfalls zu weit, würde man allein auf das Tatbestandsmerkmal der adäquaten Kausalität abstellen.[268]

Das Instrument der Verkehrspflicht kann also nicht lediglich in Fällen des Unterlassens, sondern auch bei mittelbaren Rechtsverletzungen zur Begrenzung des Kreises an Verantwortlichen eingesetzt werden. Je nach Formulierung kann eine Sorgfaltspflicht schließlich zu einem positiven Tun verpflichten oder eben zum Unterlassen einer Handlung. Sie kann ein Gebot oder ein Verbot aussprechen. Es war somit möglich, für mittelbare Verletzungshandlungen neben dem adäquaten Ursächlichkeitszusammenhang zwischen mittelbarer Verletzungshandlung und Rechtsgutverletzung die Verletzung einer Sorgfaltspflicht zu verlangen. Nur wenn auch eine entsprechende Sorgfaltspflicht durch den mittelbar Handelnden verletzt worden war, konnte dessen Verhalten als rechtswidrig i. S. d. § 823 Abs. 1 BGB qualifiziert werden. Der Verstoß gegen eine objektive Verkehrspflicht ist somit das konstituierende Unrechtselement einer mittelbaren Rechtsverletzung bzw. einer solchen durch Unterlassen.[269]

4. Gleichläufigkeit zwischen Unterlassen und mittelbarem Handeln

Es sei hier noch anzumerken, dass Verstöße durch Tun oder durch Unterlassen häufig ineinander übergehen.[270] Es ist oftmals eine Frage der Auslegung, ob jemand an der Rechtsgutverletzung eines anderen nun mittelbar durch Tun mitgewirkt oder die Rechtsgutver-

---

einen zwar entfernt mittelbaren, nichtsdestoweniger aber adäquat kausalen Beitrag zur *Rechtsgutverletzung* des Opfers. Denn zum einen kann sein Verhalten nicht hinweggedacht werden, ohne dass der Schaden entfiele. Zum anderen ist ein Schaden auch stets vorhersehbar, da Verkehrsunfälle und -opfer eine statistisch sichere Folge der Konstruktion von Fahrzeugen sind; vgl. *Medicus/Petersen*, Bürgerliches Recht, Rn. 645 (S. 439 f.).

268 Andernfalls wäre nämlich in den vorgenannten Fällen des Reichsgerichts auch jeder Passant, der die ungestreute Treppe bzw. den morschen Baum bemerkt hätte, in indizierter Rechtswidrigkeit für die anschließende Rechtsgutverletzung des Dritten verantwortlich gewesen.

269 *Hager*, in: Staudinger, BGB, § 823 Rn. E 3; *Wagner*, in: MünchKomm, BGB, § 823 Rn. 232; *Stoll*, AcP 162 (1963), 203, 228.

270 Grundlegend hierzu *v. Caemmerer*, Wandlungen des Deliktsrechts, 49, 75.

letzung durch Unterlassen verwirklicht hat. Häufig kann ein und dasselbe Verhalten sowohl als Tun als auch als Unterlassen gedeutet werden.[271] Wird auf einem Fenstersims ein Blumentopf deponiert und fällt dieser anschließend einem Fußgänger auf den Kopf, so lässt sich darlegen, dass der Betreffende durch sein Tun gegen eine Verkehrspflicht verstoßen hat – er hat den Blumentopf auf dem Fenstersims abgestellt. Standen hingegen eine sichere Befestigung durch Sicherheitshaken oder ähnliche Maßnahmen zur Verfügung, so kann man den Verstoß auch in der Unterlassung dieser Sicherheitsmaßnahme sehen.[272]

Auf diese mögliche Differenzierung kommt es letztlich allerdings nicht an. Wichtig ist es, sich die Rechtsähnlichkeit von Unterlassen und mittelbarer Rechtsverletzung vor Augen zu führen. Deren Ähnlichkeit besteht nämlich darin, dass beim Unterlassen, wie auch bei der bloß mittelbaren Verletzung, die Adäquanz zur Indikation rechtswidriger Tatbestandserfüllung nicht ausreicht.[273] In beiden Konstellationen wäre der Kreis der Verantwortlichen, würde man allein auf das Tatbestandsmerkmal der adäquaten Kausalität abstellen, wie soeben gesehen zu weit. In beiden Fällen ist somit der Tatbestand eines deliktischen Verhaltens nur gegeben, wenn die Verletzung einer Sorgfaltspflicht anzunehmen ist.[274] Eine Differenzierung zwischen Tun und Unterlassen ist somit nicht notwendig.

---

271 *Deutsch/Ahrens*, Deliktsrecht, Rn. 40 (S. 19 f.); *Medicus/Petersen*, Bürgerliches Recht, Rn. 644 (S. 438); *Hager*, in: Staudinger, BGB, § 823 Rn. E 3; *Looschelders*, Schuldrecht BT, S. 415 f.

272 Eine mögliche Trennlinie zwischen mittelbarer Verletzung und Unterlassung kann also danach gezogen werden, ob im konkreten Fall gefahrenabwehrende Maßnahmen zur Verfügung stehen. Ist dies nicht der Fall, so liegt das Delikt in einem gefährdenden Tun, sodass von einer mittelbaren Verletzungshandlung ausgegangen werden kann. Wo Schutzmaßnahmen aber möglich und ausreichend sind, liegt der Verstoß in der Herbeiführung der Gefahr in Verbindung mit der Unterlassung der zur Gefahrenabwehr erforderlichen Maßnahmen; vgl. *v. Caemmerer*, Wandlungen des Deliktsrechts, 49, 75.

273 *Medicus/Petersen*, Bürgerliches Recht, Rn. 646 (S. 439 f.); *Larenz/Canaris*, Schuldrecht II/2, § 76 III 2 d (S. 406).

274 *v. Caemmerer*, Wandlungen des Deliktsrechts, 49, 75.

5. Die einzelnen Verkehrspflichten

Terminologisch werden alle ungeschriebenen Sorgfaltspflichten, d. h. solche, die Handlungspflichten begründen (Gebote), und solche, die Unterlassungspflichten begründen (Verbote), unter dem Oberbegriff der *Verkehrspflichten* zusammengefasst.[275] Verkehrspflichten sind somit der Oberbegriff für alle in § 823 Abs. 1 BGB begründeten Handlungs- und Sorgfaltspflichten, die ein den Verkehrsanforderungen entsprechendes Gefahrsteuerungsverhalten zum Gegenstand haben.[276] Alle kodifizierten Handlungs- und Sorgfaltspflichten sind hingegen den Schutzgesetzen des § 823 Abs. 2 BGB zuzuordnen.

Innerhalb der Verkehrspflichten werden einzelne Pflichtentypen unterschieden, so bspw. die bereits angesprochenen Sorgfaltspflichten für den räumlich-gegenständlichen Bereich, die Verkehrssicherungspflichten. Im Laufe der Jahre sind noch zahlreiche weitere von der Rechtsprechung entwickelte Verkehrspflichten hinzugekommen, wie bspw. die *Berufspflichten*[277] oder die *Verkehrspflichten für Produzenten* oder diejenigen bei *Massenveranstaltungen*.[278]

Die Prüfungspflichten lassen sich keiner dieser Gruppen zuordnen. Es bietet sich daher an, sie als eigenständige Gruppe von Sorgfaltspflichten innerhalb der Verkehrspflichten zu begreifen. Für eine derartige Einordnung bestehen genügend besondere Merkmale. Die Prüfungspflichten unterscheiden sich dadurch von den anderen Verkehrspflichten, dass allein sie in Fällen des urheberrechtlichen Unterlassungsanspruchs gemäß § 97 Abs. 1 S. 1 UrhG zum Tragen

---

275 So ausdrücklich das Reichsgericht in RGZ 102, 372 – Milzbrand.

276 In diesem Sinne auch *Hager*, in: Staudinger, BGB, § 823 Rn. E 11; *v. Caemmerer*, Wandlungen des Deliktsrechts, 49, 73; *Mertens*, VersR 1980, 332; *v. Bar*, Verkehrspflichten, S. 3; *Looschelders*, Schuldrecht BT, S. 417; *Voss*, Verkehrspflichten, S. 53.

277 Vgl. hierzu RGZ 102, 372 – Milzbrand. Aufgrund eines an Milzbrand erkrankten Rindes rief der Eigentümer einen Tierarzt sowie einen Metzger herbei. Mangels Desinfektion und Behandlung einer am Daumen des Metzgers befindlichen Wundnarbe infizierte sich dieser an den Milzbranderregern. Dadurch, dass der Tierarzt eine mit der Gefährdung in Zusammenhang stehende Berufstätigkeit ausübe, obliege ihm auch die Sorgfaltspflicht, dem Metzger die Weiterarbeit am Tier zu untersagen. Diese Berufspflicht habe der Tierarzt verletzt. Ausführlich hierzu *v. Bar*, Verkehrspflichten, S. 49 sowie *Voss*, Verkehrspflichten, S. 54.

278 Hierzu ausführlich *v. Bar*, Verkehrspflichten, S. 51 ff., 57 ff.

kommen. Darüber hinaus stellen die Prüfungspflichten eine Gruppe von Sorgfaltspflichten dar, für welche in Konstellationen, die Internetdiensteanbieter betreffen, die Vorschrift des § 7 Abs. 2 S. 1 TMG zu beachten ist. Aufgrund dieser Norm entstehen Prüfungspflichten schließlich erst dann, wenn der jeweilige Access- bzw. Host-Provider auch tatsächlich Kenntnis der Rechtsverletzung erlangt hat. Aus diesen Gründen lassen sich neben den Verkehrssicherungs-, Berufs- und Produzentenpflichten die Prüfungspflichten als Verkehrspflichten einordnen.

6. Ergebnis zu I.

Zur Bestimmung der Rechtswidrigkeit von Handlungen, die durch Unterlassen bzw. mittelbar zu Rechtsverletzungen führen, ist der Tatbestand des § 823 Abs. 1 BGB nicht ausreichend, weil das Tatbestandsmerkmal der adäquaten Kausalität allein nicht geeignet ist, den Täterkreis ausreichend einzugrenzen. Aus diesem Grund hat die Rechtsprechung der *legislativen Konzeption* des § 823 Abs. 1 BGB eine *judizielle Konzeption* in Gestalt der Verkehrspflichtendogmatik hinzugefügt.[279] Für jedes Verhalten, welches in einem Unterlassen oder einem mittelbaren Beitrag besteht und zu einer Rechtsverletzung führt, ist zusätzlich zum Tatbestandsmerkmal der adäquaten Kausalität die Verletzung einer Verkehrspflicht erforderlich. Im Ergebnis wird im Rahmen des § 823 Abs. 1 BGB in der Sache somit ein Kompromiss zwischen Handlungs- und Erfolgsunrecht praktiziert.[280] Trotz geäußerter Kritik[281] sind die Verkehrspflichten heute ein anerkanntes deliktsrechtliches Rechtsinstitut.

---

279 Zu dieser Terminologie *Mertens*, VersR 1980, 397, 398 f., der unter die legislative Konzeption das in § 823 Abs. 1 BGB formulierte generelle Schädigungsverbot fasst, bei dem das Rechtswidrigkeitsurteil an den schädigenden Erfolg anknüpft. Die judizielle Konzeption wurde sodann von der Rechtsprechung hinzugefügt und bestimmt die Rechtswidrigkeit von mittelbaren Verletzungshandlungen und solchen, die durch Unterlassen verwirklicht werden, anhand der Verletzung einer Verkehrspflicht.

280 *v. Caemmerer*, Wandlungen des Deliktsrechts, 49, 77; *Larenz*, in: FS Dölle, Bd. I, 1963, 169, 193; *Wagner*, in: MünchKomm, BGB, § 823 Rn. 7.

281 Vgl. hierzu u. a. *Esser*, JZ 1953, 129, 132, dem zufolge die Verkehrspflichten „aus wilder Wurzel" entsprungen sind, oder auch *Hofacker*, Die Verkehrssicherungspflicht, S. 7 ff., der die Verkehrspflichten als „illegitimes Kind" der Rechtsprechung bezeichnet. Am deutlichsten formuliert es *v. Bar*, dem zufolge man ohne Übertreibung feststellen könne, dass kaum ein Gericht die gesetzlichen Vorschriften so anwende, wie der Gesetzge-

Dadurch, dass der Begriff der Rechtswidrigkeit in § 823 Abs. 1 BGB einheitlich mit demjenigen in § 1004 BGB ist, sind die innerhalb von § 823 Abs. 1 BGB zur Anwendung kommenden Lehren vom Handlungs- und Erfolgsunrecht auch bei der Bestimmung der Rechtswidrigkeit in § 1004 BGB heranzuziehen. Somit schadet es nicht, dass § 1004 BGB genau wie § 823 Abs. 1 BGB erfolgsbezogen formuliert ist. Denn ebenso wie in § 823 Abs. 1 BGB kann auch in § 1004 BGB eine vom Handlungsunrecht geprägte judizielle Konzeption der Rechtswidrigkeit Anwendung finden.

Während also bspw. die Verkehrssicherungs- oder auch Berufspflichten als Verkehrspflichten innerhalb von § 823 Abs. 1 BGB als Maßstab herangezogen werden, um mittelbare Verletzungshandlungen zuzurechnen, wird diese Zurechnungsfunktion innerhalb des urheberrechtlichen Unterlassungsanspruchs von den Prüfungspflichten erfüllt. Hierdurch wird die notwendige Begrenzung der Rechtswidrigkeitsindikation erreicht.

Aufgrund der Wiedereingliederung der Prüfungspflichten in die Verkehrspflichtendogmatik lässt sich nun die Grundlage für den urheberrechtlichen Unterlassungsanspruch konkret benennen. Zu stützen ist ein derartiger Anspruch demnach auf § 97 Abs. 1 S. 1 UrhG i. V. m. § 1004 BGB i. V. m. § 823 Abs. 1 BGB. Zum Zwecke der besseren Übersichtlichkeit wird im Folgenden die Bezeichnung „§ 97 Abs. 1 S. 1 UrhG i. V. m. den Grundsätzen der Störerhaftung" gewählt.

Der nächste Schritt besteht nun darin aufzuzeigen, wie die im Einzelfall bestehenden deliktischen Verkehrspflichten bestimmt werden. Auf der Grundlage dieser Erkenntnisse kann sodann im 4. Kapitel der Frage nachgegangen werden, inwieweit zur Bestimmung der Prüfungspflichten von Share-Hosting-Diensten auf die Grundsätze der Verkehrspflichten-Dogmatik zurückgegriffen werden kann.

---

ber sie konzipiert habe. Eine gesetzestreue Rechtsanwendung komme heute schon fast einer Rechtsbeugung gleich; vgl. *v. Bar,* Deliktsrecht, 1681, 1693.

II. Die Bestimmung der im Einzelfall bestehenden Verkehrspflicht

Zur Bestimmung einer konkret im Rahmen des § 823 Abs. 1 BGB bestehenden Verkehrspflicht sind drei Prüfungsebenen zu unterscheiden. Erstens muss eine der Entstehungsvoraussetzungen gegeben sein (1.). Zweitens ist sodann der eigentliche Inhalt der Verkehrspflicht zu bestimmen (2.). Drittens ist die Reichweite der Verkehrspflicht festzulegen (3.).

1. Entstehungsvoraussetzungen der Verkehrspflichten

Der hier eröffnete Abschnitt mag zunächst etwas verwundern. Schließlich wurde zuvor festgestellt, dass die Verletzung einer Verkehrspflicht i. R. d. § 823 Abs. 1 BGB als zusätzliches Tatbestandsmerkmal stets dann erforderlich ist, wenn ein *gefahrerhöhendes* Verhalten vorliegt, welches jedoch nicht unmittelbar, sondern mittelbar zu einer Rechtsverletzung geführt hat.

Diese Aussage besitzt nach wie vor Gültigkeit. Abzugrenzen sind hiervon allerdings noch diejenigen Konstellationen, in denen jemand zwar mittelbar zur Rechtsverletzung beiträgt, hierdurch allerdings keine nennenswerte Gefahrerhöhung verursacht. Sanktioniert werden soll schließlich das gefahrerhöhende Verhalten ohne die Einhaltung von Sorgfaltsmaßnahmen. Fehlt dem mittelbaren Beitrag allerdings eine solche Qualität, so obliegen dem Inanspruchgenommenen bereits keine Verkehrspflichten, die verletzt werden könnten. Eine Verkehrspflicht entsteht erst gar nicht. Diese Erkenntnis folgt aus dem allgemeinen Grundsatz, wonach es kein generelles Gebot zur Gefahrenreduzierung gegenüber jedermann gibt.[282] Dieses „Privileg" gilt allerdings dann nicht mehr, sobald jemand durch seine Handlung zu einer Gefahrerhöhung beiträgt. Erst ab diesem Moment entstehen Verkehrspflichten.

Aus diesem Grund werden zur Bestimmung des Adressaten drei verschiedene *Entstehungsgründe* für Verkehrspflichten unterschieden, von denen einer vorliegen muss. Bei diesen Entstehungsgründen handelt es sich um diejenigen Lebenssachverhalte, in denen es typischerweise zu einer besonderen Dichte des sozialen Kontakts

---

282 Hierzu *v. Bar*, Verkehrspflichten, S. 112.

kommt, mithin besondere Gefahrensituationen am ehesten entstehen.[283]

Als erster der Entstehungsgründe ist zunächst die *Eröffnung eines Verkehrs* zu nennen. Das dieser Gruppe zugrunde liegende Prinzip ist die Einstandspflicht für die Sicherheit eines bestimmten Bereiches.[284] Der Inhaber der Bestimmungsgewalt trägt daher grundsätzlich die Verantwortung für die Beherrschung der innerhalb seines Bereiches entstehenden Gefahren. Bekanntester Anwendungsfall sind hierbei die Verkehrssicherungspflichten, also die Sorgfaltspflichten bei Grundstücken, Häusern und Wohnungen. Einen weiteren Entstehungsgrund für Verkehrspflichten bildet die *Übernahme einer Aufgabe*. Hierher gehören insbesondere die Fälle der Berufspflichten, wie sie bspw. im o. g. Milzbrand-Fall[285] entstehen. Schließlich entstehen Verkehrspflichten auch im Falle eines *vorangegangenen besonders gefährlichen Tuns (Ingerenz)*.[286] Als Beispiel kann derjenige genannt werden, der einem Kind den Umgang mit einem Gewehr erklärt und es bei nachfolgenden Schießübungen unbeaufsichtigt lässt.[287] Die soeben genannten Entstehungsgründe haben hierbei keine starren Abgrenzungen.[288]

---

283 *v. Bar*, Verkehrspflichten, S. 44. *Looschelders*, Schuldrecht BT, S. 417. Eine Übersicht zu den verschiedenen Kategorisierungsmöglichkeiten findet sich bei *Hager*, in: Staudinger, BGB, § 823 Rn. E 12 ff.

284 Aus diesem Grund wird hierfür auch die Bezeichnung *Bereichshaftung* verwendet; vgl. *Larenz/Canaris*, Schuldrecht II/2, § 76 III 3 e (S. 411); *Hager*, in: Staudinger, BGB, § 823 Rn. E 16.

285 Vgl. 3. Kapitel, D., II., 5.

286 *Larenz/Canaris*, Schuldrecht II/2, § 76 III 3 (S. 406 ff.); *Wagner*, in: MünchKomm, BGB, § 823 Rn. 246 f. Andere unterscheiden als Anwendungsbereiche die Verkehrseröffnung, die Einwirkung auf einen bestehenden Verkehr sowie Sicherungspflichten, die außerhalb eines Verkehrs entstehen; vgl. *Medicus/Petersen*, Bürgerliches Recht, Rn. 648 ff. (S. 441 ff.); ähnlich ist die Einteilung bei *Mertens*, VersR 1980, 397, 402.

287 Sachverhalt nach BGH VersR 1954, 118, hierzu *Larenz/Canaris*, Schuldrecht II/2, § 76 III 3 c (S. 410).

288 So kann bspw. die Tätigkeit von Veranstaltern eines Sportereignisses oder einer sonstigen Großveranstaltung als *Eröffnung eines Verkehrs* oder auch als *Übernahme einer Aufgabe* qualifiziert werden; vgl. *Larenz/Canaris*, Schuldrecht II/2, § 76 III 3 e (S. 412).

Auch in den Fällen, in denen bislang von der Rechtsprechung Prüfungspflichten statuiert wurden, lagen Konstellationen der Gefahrerhöhung vor, welche sich dem Entstehungsgrund der Ingerenz, in jedem Fall aber der Eröffnung eines Verkehrs zuordnen lassen. Eine gefahrerhöhende Verkehrseröffnung liegt bspw. in der Verbreitung von Presseerzeugnissen[289] oder im Betreiben der Plattform eines Online-Auktionshauses[290]. Gleiches gilt für den Vertrieb einer Computer-Software, welche den Datenaustausch zwischen einzelnen Nutzern ermöglicht[291], oder das Betreiben eines Share-Hosting-Dienstes[292]. In all diesen Konstellationen erhöhen die Diensteanbieter zumindest durch die Verkehrseröffnung die Gefahr von Rechtsverletzungen aufgrund missbräuchlicher Nutzung der Dienste seitens der Nutzer. Gerade dem Betreiber eines Share-Hosting-Dienstes lässt sich durch die den Nutzern gegebene Möglichkeit der Verbreitung von Download-Links zu urheberrechtlich geschützten Dateien ein besonderes gefährliches Tun vorhalten. Schließlich ist der potentielle Schaden für die Rechteinhaber durch die massenhafte Verbreitung ihrer Werke als enorm einzustufen.

Zusätzlich zur Eröffnung eines Verkehrs kommt für die Entstehung von Prüfungspflichten noch eine weitere Voraussetzung hinzu. Prüfungspflichten entstehen trotz Eröffnung eines gefahrerhöhenden Verkehrs erst dann, wenn der Inanspruchgenommene auch Kenntnis von zuvor eingetretenen Rechtsverletzungen hat. Für Access- und Host-Provider ergibt sich diese Voraussetzung bereits aus § 7 Abs. 2 S. 1 TMG, für alle anderen möglichen Anspruchsgegner, wie bspw. Presseunternehmen, aus der Rechtsprechung des BGH.[293]

Somit bleibt festzuhalten, dass die deliktsrechtlichen Verkehrspflichten nur dann entstehen, wenn auch eine Gefahrerhöhung in Gestalt einer der drei Entstehungsgründe gegeben ist. Ähnlich den Verkehrssicherungspflichten finden die Prüfungspflichten ihren Entstehungsgrund zumeist in einem besonders gefährlichen Vorverhalten (Ingerenz) bzw. in der Eröffnung eines Verkehrs. Ferner ist zur Entstehung von Prüfungspflichten erforderlich, dass der Inanspruch-

---

289 BGH GRUR 1999, 418 – Möbelklassiker.

290 BGH GRUR 2004, 860 – Internetversteigerung I; BGH MMR 2007, 507 – Internetversteigerung II; BGH GRUR 2007, 890 – Jugendgefährdende Medien bei eBay.

291 BGH MMR 2009, 625 – Cybersky.

292 LG Düsseldorf ZUM 2008, 338; OLG Hamburg ZUM 2009, 863; LG Hamburg, ZUM 2009, 861.

293 Vgl. BGH GRUR 1999, 418, 420 – Möbelklassiker.

genommene von einer Rechtsverletzung in Kenntnis gesetzt wird bzw. eine Rechtsverletzung für ihn unschwer zu erkennen ist. Erst ab diesem Zeitpunkt obliegen ihm Prüfungspflichten.

2. Inhalt der Verkehrspflichten

In einem ersten Schritt wurde dargestellt, welche Voraussetzungen vorliegen müssen, damit Verkehrspflichten entstehen. Nun ist im zweiten Schritt deren Inhalt zu bestimmen.[294] Hierin liegt die praktische Relevanz der Verkehrspflichten.[295] Es geht um die Frage, welche Vorsorge- und Gefahrabwendungsmaßnahmen der Pflichtenträger konkret erfüllen muss.

Um den Inhalt einer Verkehrspflicht zu bestimmen, sind die Maßstäbe aufzuzeigen, die bei der Konkretisierung einer Verkehrspflicht anzusetzen sind. Im hierauf folgenden 4. Kapitel ist sodann zu untersuchen, inwieweit diese Maßstäbe zur Bestimmung des Inhalts der Prüfungspflichten fruchtbar gemacht werden können.

Eine bloße Güter- und Interessenabwägung allein reicht zur Bestimmung des Inhalts der Verkehrspflichten nicht aus. Einen Anfangspunkt bietet die allgemeine Rechtspflicht, nach welcher jedermann sein Verhalten so einzurichten hat, dass er die Rechte und Rechtsgüter anderer nicht mehr als im menschlichen Zusammenleben unvermeidlich gefährdet.[296] Es geht insoweit um die Minimierung von Risiken. Fünf Kriterien können unterschieden werden.

Das erste Kriterium wird durch den Grad der Gefahr für das jeweilige Rechtsgut gebildet. Es geht um die Wahrscheinlichkeit des Schadenseintritts für dieses Rechtsgut.[297] Dabei gilt: Je höher der

---

[294] Viele Autoren sprechen nicht vom „Inhalt", sondern vom „Umfang" der Verkehrspflichten, wobei sich in der Sache keine Unterschiede ergeben; vgl. *Hager*, in: Staudinger, BGB, § 823 Rn. E 25 ff.; *Wagner*, in: MünchKomm, BGB, § 823 Rn. 258 ff.

[295] *Mertens*, VersR 1980, 397, 401.

[296] BGHZ 5, 378, 380; 62, 265, 270; *Wagner*, in: MünchKomm, BGB, § 823 Rn. 230; *Larenz/Canaris*, Schuldrecht II/2, § 76 III 3 (S. 406); *Deutsch/Ahrens*, Deliktsrecht, Rn. 255 (S. 124); *Mertens*, VersR 1980, 397, 401.

[297] *Larenz/Canaris*, Schuldrecht II/2, § 76 III 4 b (S. 414); *v. Bar*, Verkehrspflichten, S. 114; *Mertens*, VersR 1980, 397, 401; *Looschelders*, Schuldrecht BT, S. 419.

Grad der Gefahr ist, desto intensiver sind die Anforderungen an die Sicherungsbemühungen des Pflichtigen.[298]

Mit der Gefahr hängt das zweite Kriterium zusammen, die Höhe und Art des mutmaßlichen Schadens. Der mutmaßliche Schaden wiederum bestimmt sich u. a. nach dem Rang des gefährdeten Rechtsguts bzw. der Schutzbedürftigkeit des potentiell Betroffenen, d. h. insbesondere nach dessen Möglichkeit, sich selbst vor der Gefahr zu schützen.[299]

Drittes Kriterium, welches an sich schon begrenzend wirkt, ist der erforderliche Aufwand zur Vermeidung des Schadenseintritts. Teilaspekt dieses Kriteriums bzw. unmittelbar damit zusammenhängend ist die Beherrschbarkeit der Gefahr. Hierbei geht es um die Möglichkeiten der Gefahrabwendung bzw. Gefahrherabsetzung, die dem Schädiger zur Verfügung stehen.[300] Neben der Ermittlung des Pflichtenumfangs dient das Kriterium der Beherrschbarkeit der Gefahr gleichzeitig der Ermittlung des Pflichtenträgers, also des Adressaten der Verkehrspflicht.[301] Weiterhin sind die möglichen Kosten einer Abwehrmaßnahme sowie der Nutzen zu berücksichtigen, welche die Gefahrabwendung mit sich bringt.

Viertes Kriterium ist der „Sozialwert" der Handlung bzw. die soziale, d. h. die private und gemeinschaftliche Nützlichkeit einer bestimmten Tätigkeit im Sinne der bestehenden Verkehrsanschauung.[302] Hierbei geht es um die Frage, welchen Schutz die Handlung verdient. Dieses Kriterium hängt eng mit dem Rang des gefährdeten Rechtsguts zusammen.

Als fünftes Kriterium ist der Vertrauensschutz zu nennen.[303] Demnach ist zu berücksichtigen, inwieweit derjenige, der eine Gefahrenquelle beherrscht, für eine Enttäuschung schutzwürdiger Erwartungshaltungen des Verkehrs verantwortlich ist. Hierbei geht es um die Feststellung, ob der Inanspruchgenommene bspw. durch die

---

298 St. Rspr., vgl. *v. Bar*, Verkehrspflichten, S. 114 m. w. N.

299 *Hager*, in: Staudinger, BGB, § 823 Rn. E 27, 35; *Mertens*, VersR 1980, 397, 401; *Looschelders*, Schuldrecht BT, S. 419.

300 *Wagner*, in: MünchKomm, BGB, § 823 Rn. 258; *Hager*, in: Staudinger, BGB, § 823 Rn. E 31.

301 *v. Bar*, Verkehrspflichten, S. 122.

302 *Mertens*, VersR 1980, 397, 401; *v. Bar*, Verkehrspflichten, S. 125; *Stoll*, AcP 162 (163), 202, 233.

303 *v. Bar*, Verkehrspflichten, S. 117 ff.; *Wagner*, in: MünchKomm, BGB, § 823 Rn. 261 ff.; *Hager*, in: Staudinger, BGB, § 823 Rn. E 27.

Eröffnung eines Verkehrs einen Vertrauenstatbestand geschaffen hat. Es kommt darauf an, ob der Vertrauenstatbestand dahingehend geschaffen wurde, dass sich ein Dritter „sicher" fühlen darf. Schließlich ist zu beachten, dass derjenige, der einen Verkehr eröffnet, anderen Risikofreiheit vorspiegelt.[304] Es gilt daher der Grundsatz: Je mehr der Verkehr auf eine Abwesenheit von Gefahren vertraut (vertrauen darf), desto höher bzw. strenger sind die Sorgfaltspflichten. Das Vertrauen des Verkehrs zu messen, stellt den Rechtsanwender vor eine schwierige, wenn nicht unmögliche Aufgabe. Als Maßstab bietet es sich daher an, auf die Normalität im Sinne der Verkehrsanschauung zurückzugreifen. Sie ist Ausdruck der bestehenden Verkehrserwartungen in der jeweiligen Situation.[305] So können mit ihr für bestimmte Situationen typische Umstände erfasst werden, wie die Einstellung auf bestimmte Routineabläufe oder das Bestehen bestimmter Gepflogenheiten und Vereinbarungen.[306]

Kurz zusammengefasst sind die folgenden Kriterien(gruppen) zu unterscheiden: die Wahrscheinlichkeit des Schadenseintritts, die Art und Höhe des drohenden Schadens, die Beherrschbarkeit der Gefahr, der soziale Wert der Handlung sowie der Vertrauensschutz. Bei der Bestimmung des zulässigen Maßes an Rechtsgutgefährdung muss eine Abwägung unter Berücksichtigung des Verhältnismäßigkeitsprinzips stattfinden, welche die aufgezählten Kriterien in Beziehung zueinander setzt. Eine starre Rangordnung der Kriterien lässt sich hierbei aber nicht herstellen.[307] Letztlich kommt es entscheidend auf die Umstände des Einzelfalls an.

3. Reichweite der Verkehrspflichten

Bei der Konkretisierung des Inhalts der Verkehrspflichten ist zu beachten, dass diese auch gewissen Einschränkungen bzw. Begrenzungen unterliegen. So bestehen manche Verkehrspflichten von

---

[304] *v. Bar*, Verkehrspflichten, S. 118; in diesem Sinne auch *Wagner*, in: MünchKomm, BGB, § 823 Rn. 261.

[305] *Mertens*, VersR 1980, 397, 401; *Wagner*, in: MünchKomm, BGB, § 823 Rn. 262; *Hager*, in: Staudinger, BGB, § 823 Rn. E 27.

[306] *Mertens*, VersR 1980, 397, 402.

[307] *Mertens*, VersR 1980, 397, 402; anders *v. Bar*, Verkehrspflichten, S. 125, der die Gefahrerhöhung, den Vertrauensschutz sowie die Beherrschbarkeit der Gefahr als wichtigste Kriterien einstuft.

vornherein nur zugunsten eines bestimmten Personenkreises.[308] Für jeden, der diesem Personenkreis nicht angehört, ist folglich bereits der persönliche Schutzbereich der Verkehrspflicht nicht eröffnet. Wenn also bspw. ein Erwachsener ein unsicheres Treppengeländer herunterrutscht, hinfällt und sich verletzt, kann er nicht die Verletzung einer ihm gegenüber bestehenden Verkehrspflicht geltend machen, da ein Treppengeländer nur gegen Herabrutschen durch Kinder und Jugendliche geschützt werden muss.[309]

Die Verletzung einer Verkehrspflicht kann auch dann versagt werden, wenn die Gefahr, die sich verwirklicht hat, außerhalb des Schutzzwecks der Norm (auch Rechtswidrigkeitszusammenhang genannt) liegt. Erforderlich im Sinne des Schutzzwecks[310] ist, dass sich in der Rechtsgutverletzung auch gerade diejenige Gefahr verwirklicht hat, vor der die Verkehrspflicht schützen sollte. Es reicht nicht aus, dass sich irgendeine Gefahr verwirklicht – in einem solchen Fall liegt die Verletzung dann außerhalb des Schutzzwecks der Norm.[311]

Schließlich besteht noch eine Begrenzung der Verkehrspflichten durch den zuvor bereits erwähnten Vertrauensschutz. Der Vertrauensschutz wirkt ambivalent. Zum einen ist er, wie zuvor dargestellt, ein Kriterium zur Bestimmung des Inhalts einer Verkehrspflicht. Je mehr Vertrauen in die Abwesenheit von Gefahren der Pflichtenträger geschaffen hat, desto größer sind auch seine Sorgfaltspflichten.

---

308 *Larenz/Canaris*, Schuldrecht II/2, § 76 III 6 a (S. 423 f.); *Deutsch/Ahrens*, Deliktsrecht, Rn. 274 (S. 130).

309 OLG Celle, VersR 1983, 1163.

310 *Larenz/Canaris*, Schuldrecht II/2, § 76 III 6 c (S. 425); *Hager*, in: Staudinger, BGB, § 823 Rn. E 54.

311 Ist bspw. ein morscher Baum bei einem Sturm entwurzelt worden, bei welchem auch ein gesunder Baum umgefallen wäre, so kann sich ein verletzter Passant nicht darauf berufen, dass der Pflichtenträger seine Verkehrspflicht zum Fällen des Baumes verletzt habe. Zwar wäre dann der Schaden nicht eingetreten, sodass die Kausalität zu bejahen ist. Allerdings hat sich nicht die Gefahr realisiert, die aus dem Morschsein des Baumes resultierte und vor der die Verkehrspflicht schützen sollte. Die Verkehrspflicht sollte davor schützen, dass der Baum aufgrund seines Morschseins umstürzt. Es ist allein das Morschsein des Baumes, welches die Gefahr begründet. Im Beispiel ist der Baum allerdings aufgrund des Sturmes umgefallen, sodass sich eine andere Gefahr realisiert hat und mithin der Schutzzweckzusammenhang fehlt. Beispiel entliehen bei *Larenz/Canaris*, Schuldrecht II/2, § 76 III 6 c (S. 425); ein weiteres Beispiel findet sich bei *Stoll*, AcP 162 (163), 202, 234.

Spiegelbildlich hierzu ist aber auch dem Pflichtenträger ein Vertrauensschutz zuzugestehen, der zu einer Begrenzung der ihm obliegenden Verkehrspflichten führt. Wer die Gefahrenquelle hat erkennen können und müssen, der darf auf ihre Abwesenheit nicht vertrauen und muss sich auf sie einstellen. Mit anderen Worten: Offenkundige Gefahren bedürfen keiner Sicherung.[312] Somit ist festzustellen, dass es auch Sorgfaltsmaßnahmen aufseiten des Opfers gibt. Der Schädiger darf sich also darauf verlassen, dass der später Geschädigte das ihm Obliegende zur Prävention beiträgt. Konkret muss bei jeder Fallkonstellation geprüft werden, welche Möglichkeit der Betroffene hatte, sich selbst vor der Gefahr zu schützen. Diese Möglichkeiten hängen ebenfalls von mehreren Faktoren ab, insbesondere von der Erkennbarkeit der Gefahr. Einen Maßstab zur Beurteilung der jeweiligen Situation im Einzelfall bietet, wie bereits oben gesehen, die Verkehrsanschauung.

E. Ergebnis zum 3. Kapitel

Dieses 3. Kapitel diente der Untersuchung der dogmatischen Grundlage der urheberrechtlichen Störerfigur. Der Gedankengang soll nochmals zusammengefasst werden.

Nachdem in Abschnitt A die Erforderlichkeit einer dogmatischen Einordnung der Störerfigur begründet wurde, erfolgte in Abschnitt B eine Bestandsaufnahme ihrer dogmatischen Einordnung seitens der Rechtsprechung sowie der Literatur. Während im Wettbewerbsrecht aufgrund der „Jugendgefährdende Medien bei eBay"-Entscheidung die Relevanz der Störerfigur bezweifelt werden kann, bleibt sie im Urheberrecht die alleinige Haftungsfigur zur Beurteilung der Verantwortlichkeit bei mittelbaren Rechtsverletzungen. Bislang hat die Rechtsprechung die Störerfigur regelmäßig aus einer analogen Anwendung des § 1004 BGB hergeleitet, diese Grundlage allerdings nie begründet. In der Literatur finden sich neben befürwortenden Stimmen zahlreiche kritische Ansichten, welche einen Rückgriff auf die Störerfigur des allgemeinen Zivilrechts mangels Vorliegen der Analogievoraussetzungen ablehnen.

Zur Klärung der dogmatischen Einordnung der Störerfigur wurde in Abschnitt C § 1004 BGB als Grundlage der urheberrechtlichen

---

312 *v. Bar*, Verkehrspflichten, S. 84.

Störerfigur überprüft. Die unbestimmte Formulierung des Anspruchsgegners in § 97 Abs. 1 S. 1 UrhG reicht nicht aus, um von einer Unvollständigkeit i. S. e. Gesetzeslücke zu sprechen. Vielmehr lässt sich aufgrund der Tatsache, dass auch Urheberrechtsverletzungen unerlaubte Handlungen darstellen, auf die §§ 823 ff. BGB zurückgreifen. Anhand der Querverbindungen zwischen deliktischer und negatorischer Haftung in Gestalt der actio negatoria und der Ergänzungsfunktion beim Rechtsgüterschutz ist auch § 1004 BGB im Rahmen der Konkretisierung des unbestimmten Rechtsbegriffs „Wer" in § 97 Abs. 1 S. 1 UrhG anwendbar. Zur Bestimmung des Anspruchsgegners in § 97 Abs. 1 S. 1 UrhG kann folglich die Störerfigur aus § 1004 BGB angewendet werden. Eine Analogie ist somit zur Begründung der Passivlegitimation im Urheberrecht nicht erforderlich.

Inhaltlich sind die urheberrechtliche und die allgemein-zivilrechtliche Störerfigur des § 1004 BGB nahezu identisch. Die Bestimmung des Störers erfolgt einheitlich, die Tatbestandsmerkmale sind dieselben. Lediglich das haftungsbegrenzende Tatbestandsmerkmal der Prüfungspflichten ist der zivilrechtlichen Störerfigur aus § 1004 BGB fremd. Folglich blieb noch zu untersuchen, ob sich die urheberrechtlichen Prüfungspflichten in die Dogmatik des § 1004 BGB einfügen lassen.

Diesbezüglich wurde in Abschnitt D dem Gedanken nachgegangen, die Grundlage der Prüfungspflichten in der Dogmatik der deliktsrechtlichen Verkehrspflichten zu verorten. Dazu musste zunächst untersucht werden, ob die Verkehrspflichten im Rahmen des § 1004 BGB eine Rolle spielen. Das Einfallstor bildet das in beiden Anspruchsgrundlagen einheitliche Tatbestandsmerkmal der Rechtswidrigkeit. Hierdurch kann die Dogmatik der Verkehrspflichten, welche aus der Notwendigkeit entstand, die Rechtswidrigkeitsindikation bei lediglich mittelbaren Verletzungshandlungen einzuschränken, in Gestalt der Prüfungspflichten auch innerhalb der urheberrechtlichen Störerhaftung Anwendung finden. Mithilfe dieses Rückgriffs auf § 823 Abs. 1 BGB lässt sich die urheberrechtliche Störerfigur somit dogmatisch einordnen. Im Falle eines urheberrechtlichen Unterlassungsanspruchs aufgrund einer mittelbaren Verletzungshandlung lautet die vollständige Anspruchsgrundlage daher § 97 Abs. 1 S. 1 UrhG i. V. m. §§ 1004, 823 Abs. 1 BGB.

Anschließend an die Verortung der Prüfungspflichten in der Verkehrspflichtendogmatik wurde darauf eingegangen, wie eine im konkreten Fall obliegende Verkehrspflicht zu bestimmen ist. Zunächst muss eine der Entstehungsvoraussetzungen für Verkehrspflichten gegeben sein. Anerkannt sind die Eröffnung eines Verkehrs, die Übernahme einer Aufgabe oder ein vorangegangenes besonders gefährliches Tun. Es handelt sich hierbei um diejenigen Lebenssachverhalte, in denen typischerweise ein gefahrerhöhendes Verhalten vorliegt. Diejenigen Konstellationen, in denen urheberrechtliche Prüfungspflichten entstehen, wird man regelmäßig der Fallgruppe der Eröffnung eines Verkehrs bzw. der eines besonders gefährlichen Vorverhaltens zuordnen können. Zusätzlich zum Vorliegen einer der genannten Entstehungsvoraussetzungen entstehen Prüfungspflichten für Diensteanbieter allerdings erst ab dem Zeitpunkt, an dem der Inanspruchgenommene Kenntnis von einer Rechtsverletzung erhält, bspw. durch eine Abmahnung (vgl. § 7 Abs. 2 S. 1 TMG).

Bei der Bestimmung des Inhalts der Verkehrspflicht als zweitem Schritt sind in die Abwägung folgende Faktoren einzubeziehen: die Wahrscheinlichkeit des Schadenseintritts, die Art und Höhe des drohenden Schadens, die Beherrschbarkeit der Gefahr, der soziale Wert der Handlung sowie der Vertrauensschutz des Geschädigten.

Bei der schließlich zu bestimmenden Reichweite der Verkehrspflicht sind drei Faktoren zu beachten. Für den Inanspruchgenommenen muss sowohl der persönliche Schutzbereich eröffnet als auch der Rechtswidrigkeitszusammenhang gegeben sein. Zudem ist der Vertrauensschutz des Pflichtenträgers zu beachten.

Inwieweit die hier aufgezeigten Kriterien zur Bestimmung des Inhalts und der Reichweite der Verkehrspflichten auch zur Bestimmung der urheberrechtlichen Prüfungspflichten verwendbar sind, wird im nun folgenden Kapitel dieser Arbeit untersucht.

4. Kapitel: Die Verantwortlichkeit von Share-Hosting-Diensten

Nach Verankerung der dogmatischen Grundlage der urheberrechtlichen Störerfigur in § 97 Abs. 1 S. 1 UrhG i. V. m. §§ 1004, 823 Abs. 1 BGB kann im Folgenden der praktischen Anwendung nachgegangen werden. Hierzu soll die eingangs aufgezeigte Problematik der Verantwortlichkeit von Share-Hosting-Diensten wieder aufgegriffen werden. Sie beschäftigen die deutschen Gerichte seit mehreren Jahren.[313] Im Folgenden wird daher die Verantwortlichkeit dieser Diensteanbieter für die ihren Nutzern vorgeworfenen Urheberrechtsverletzungen ausführlich analysiert.[314]

A. Die Verantwortlichkeit gemäß § 97 Abs. 1 S. 1 i. V. m. § 19a UrhG

In Betracht kommt ein Unterlassungsanspruch aus § 97 Abs. 1 S. 1 UrhG i. V. m. § 19a UrhG i. V. m. den Grundsätzen der Störerhaftung. Dieser Anspruch setzt aufgrund des Akzessorietätserfordernisses zunächst die Urheberrechtsverletzung eines Dritten, hier eines Nutzers, voraus (I.). Daraufhin sind die Voraussetzungen der Störerfigur zu prüfen (II.).[315]

I. Die Urheberrechtsverletzung

Eine Urheberrechtsverletzung setzt die Verletzung eines der ausschließlich dem Rechteinhaber zustehenden Verwertungsrechte der §§ 15 ff. UrhG voraus. Hierbei kommen verschiedene Verwertungsrechte in Betracht.

---

313 Vgl. OLG Köln MMR 2007, 786; LG Düsseldorf ZUM 2008, 338; LG Frankfurt am Main ZUM 2008, 996; OLG Hamburg MMR 2008, 823; LG Hamburg ZUM 2009, 863; OLG Düsseldorf MMR 2010, 483.

314 Zur genauen Funktionsweise des Share-Hoster sei auf die Ausführungen im Grundlagenteil verwiesen; vgl. 1. Kapitel, B.

315 Allgemein zum urheberrechtlichen Unterlassungsanspruch *Lettl*, Urheberrecht, S. 269 f.

1. Verstoß gegen § 16 Abs. 1 UrhG durch Hochladen einer Datei

Zunächst könnte ein Verstoß gegen das allein dem Rechteinhaber zustehende Vervielfältigungsrecht aus § 16 Abs. 1 UrhG darin gesehen werden, dass einzelne Nutzer urheberrechtsgeschützte Werke auf die Server eines Share-Hosting-Dienstes hochladen und damit eine Vervielfältigung i. S. d. § 16 Abs. 1 UrhG erstellen. Als Vervielfältigung gilt jede körperliche Festlegung, die geeignet ist, ein Werk auf irgendeine Weise den menschlichen Sinnen unmittelbar oder mittelbar zugänglich zu machen.[316] Zwar ist die Speicherung von digitalisierten Daten wohl keine körperliche Festlegung, indes ist mit fortschreitender Technik eine Vervielfältigung i. S. d. § 16 Abs. 1 UrhG auch unabhängig von einem Trägermedium üblich und möglich. Aus diesem Grunde ist es mittlerweile anerkannt, dass durch den Vorgang der Speicherung digitalisierter Daten ein identischer Datensatz erstellt wird und dieser als Vervielfältigung i. S. d. § 16 Abs. 1 UrhG einzuordnen ist.[317] Das Hochladen einer urheberrechtsgeschützten Datei auf die Server eines Share-Hoster stellt damit eine Vervielfältigung i. S. d. § 16 Abs. 1 UrhG dar.

Das bedeutet allerdings nicht zwangsläufig, dass hierin auch eine Urheberrechtsverletzung gesehen werden muss. Den Interessen der Rechteinhaber am Schutz ihrer Werke stehen nämlich die Interessen der Endnutzer und der Allgemeinheit entgegen.[318] Diesem Zielkonflikt trägt das Urhebergesetz dadurch Rechnung, dass den in §§ 15 ff. UrhG geregelten Ausschließlichkeitsrechten der Werkschaffenden die Schrankenregelungen der §§ 44a ff. UrhG gegenüberstehen. Als derartige Schrankenregelung ist § 53 Abs. 1 S. 1 UrhG zu beachten. Dieser gestattet grundsätzlich einzelne Vervielfältigungen eines Werkes zum privaten Gebrauch. Für eine solche Vervielfältigung ist nicht erforderlich, dass die Vorlage auch im Eigentum des

---

316 *Loewenheim,* in: Schricker, UrhG, § 16 Rn. 5 m. w. N; *Heerma,* in: Wandtke/Bullinger, UrhG, § 16 Rn. 2; *Dreyer,* in: Dreyer/Kotthoff/Meckel, UrhG, § 16 Rn. 6.

317 *Loewenheim,* in: Schricker, UrhG, § 16 Rn. 18 m. w. N.; *Heerma,* in: Wandtke/Bullinger, UrhG, § 16 Rn. 13; *Dreyer,* in: Dreyer/Kotthoff/Meckel, UrhG, § 16 Rn. 26 ff.

318 Zwar ist das Urheberrecht als Eigentum von der grundgesetzlichen Garantie des Art. 14 Abs. 1 GG erfasst, aufgrund seiner Sozialbindung in Art. 14 Abs. 2 GG allerdings nicht schrankenlos gewährleistet. Grundlegend hierzu BVerfGE 31, 229, 238; BVerfG GRUR 1990, 183 – Vermietungsvorbehalt.

Vervielfältigers steht (arg. e contrario § 53 Abs. 2 Nr. 2 UrhG).[319] Eine Privatkopie scheidet nur dann aus, wenn eine der Negativvoraussetzungen des aufgeführten Tatbestandskatalogs in § 53 Abs. 1 S. 1 UrhG einschlägig ist. So darf die Vervielfältigung zum einen *weder unmittelbar noch mittelbar Erwerbszwecken* dienen. Das Handeln der Nutzer wird allerdings in den seltensten Fällen von Erwerbszwecken geleitet sein. Selbst bei denjenigen Nutzern, welche beabsichtigen, den Download-Link im Nachhinein zu veröffentlichen, ist ein Profitdenken nicht der Antrieb ihres Handelns. Vielmehr gilt es wohl eher als Selbstverständlichkeit innerhalb der Internetgemeinde, dass jeder „seinen Beitrag" zum File-Sharing leistet und die geringe Mühe des Hochladens auf sich nimmt. Es handelt sich daher um ein in der Internetgemeinde übliches Geben und Nehmen. Aus diesem Grund wird im Falle des Hochladens einer urheberrechtlich geschützten Datei bei einem Share-Hosting-Dienst das Vorliegen einer Privatkopie i. S. d. § 53 Abs. 1 S. 1 UrhG nicht scheitern.

Zum anderen darf zur Vervielfältigung weder eine *offensichtlich rechtswidrig hergestellte* Vorlage noch eine *offensichtlich rechtswidrig öffentlich zugänglich gemachte* Vorlage verwendet werden. Im Falle eines Nutzers, der eine Datei bei einem Share-Hoster hochlädt und somit eine Vervielfältigung erstellt (im Folgenden *Share-Hoster-Vervielfältigung* genannt), muss man demnach fragen, ob die Vorlage, welche er hierzu verwendet (im Folgenden *Share-Hoster-Vorlage* genannt), offensichtlich rechtswidrig hergestellt wurde.[320] Dies ist bspw. dann nicht der Fall, wenn der Nutzer die Vorlage selbst im Handel käuflich erworben hat, er also Eigentümer der Vorlage ist. Die Herstellung der Share-Hoster-Vervielfältigung ist dann eine zulässige Privatkopie, sofern die weiteren Voraussetzungen von § 53 Abs. 1 S. 1 UrhG vorliegen.

Schwieriger zu beurteilen ist die Legalität der Share-Hoster-Vervielfältigung hingegen, wenn es sich bei der Share-Hoster-Vorlage bereits um eine Vervielfältigung handelt, d. h., wenn diese selbst von einer Vorlage stammt. Es geht mithin um den Fall, dass eine Kopie von einer Kopie erstellt wird. Beispielsweise könnte die Sha-

---

319 BGH GRUR 1997, 459, 462 – CB-infobank I; BGH GRUR 1997, 464, 466 – CB-infobank II; s. auch *Loewenheim*, in: Schricker, UrhG, § 53 Rn. 11 m. w. N. sowie *Lüft*, in: Wandtke/Bullinger, UrhG, § 53 Rn. 14.

320 Das Merkmal der *offensichtlich rechtswidrigen öffentlichen Zugänglichmachung* ist hier nicht einschlägig, da es bei der Share-Hoster-Vorlage bereits an einer *öffentlichen Zugänglichmachung* fehlt.

re-Hoster-Vorlage die Vervielfältigung einer in einem P2P-Netzwerk angebotenen Datei sein, welche der Nutzer durch Download auf seiner Festplatte abgelegt hat. Um in einem solchen Fall die Legalität der Share-Hoster-Vervielfältigung zu bestimmen, kommt es auf die Legalität der hinter der Share-Hoster-Vorlage stehenden Vorlage an, d. h. der im P2P-Netzwerk angebotenen Datei. Nur wenn es sich bei dieser Datei um eine legale Vorlage i. S. d. § 53 Abs. 1 S. 1 UrhG handelt, besteht auch eine Legitimationskette hin zur Share-Hoster-Vervielfältigung. Somit ist zu untersuchen, ob die im P2P-Netzwerk verfügbare Datei eine offensichtlich rechtswidrig hergestellte bzw. eine offensichtlich rechtswidrig öffentlich zugänglich gemachte Vorlage darstellt. Insoweit kommt es auf das Merkmal der Offensichtlichkeit und somit auf den Einzelfall an. *Offensichtlichkeit* liegt dann vor, wenn keine ernsthaften Zweifel an der Rechtswidrigkeit bestehen; die Rechtswidrigkeit muss also für jedermann erkennbar sein. Auf das subjektive Wissen oder Nichtwissen Einzelner kommt es dagegen nicht an.[321] Allein die Tatsache bspw., dass eine Datei in einem P2P-Netzwerk verfügbar ist, bedeutet nicht automatisch, dass diese auch offensichtlich rechtswidrig zugänglich gemacht wurde. Ein Zugänglichmachen für die Öffentlichkeit liegt dann vor, wenn das Werk für einen nicht abgrenzbaren Kreis von Personen bereitgehalten bzw. diesem Zugriff ermöglicht wird und diese Personen weder untereinander noch mit dem Verwerter persönlich verbunden sind.[322] Typischerweise ist dies beim Bereithalten eines Werkes bzw. der Ermöglichung des Zugriffs darauf im Rahmen eines interaktiven Abrufs, insbesondere im Rahmen des Internets, gegeben.[323]

Zwar ist es richtig, dass ein wesentlicher Teil der in den P2P-Netzwerken vorhandenen, urheberrechtlich geschützten Dateien ohne die Zustimmung der Rechteinhaber angeboten werden und dies für eine offensichtliche rechtswidrige öffentliche Zugänglichmachung spricht. Für die Offensichtlichkeit spricht auch, dass die Anbieter in

---

321 *Dreier*, in: Dreier/Schulze, UrhG, § 53 Rn. 12; *Dreyer*, in: Dreyer/Kotthoff/Meckel, UrhG, § 53 Rn. 25; *Nordemann*, in: Fromm/Nordemann, UrhG, § 53 Rn. 14.

322 *Bullinger*, in: Wandtke/Bullinger, UrhG, § 19a Rn. 6 mit Verweis auf *Heerma*, in: Wandtke/Bullinger, UrhG, § 15 Rn. 18, da das Tatbestandsmerkmal der *Öffentlichkeit* der Legaldefinition des § 15 Abs. 3 S. 2 UrhG entspricht; *Dreyer*, in: Dreyer/Kotthoff/Meckel, UrhG, § 19a Rn. 12; *Dreier*, in: Dreier/Schulze, UrhG, § 19a Rn. 7 f.

323 *v. Ungern-Sternberg*, in: Schricker, UrhG, § 19a Rn. 42; *Bullinger*, in: Wandtke/Bullinger, UrhG, § 19a Rn. 10.

P2P-Netzwerken nahezu ausschließlich Privatpersonen sind – denn Privatpersonen erwerben normalerweise nicht das Verwertungsrecht nach § 19a UrhG. Vielmehr steht dieses grundsätzlich Verwertungsgesellschaften zu. Andererseits gibt es zahlreiche (junge Nachwuchs-)Künstler und Software-Entwickler, welche zu Werbe- oder sonstigen Publizitätszwecken vereinzelt Werke bzw. Software kostenfrei im Internet zur unbegrenzten Vervielfältigung zur Verfügung stellen.[324] Der oftmals von der Computer- und Unterhaltungsindustrie vorgetragenen pauschalen Behauptung, jedes Werk werde ohne Zustimmung öffentlich zugänglich gemacht, kann folglich nicht ohne Weiteres gefolgt werden. Bleibt man bei der Prämisse, dass der Nutzer nicht mit unerfüllbaren Prüfungspflichten belastet werden soll[325], so ist das Vorhandensein eines Musikstücks in einem P2P-Netzwerk grundsätzlich nicht offensichtlich rechtswidrig – denn vereinzelt haben die Rechteinhaber einer öffentlichen Zugänglichmachung zugestimmt. Anderes gilt natürlich, wenn bspw. ein Kinofilm noch vor seiner offiziellen Premiere in einem P2P-Netzwerk verfügbar ist. Generell lässt sich für die Rechteinhaber anführen, dass filmische Werke im Gegensatz zu Musikstücken so gut wie ausnahmslos geschützte Werke darstellen, sodass der für Letztere soeben erwähnte Einwand der unentgeltlichen Verbreitung eines Werkes zu Publizitätszwecken nicht haltbar ist. Von daher wird man beim Vorhandensein eines Films in einem P2P-Netzwerk von einer offensichtlich rechtswidrigen öffentlichen Zugänglichmachung ausgehen müssen.

Insgesamt sollte man aber bei einer strikten Auslegung des Gesetzes bleiben und somit das Vorliegen einer Privatkopie in nur wirklich offensichtlich rechtswidrigen Fällen verneinen. Schließlich wollte der Gesetzgeber mit Einfügung des Tatbestandsmerkmals der Offensichtlichkeit gerade verhindern, dass jemand bereits infolge leichter Fahrlässigkeit (durch einfachen Erlaubnisirrtum) zum urheberrechtlich Verantwortlichen wird.[326] Es kommt aber letztlich stets auf die genauen Umstände des Einzelfalls an.

---

324 *Breyer*, MMR 2009, 14.

325 Gesetzentwurf der Bundesregierung v. 15.06.2006 für ein Zweites Gesetz zur Regelung des Urheberrechts in der Informationsgesellschaft („2. Korb“), BT-Drucks. 16/1828, S. 26.

326 Gesetzentwurf der Bundesregierung v. 15.06.2006 für ein Zweites Gesetz zur Regelung des Urheberrechts in der Informationsgesellschaft („2. Korb“), BT-Drucks. 16/1828, S. 26.

Geht man in der hier untersuchten Konstellation davon aus, dass die im P2P-Netzwerk angebotene Datei offensichtlich rechtswidrig öffentlich zugänglich gemacht wurde, dann sind die Voraussetzungen von § 53 Abs. 1 S. 1 UrhG nicht erfüllt und eine Privatkopie scheidet aus. Die Share-Hoster-Vorlage stellt somit keine Privatkopie dar. Folgerichtig kann dann die hiervon erstellte Share-Hoster-Vervielfältigung erst recht nicht von § 53 Abs. 1 S. 1 UrhG erfasst sein. In einem solchen Fall wäre bereits in dem Hochladen der Datei ein Urheberrechtsverstoß gegen § 16 Abs. 1 UrhG zu sehen. Geht man andererseits davon aus, dass es bei der im P2P-Netzwerk angebotenen Datei am Merkmal der Offensichtlichkeit fehlt, dann stellt die Share-Hoster-Vorlage eine Privatkopie i. S. d. § 53 Abs. 1 S. 1 UrhG dar. Es liegt in einem solchen Fall eine legale Vervielfältigung vor. In der Folge stellt die Share-Hoster-Vervielfältigung eine Privatkopie i. S. d. § 53 Abs. 1 S. 1 UrhG dar. Im Hochladen einer urheberrechtlich geschützten (Musik-)Datei liegt somit kein Verstoß gegen § 16 Abs. 1 UrhG.

2. Verstoß gegen § 19a UrhG durch Hochladen einer Datei

Das Erstellen einer Share-Hoster-Vervielfältigung, also das Hochladen einer urheberrechtlich geschützten Datei auf die Server eines Share-Hosting-Dienstes durch einen einzelnen Nutzer, könnte einen Verstoß gegen das Ausschließlichkeitsrecht des Rechteinhabers aus § 19a UrhG bedeuten. Gemäß § 19a UrhG steht dem Rechteinhaber das ausschließliche Recht zu, das Werk drahtgebunden oder drahtlos Mitgliedern der Öffentlichkeit i. S. d. § 15 Abs. 3 S. 2 UrhG unabhängig von Ort und Zeit zugänglich zu machen.[327] Mit Erstellung der Share-Hoster-Vervielfältigung entsteht eine Vervielfältigung zwar auf einem externen Server, auf welchem auch alle anderen Kunden des Share-Hoster ihre Dateien ablegen. Im Falle des Hochladens einer Datei ist allerdings zu beachten, dass nach Beendigung des Hochladens allein der Nutzer den Download-Link zur Datei erhält. Dritten und auch anderen Nutzern des Share-Hoster ist es gerade nicht möglich, dessen Website aufzurufen und die Server nach bestimmten Dateien zu durchsuchen. Es macht also keinen Unterschied, ob sich ein Nutzer von einer Musikdatei eine Kopie auf seiner Festplatte speichert oder aber als Speicherplatz den Server

---

327 *Dreier*, in: Dreier/Schulze, UrhG, § 19a Rn. 1, 6; *Dreyer*, in: Dreyer/Kotthoff/Meckel, UrhG, § 19a Rn. 5; *Bullinger*, in: Wandtke/Bullinger, UrhG, § 19a Rn. 5 f.

des Share-Hoster verwendet.[328] In beiden Fällen wird eine Vervielfältigung erstellt, auf welche allein dieser Nutzer zugreifen kann. Die Datei wird gerade nicht einem nicht abgrenzbaren Kreis von Personen zugänglich gemacht. Daher liegt keine öffentliche Zugänglichmachung i. S. d. § 19a UrhG vor. Damit ist mangels Verstoßes gegen § 19a UrhG auch im Hochladen einer urheberrechtsgeschützten Datei auf die Server eines Share-Hosting-Dienstes keine Urheberrechtsverletzung zu sehen.

3. Verstoß gegen § 19a UrhG durch Verbreitung des Download-Link

Eine Urheberrechtsverletzung könnte aber schließlich darin zu sehen sein, dass der allein dem Nutzer mitgeteilte Download-Link von diesem weiterverbreitet und die Datei somit Dritten zugänglich gemacht wird. Dies kann bspw. durch Bekanntgabe des betreffenden Download-Link in einem Internetforum geschehen. Durch eine derartige Bekanntgabe des Download-Link wird die urheberrechtlich geschützte Datei einer unbestimmten Vielzahl von Personen im Internet zugänglich gemacht. In einem solchen Fall ist ein öffentliches Zugänglichmachen i. S. d. § 19a UrhG gegeben.[329] Diesem Eingriff in das Ausschließlichkeitsrecht des Rechteinhabers steht auch keine Schrankenregelung der §§ 44a UrhG entgegen. Mithin ist in der Veröffentlichung des Download-Link einer auf den Servern eines Share-Hoster gespeicherten urheberrechtlich geschützten Datei ein nicht gerechtfertigter Eingriff in § 19a UrhG und dadurch auch ein Urheberrechtsverstoß gegeben.

II. Die Passivlegitimation

Bejaht man einen Urheberrechtsverstoß, soweit der Nutzer den Link öffentlich zugänglich macht, ist damit noch nicht geklärt, ob ein Share-Hoster passivlegitimiert ist. Hierzu ist auf die drei aus dem allgemeinen Zivilrecht bekannten Figuren der Täterschaft, der Teilnahme sowie derjenigen des Störers zurückzugreifen.

Es gilt die Besonderheit, dass beim Inanspruchgenommenen zunächst festgestellt werden muss, ob die Voraussetzungen der Täterschaft oder Teilnahme vorliegen. Erst wenn diese Voraussetzungen

---

328 OLG Köln MMR 2007, 786, 788; LG Frankfurt am Main ZUM 2008, 996, 997.

329 OLG Köln MMR 2007, 786, 787; LG Frankfurt am Main ZUM 2008, 996, 997.

verneint worden sind, kann bei der in Anspruch genommenen Person auf die subsidiäre Störerfigur zurückgegriffen werden.[330]

Nicht gehindert ist allerdings die Inanspruchnahme einer Person als Störer, wenn gleichfalls ein Vorgehen gegen eine andere Person als Täter oder Teilnehmer möglich ist. Der Rechteinhaber ist somit nicht darauf angewiesen, zunächst gegen den Täter oder den Teilnehmer vorgehen zu müssen. Er kann sich gleich an den Störer wenden, da dieser *neben* dem Täter haftet.[331]

1. Haftung als Täter

Für die Annahme einer Täterschaft müsste eine unmittelbare Tatbestandsverwirklichung der öffentlichen Zugänglichmachung durch den Share-Hoster vorliegen. Der Inanspruchgenommene muss selbst den Tatbestand der Rechtsverletzung verwirklichen, d. h., er muss eine eigenständige Verletzungshandlung begehen.[332] Allerdings stellen die Share-Hoster durch ihre Server lediglich Speicherplatz zur Verfügung, auf welchen die Kunden Dateien hochladen können. Die Share-Hoster legen weder selbst Dateien ab, noch nehmen sie eine eigene Veröffentlichungshandlung durch Bekanntgabe der Download-Links vor. Der nach Abschluss des Hochladens einer Datei generierte Download-Link wird einzig und allein dem hochladenden Kunden zugeteilt. Die Entscheidung darüber, ob und wann dieser Download-Link veröffentlicht wird, liegt somit alleine beim jeweiligen Kunden. Besagter Kunde ist folglich auch derjenige, der die unmittelbare Veröffentlichungshandlung, d. h. bspw. die Bereitstellung in einem Forum, vornimmt. Ein Share-Hoster erfüllt somit dadurch, dass er den Nutzern seine Server zu Speicherzwecken zur Verfügung stellt, nicht selbst den Tatbestand einer Urheberrechtsverletzung. Mangels unmittelbarer Tatbestandsverwirklichung scheidet eine Täterschaft daher aus.[333]

---

330 Vgl. hierzu 2. Kapitel, B., I.

331 BGH GRUR 2007, 724, 725 – Meinungsforum; *Nordemann,* in: Fromm/Nordemann, UrhG, § 97 Rn. 161.

332 Vgl. BGH MMR 2007, 507, 509 – Internetversteigerung I.

333 So auch OLG Köln MMR 2007, 786, 787; LG Düsseldorf ZUM 2008, 338, 340; LG Frankfurt am Main ZUM 2008, 996, 997; LG Hamburg ZUM 2009, 863, 868; OLG Düsseldorf MMR 2010, 483, 484.

2. Haftung als Teilnehmer

In der Bereitstellung der Server könnte allerdings eine Teilnahmehandlung in Gestalt der Beihilfe zu sehen sein. Neben der Beihilfehandlung bedarf es eines doppelten Teilnehmervorsatzes.[334] Die Betreiber eines Share-Hosting-Dienstes müssten zumindest bedingten Vorsatz hinsichtlich der eigenen Beihilfehandlung als auch hinsichtlich der anschließenden Haupttat des unmittelbaren Rechtsverletzers aufweisen. Der Vorsatz muss hierbei das Bewusstsein der Rechtswidrigkeit einschließen.[335] Die Bereitstellung der Server zum Upload von Dateien (auch urheberrechtlich geschützter Dateien) als objektive Beihilfehandlung erfolgt mit Sicherheit vorsätzlich, schließlich ist die Bereitstellung der Server das Geschäftsmodell der Share-Hosting-Dienste. Allerdings wird man kaum Vorsatz hinsichtlich der Haupttat, d. h. der Veröffentlichung der Download-Links durch die Nutzer, nachweisen können.[336] Dies gilt umso mehr, weil im Moment des Hochladens einer Datei durch den Nutzer, also in dem Moment, in dem die Share-Hoster ihre Beihilfehandlung – die Bereitstellung der Plattform – vornehmen, die wahre Intention des Nutzers noch gar nicht ersichtlich ist. Schließlich ist der Inhalt der hochgeladenen Datei dem Share-Hoster aufgrund des automatisierten Speicherverfahrens nicht bekannt. Er kann weder erkennen, ob die Datei, die hochgeladen wird, urheberrechtlich geschützt ist, noch, ob der Nutzer den dazugehörigen Download-Link im Anschluss öffentlich zugänglich machen möchte. Einen Vorsatz hinsichtlich der später vom Nutzer vorgenommenen Haupttat, also der Veröffentlichung des Download-Link, kann somit nicht angenommen werden. Aus diesem Grund scheidet eine Teilnahme seitens der Share-Hoster aus, weshalb nur noch die Möglichkeit einer Inanspruchnahme als Störer verbleibt.

---

334 Vgl. oben 2. Kapitel, A., I.

335 BGHZ 148, 13, 17 – ambiente.de; BGH MMR 2007, 507, 509 – Internetversteigerung II.

336 OLG Köln MMR 2007, 786, 787; LG Düsseldorf ZUM 2008, 338, 340; LG Frankfurt am Main ZUM 2008, 996, 997; diese Frage offen lassend, da der Share-Hoster jedenfalls als Störer hafte, LG Hamburg ZUM 2009, 863, 868.

III. Die Haftung als Störer

Der Betreiber eines Share-Hosting-Dienstes kann sich nicht auf die grundsätzlich allen Host-Providern zustehende Haftungsprivilegierung des § 10 S. 1 TMG berufen. Schließlich ist diese Vorschrift teleologisch dahingehend zu reduzieren, dass sie lediglich die strafrechtliche Verantwortlichkeit sowie die Schadensersatzhaftung der Host-Provider umfasst. Sie befreit Letztere hingegen nicht von Unterlassungsansprüchen, sodass eine Haftung als Störer weiterhin in Betracht kommt.[337]

Hierfür ist zunächst erforderlich, dass der Share-Hoster in willentlich und adäquat kausaler Weise an der Herbeiführung oder Aufrechterhaltung einer Urheberrechtsverletzung mitgewirkt hat (1.). Ausreichend für die Inanspruchnahme als Störer ist die Unterstützung oder Ausnutzung der Handlung eines eigenverantwortlich agierenden Dritten, sofern der Inanspruchgenommene die rechtliche Möglichkeit zur Verhinderung dieser Handlung hatte.[338] Der Share-Hoster müsste also zu den Verletzungshandlungen seiner Nutzer, d. h. der Veröffentlichung der Download-Links, beigetragen haben. Um die Störerhaftung nicht über Gebühr auch auf Dritte zu erstrecken, die nicht selbst die rechtswidrige Beeinträchtigung vorgenommen haben, setzt die Haftung des Störers außerdem noch die Verletzung von Prüfungspflichten voraus (2.).

1. Adäquate Kausalität

Eine adäquate Kausalität liegt dann vor, wenn das schadenverursachende Verhalten im Allgemeinen und nicht nur unter besonders eigenartigen, unwahrscheinlichen und nach dem gewöhnlichen Verlauf der Dinge außer Betracht zu lassenden Umständen geeignet ist, den eingetretenen Erfolg herbeizuführen. Vorliegend kann das Bereitstellen der Server sowie das Betreiben der Webpage nicht hinweggedacht werden, ohne dass der Erfolg, also die Urheberrechtsverletzung der Nutzer durch Veröffentlichung des Download-Link, entfiele. Es ist auch nicht unwahrscheinlich, dass ein Nutzer, nachdem er eine Datei hochgeladen und den Download-Link erhalten hat, diesen nicht für sich behält, sondern ihn vielmehr in einem Internetforum verbreitet und somit der Öffentlichkeit zugänglich

337 BGH ZUM 2004, 831 – Internetversteigerung I; BGH MMR 2007, 507 – Internetversteigerung II.

338 BGH GRUR 1999, 418, 419 – Möbelklassiker; BGHZ 148, 13, 17 – ambiente.de.

macht. Im Bereitstellen seiner Server und dem Betreiben der Webpage leistet ein Share-Hoster deshalb einen adäquat kausalen Beitrag zur Urheberrechtsverletzung der Nutzer.[339] Darüber hinaus ist das Bereitstellen der Server und das Betreiben der Webpage nicht lediglich eine bewusste Entscheidung, vielmehr ist dies sogar der Kern des Geschäftsmodells. Somit ist auch das Merkmal der Willentlichkeit gegeben.

2. Verletzung von Prüfungspflichten

Das Bestehen der Prüfungspflichten sowie deren Inhalt richten sich im Einzelfall nach einer Abwägung aller betroffenen Interessen und relevanten rechtlichen Wertungen.[340] Entscheidend ist also letztlich, welche Prüfungspflichten den Betreibern von Share-Hosting-Diensten nach den Umständen zuzumuten sind.[341] Zur Bestimmung dieser Zumutbarkeit ist auf die bislang in der Rechtsprechung des BGH entwickelten Kriterien sowie die den Prüfungspflichten zugrunde liegenden Prinzipien der deliktsrechtlichen Verkehrspflichten zurückzugreifen. Bei der Festlegung der Verkehrspflichten wurde hinsichtlich Bestehen, Inhalt und Reichweite differenziert.[342]

Zur Bestimmung der im Urheberrecht bestehenden und einem Share-Hoster obliegenden Prüfungspflichten soll dieses Vorgehen leicht abgewandelt werden. Zuerst wird untersucht, ob Prüfungspflichten bestehen (a). Insoweit ist die Vorgehensweise bei Verkehrspflichten und Prüfungspflichten die Gleiche. Bestehen Prüfungspflichten, so wird in einem zweiten Schritt auf deren Inhalt eingegangen, d. h. auf die Frage, welche Rechtsverletzungen ein Share-Hoster in Zukunft konkret verhindern muss (b). Im Anschluss daran wird in einem dritten Schritt dann nicht wie bei den Verkehrspflichten die Reichweite, sondern die Zumutbarkeit der Prüfungspflichten diskutiert (c).

---

339 Skeptisch hierzu *Rössel*, ITRB 2008, 6, 7, dem zufolge der Share-Hoster in der Kausalkette technisch fast ebenso weit weg von der Rechtsverletzung (also den Link-Sammlungen) entfernt ist wie der Rechteinhaber. Ähnlich wie in den Fällen der WLAN- bzw. Anschlussinhaberhaftung sei deshalb das Vorliegen der adäquaten Kausalität fraglich. Zur Verantwortlichkeit des WLAN-Betreibers vgl. 2. Kapitel, B., IV., 3., e).

340 BGH GRUR 2007, 890, 894 – Jugendgefährdende Medien bei eBay.

341 BGHZ 148, 13, 17 – ambiente.de.

342 Vgl. 3. Kapitel, D., III.

a) Bestehen der Prüfungspflichten

Zunächst müssten für die Share-Hosting-Dienste überhaupt Prüfungspflichten bestehen. Hierbei sind zwei Aspekte zu berücksichtigen. Als Erstes wird das Vorliegen einer der Entstehungsvoraussetzungen untersucht. In einem zweiten Schritt wird sodann auf die Vorschriften des TMG eingegangen.

aa) Vorliegen einer Entstehungsvoraussetzung

Als Entstehungsvoraussetzung kommen sowohl die Eröffnung eines Verkehrs wie auch ein besonders gefährliches Vorverhalten (Ingerenz) in Betracht. Durch das Anbieten einer Online-Plattform eröffnen die Share-Hoster einen Bereich, in welchem ihre Nutzer Dateien ablegen und auch wieder herunterladen können. Indem sie den Upload jedweder Art von Datei gestatten und die abgelegten Dateien auch nicht auf ihren Inhalt hin untersuchen, entsteht für die Nutzer die Möglichkeit, auch urheberrechtlich geschützte Dateien hochzuladen und den Download-Link anschließend zu verbreiten. Die Share-Hosting-Dienste eröffnen somit in Gestalt ihrer Dienste einen Verkehr, der zu einer nicht unwesentlichen Gefahrerhöhung für die Urheberrechte Dritter beiträgt. Es lässt sich argumentieren, dass die Share-Hoster als Inhaber der Bestimmungsgewalt über ihren Service für diese Gefahrerhöhung in die Verantwortung zu nehmen sind, sodass grundsätzlich Prüfungspflichten für sie entstehen.

Passender erscheint allerdings die Annahme einer Ingerenz als Entstehungsgrund für Prüfungspflichten. Die besondere Gefährlichkeit für die Urheberrechte Dritter ergibt sich aus der Natur des Internets und somit aus der Masse an potenziellen Rechtsverletzungen. Allein die Verbreitung eines Download-Link kann innerhalb kürzester Zeit zu unzähligen nicht lizensierten Vervielfältigungen führen. Anders als bei einer entlegenen, zur Winterzeit nicht gestreuten Treppe[343], bei welcher von einer Eröffnung eines Verkehrs auszugehen ist und welche eine überschaubare Anzahl von Rechtsgutträgern gefährdet, stellt die Eröffnung einer Share-Hosting-Plattform ein Vehikel dar, welches zu massenhaften Rechtsverletzungen verwendet werden kann (und auch tatsächlich hierzu verwendet wird). Die einfache und schnelle Möglichkeit für die Nutzer, geschützte Dateien hochzuladen und zu verteilen, sowie fehlende Kontrollmechanismen seitens der Betreiber sorgen für diese besondere Gefährlichkeit. Aus

---

343 RGZ 54, 53; vgl. hierzu oben 3. Kapitel, D., II., 2.

diesem Grund ist davon auszugehen, dass Prüfungspflichten für Share-Hosting-Dienste durch ihr besonders gefährliches Vorverhalten entstehen.

Zusätzlich sind noch die Vorschriften des TMG zu prüfen, welche in ihrer Funktion als Filter bestimmten Diensteanbietern Privilegierungen zugestehen. Insbesondere hinsichtlich des Zeitpunkts des Beginns der Prüfungspflichten erlangen die TMG-Vorschriften Bedeutung.

bb) Anwendung des Telemediengesetzes

Kommen die TMG-Vorschriften zur Anwendung, so entstehen Prüfungspflichten für die Provider gemäß § 7 Abs. 2 S. 1 TMG erst nach der Kenntniserlangung einer Rechtsverletzung - vorausgesetzt, es liegen keine *eigenen* Informationen i. S. d. § 7 Abs. 1 UrhG vor. Die Share-Hosting-Dienste sind als elektronische Kommunikationsdienste Telemedien, d. h. Diensteanbieter i. S. d. § 1 Abs. 1 i. V. m. § 2 Nr. 1 TMG. Hierdurch findet das Telemediengesetz Anwendung. Als Dienst, der Informationen für seine Nutzer speichert, sind sie des Weiteren als Host-Provider i. S. d. § 10 TMG einzuordnen, sodass die Regelung des § 7 Abs. 2 S. 1 TMG zu beachten ist.[344] Die Share-Hoster sind danach grundsätzlich nicht verpflichtet, die von ihnen übermittelten oder gespeicherten Informationen zu überwachen oder nach Umständen zu forschen, die auf eine rechtswidrige Tätigkeit hinweisen. Es besteht daher trotz des besonders gefährlichen Vorverhaltens in Gestalt der Plattformeröffnung und der damit einhergehenden Gefahrerhöhung zunächst keine Verpflichtung, die von den Nutzern abgelegten Informationen zu überwachen oder sonst nach rechtswidrigen Tätigkeiten zu forschen.

Dieses Privileg gilt allerdings nur dann, wenn es sich bei den Informationen, d. h. den von den Nutzern hochgeladenen Dateien, auch tatsächlich um *fremde* und nicht etwa *eigene* Informationen i. S. d. § 7 Abs. 1 TMG handelt.[345] Ein Share-Hoster nimmt die einzelnen Dateien, welche von den Nutzern auf seinen Servern abgelegt werden, nicht zur Kenntnis. Der Speichervorgang sowie die Zuteilung des Download-Link sind ein vollkommen automatisiertes Verfahren.

---

344 § 7 Abs. 2 TMG spricht nicht explizit von Informationen, die fremd sind. Diese Voraussetzung ergibt sich allerdings aus der Zusammenschau mit § 7 Abs. 1 TMG.

345 Vgl. hierzu *Heckmann*, in: jurisPK-Internetrecht, § 7 Rn. 7 ff.; *Spindler*, in: Spindler/Schmitz/Geis, TDG, § 8 Rn. 4.

Die Situation ist gut vergleichbar mit dem Einstellen von Angeboten beim Online-Auktionshaus eBay. Auch dort ist der Einstellungsvorgang voll automatisiert, sodass die Betreiberin eBay keine Kenntnis vom Inhalt der einzelnen Angebote hat. Es erfolgt auch keine Prüfung durch eBay, die dazu führen könnte, dass sie sich die Inhalte der Nutzer *zu eigen macht*[346] und somit eigene Informationen i. S. d. § 7 Abs. 1 TMG vorliegen würden. Im Fall von eBay wird mithin davon ausgegangen, dass es sich um fremde Informationen handelt. Die Vorschrift des § 7 Abs. 2 S. 1 TMG findet deshalb Anwendung, sodass für eBay allein durch das Betreiben seines Portals zunächst keine Prüfungspflichten entstehen.[347] Aufgrund der Ähnlichkeit mit eBay in der Behandlung der Informationen seiner Nutzer ist für Share-Hosting-Dienste ebenfalls davon auszugehen, dass es sich bei den hochgeladenen Dateien um fremde Informationen handelt. Allein durch die Bereitstellung eines Web-Speicherdienstes werden somit ebenfalls zunächst keine Prüfungspflichten begründet.[348] Dieser Befund gilt trotz des oben festgestellten Vorliegens eines besonders gefährlichen Vorverhaltens und der damit verbundenen Gefahrerhöhung durch das Betreiben der Plattform.

Die Situation ändert sich allerdings, sobald ein Share-Hoster von Rechteinhabern gemäß § 97a UrhG abgemahnt wird. Bei der Abmahnung wird der Abgemahnte, hier also der Share-Hoster, von einer ihm zugerechneten Rechtsverletzung schriftlich benachrichtigt. Zur Vermeidung eines gerichtlichen Verfahrens wird der Abgemahnte unter Fristsetzung aufgefordert, eine strafbewehrte Unterlassungserklärung abzugeben und somit die Wiederholungsgefahr auszuräumen.[349] Der Rechteinhaber hat zuvor selbst bzw. mithilfe

---

[346] Hierzu näher *Spindler*, in: Spindler/Schmitz/Geis, TDG, § 8 Rn. 5 ff. Ein Zueigenmachen der Information, d. h. die Transformation einer fremden hin zu einer eigenen Information i. S. d. § 7 Abs. 1 TMG, lag im Fall chefkoch.de vor; vgl. BGH Urteil v. 12.11.2009, Az.: I ZR 166/07 (chefkoch.de).

[347] BGH ZUM 2004, 831, 834 – Internetversteigerung I; BGH GRUR 2007, 890, 894 – Jugendgefährdende Medien bei eBay.

[348] In diesem Sinne BGHZ 148, 13, 17 f. – ambiente.de; BGH MMR 2007, 634, 637 – Jugendgefährdende Medien bei eBay.

[349] Vgl. hierzu *Kefferpütz*, in: Wandtke/Bullinger, UrhG, § 97a Rn. 6; *Meckel*, in: Dreyer/Kotthoff/Meckel, UrhG, § 97a Rn. 3 ff. In der Praxis wird für die Abmahnung auch die Bezeichnung *Notice-and-Takedown-Letter* verwendet; vgl. *Nordemann*, in: Fromm/Nordemann, UrhG, § 97 Rn. 161.

von hierauf spezialisierten Unternehmen[350] Rechtsverletzungen aufgespürt und dokumentiert. Dies kann bspw. dadurch geschehen, dass der Rechteinhaber innerhalb eines Forums den Download-Link zu einem seiner Werke ausfindig macht, diesen per Screenshot festhält und dies anschließend dem Share-Hoster mitteilt. Dieser erlangt durch eine solche Benachrichtigung Kenntnis von der Rechtsverletzung. Genauer gesagt, die vertretungsberechtigten Organe des jeweiligen Share-Hosting-Dienstes bzw. ihr Geschäftsführer erhalten Kenntnis, welche sodann gemäß § 31 BGB analog bzw. § 166 BGB zugerechnet wird.[351] Dieser Vorgang spielt sich in ähnlicher Form auch bei anderen großen Host-Providern wie eBay oder YouTube ab und stellt mittlerweile einen täglich stattfindenden Vorgang dar. Die Betreiber dieser Portale werden seitens der Rechteinhaber von eingestellten, das Markenrecht verletzenden Artikeln bzw. urheberrechtsverletzenden Videoclips auf ihrer Plattform in Kenntnis gesetzt und zur umgehenden Löschung aufgefordert. An die Kenntniserlangung sind hierbei keine allzu strengen Maßstäbe anzulegen. Die Information seitens des Rechteinhabers muss lediglich die eigene Aktivlegitimation sowie die Verletzungshandlung darlegen. Beweise sind hingegen nicht erforderlich.[352]

Ab dem Moment der Kenntniserlangung kann sich ein Share-Hoster nicht mehr auf seine medienrechtliche Freistellung von einer inhaltlichen Kontrolle der bei ihm hochgeladenen Datei berufen.[353] Er ist dann gemäß § 10 S. 1 Nr. 2 TMG i. V. m. § 7 Abs. 2 S. 2 TMG dazu verpflichtet, die hinter dem Download-Link stehende Datei zu löschen bzw. den Zugang zu dieser zu sperren.[354] Zusätzlich zu dieser

350 Ein Beispiel ist das in Hamburg ansässige Unternehmen ProMedia GmbH, deren alleiniger Geschäftszweck darin besteht, im Internet begangene Urheberrechtsverletzungen im Bereich Musik zu ermitteln. Weitere Informationen finden sich auf der Homepage des Unternehmens unter www.antipiracy.de (zuletzt aufgerufen am 18.03.2010).

351 Vgl. *Frensch*, in: Prütting/Wegen/Weinreich, BGB, § 166 Rn. 22 f.; *Habemeier*, in: Bamberger/Roth, BGB, § 166 Rn. 15.

352 *Kefferpütz*, in: Wandtke/Bullinger, UrhG, § 97a Rn. 6; *Meckel*, in: Dreyer/Kotthoff/Meckel, UrhG, § 97a Rn. 3; *Nordemann*, in: Fromm/Nordemann, UrhG, § 97 Rn. 161.

353 Auf eBay bezogen: BGH GRUR 2007, 890, 894 – Jugendgefährdende Medien bei eBay.

354 Anders sieht dies der BGH. Die Verpflichtung zur Beseitigung und Unterlassung künftiger Rechtsverletzungen ab dem Moment der Kenntnisnahme entstammt nicht dem TMG. Vielmehr ist der Inanspruchgenommene bereits nach allgemeinem Zivilrecht zur Beseitigung und

Löschungs- bzw. Sperrungsverpflichtung kommen auf einen Share-Hoster ab diesen Moment auf die Zukunft gerichtete Prüfungspflichten zu.[355]

Ab Kenntniserlangung einer Rechtsverletzung sind folglich die Voraussetzungen für das Bestehen einer Prüfungspflicht gegeben. Bis zur Kenntniserlangung gilt hingegen § 7 Abs. 2 S. 1 TMG. Zur Entstehung von Prüfungspflichten muss zum besonders gefährlichen Vorverhalten daher noch die Kenntniserlangung einer Rechtsverletzung hinzutreten.

Von einem etwas anderen Verständnis hinsichtlich der Entstehung der Prüfungspflichten scheint hingegen das LG Frankfurt[356] unter Berufung auf die ambiente-Entscheidung[357] des BGH auszugehen. Demnach bestünden auch für einen Share-Hoster von Beginn an Prüfungspflichten, d. h. bereits dann, wenn dieser noch gar keine Kenntnis einer Rechtsverletzung habe.[358] Solche bereits zu Beginn bestehenden Prüfungspflichten seien dann allerdings *eingeschränkt.* Diese Einschränkung gelte indes nur, wenn der Störungszustand für den als Störer Inanspruchgenommenen nicht ohne Weiteres erkennbar sei. Erst ab dem Zeitpunkt der Kenntniserlangung einer Rechtsverletzung bestünden dann *weitergehende* Prüfungspflichten. Der Unterschied der Sichtweise des LG Frankfurt besteht mithin darin, dass bereits vor Kenntniserlangung der Rechtsverletzung Prüfungspflichten bestehen.

Das LG Frankfurt beruft sich hier allerdings fälschlicherweise auf die ambiente-Entscheidung des BGH bzw. überträgt deren Grundsätze in nicht korrekter Art und Weise. Es ist zuzugestehen, dass eine Vergleichbarkeit zwischen den Diensten der DENIC und denjenigen eines Share-Hosting-Dienstes gegeben ist. Beide stellen ihren Nutzern einen Dienst zur Verfügung, welcher mithilfe eines vollautomatisierten Registrierungs- bzw. Speicherungsverfahrens arbeitet. Von daher leuchtet der Rekurs des LG Frankfurt auf die ambiente-Entscheidung ein. Des Weiteren ist es auch richtig, dass der BGH in

---

damit zur Unterlassung künftiger Rechtsverletzungen verpflichtet vgl. BGH GRUR 2007, 724, 725 – Meinungsforum.

355 BGH MMR 2007, 507, 510; BGH GRUR 2007, 890, 894 – Jugendgefährdende Medien bei eBay.

356 LG Frankfurt am Main ZUM 2008, 996.

357 BGHZ 148, 13, 18 f. – ambiente.de.

358 LG Frankfurt am Main ZUM 2008, 996, 998.

der ambiente-Entscheidung von eingeschränkten Prüfungspflichten spricht. Allerdings sagt der BGH keineswegs, dass solche eingeschränkten Prüfungspflichten bereits vor Kenntniserlangung einer Rechtsverletzung bestehen. Vielmehr heißt es im Urteil wie folgt:

> „[...] Diese eingeschränkten Prüfungspflichten betreffen darüber hinaus nicht die - automatisierte - Erstregistrierung eines Domain-Namens, sondern greifen erst dann ein, wenn die Beklagte darauf hingewiesen wird, dass die eingetragene Domain-Bezeichnung Rechte Dritter verletzt".[359]

Ohne die Norm konkret zu nennen, subsumiert der BGH hier die Voraussetzungen des § 7 Abs. 2 S. 1 TMG. Es wird deutlich, dass auch der BGH in der ambiente-Entscheidung davon ausgeht, dass aufgrund des automatisierten Registrierungsverfahrens für die DENIC zunächst keine Prüfungspflichten bestehen. Dies gilt so lange, bis sie Kenntnis einer klaren Rechtsverletzung erlangt. In aller Deutlichkeit wird diese Aussage vom BGH später wiederholt:

> „Für die Phase der ursprünglichen Registrierung sind der Beklagten [...] keine Prüfungspflichten zuzumuten".[360]

Das Ergebnis des BGH in der ambiente-Entscheidung liegt somit auf einer Linie mit der „Jugendgefährdende Medien bei eBay"-Entscheidung. Sowohl bei eBay als auch bei der DENIC bestehen vor Kenntniserlangung einer Rechtsverletzung nicht eingeschränkte, sondern gar keine Prüfungspflichten.[361]

Zur Vermeidung unnötiger Verwirrung sei hier aber nochmals kurz dargestellt, warum der BGH in der ambiente-Entscheidung mit eingeschränkten Prüfungspflichten arbeitete. Der BGH geht davon aus, dass die DENIC erst ab Kenntniserlangung der Rechtsverletzung Prüfungspflichten nachkommen muss. Diese Prüfungspflichten sind aber eingeschränkt, d. h. gelten nur für diejenigen Fälle, in denen eine Verletzung der Rechte Dritter offenkundig und für die DENIC ohne Weiteres feststellbar ist. Der BGH zählt sodann verschiedene Gründe auf, warum der DENIC diese Privilegierung zugestanden werden müsse. Sie sei schließlich nur eine rein technische Registrierungsstelle ohne rechtliche Fachkenntnis. Zudem stünde ihr lediglich eine begrenzte Anzahl an Mitarbeitern zur Verfügung. Schließlich handele die DENIC ohne Gewinnerzielungsabsicht und erfülle

---

359 BGHZ 148, 13, 18 – ambiente.de.

360 BGHZ 148, 13, 19 – ambiente.de.

361 BGH ZUM 2004, 831, 836 – Internetversteigerung I; BGH GRUR 2007, 890, 894 – Jugendgefährdende Medien bei eBay.

eine im öffentlichen Interesse liegende Aufgabe, welche im Ausland teilweise von staatlichen Stellen erfüllt werde. Es wird offensichtlich, dass der BGH hier die DENIC so gut wie möglich schützen wollte - wohl auch gerade deshalb, weil die DENIC nicht wie private Rechtssubjekte mit anderen Rechtssubjekten am Markt konkurriert. Sie erfüllt eine gemeinnützige, mithin eine andere Funktion als bspw. eBay oder ein Share-Hoster. So hebt der BGH auch ausdrücklich das Allgemeininteresse an einer möglichst schnellen, kostengünstigen und reibungslosen Vergabe von Domains als zusätzlichen Wertungsaspekt hervor.[362]

Insbesondere aus diesem Grund ist Vorsicht dabei geboten, die Grundsätze der ambiente-Entscheidung auf andere Fallkonstellationen, wie bspw. den Fall von Share-Hostern, zu übertragen. Spricht die Gemeinnützigkeit der DENIC somit dafür, dass nach Kenntniserlangung einer Rechtsverletzung lediglich eingeschränkte Prüfungspflichten bestehen, so darf im Umkehrschluss daraus gefolgert werden, dass die Prüfungspflichten bei einem kommerziellen Interesse des Inanspruchgenommenen nach Kenntniserlangung einer Rechtsverletzung gerade nicht eingeschränkt sind, sondern im Gegenteil voll bestehen. Im Rahmen der Bestimmung der Zumutbarkeit wird insbesondere auf das Kriterium der Funktion des Inanspruchgenommenen aber noch zurückzukommen sein.

Das Betreiben eines Web-Speicherdienstes stellt ein besonders gefährliches Vorverhalten und folglich einen Entstehungsgrund für Prüfungspflichten dar. Aufgrund von § 7 Abs. 2 S. 1 TMG greifen diese Prüfungspflichten allerdings erst ab der Kenntniserlangung einer Rechtsverletzung ein. Von diesem Zeitpunkt an bestehen folglich auf die Zukunft gerichtete Prüfungspflichten.[363]

---

362 BGHZ 148, 13, 20 - ambiente.de; hierzu auch *Leistner*, GRUR 2006, 801, 805.

363 OLG Hamburg MMR 2008 823, 824 f.; OLG Köln MMR 2007, 786, 787.

b) Inhalt der Prüfungspflichten

Bestehen somit ab Kenntniserlangung der Rechtsverletzung Prüfungspflichten, so ist nun zu klären, welchen Inhalt diese Prüfungspflichten haben. Im Kern geht es um die Frage, was ein Share-Hoster verhindern muss. Es ist zu entscheiden, ob die Prüfungspflicht lediglich das nochmalige Begehen derselben Rechtsverletzung oder eben zusätzlich die Verhinderung von anderen, ähnlichen Rechtsverletzungen umfasst. Im Anschluss hieran ist im Rahmen der Zumutbarkeit (dazu unten c)) darauf einzugehen, welche konkreten Maßnahmen ein Share-Hoster letztlich erfüllen muss, um seine Prüfungspflichten nicht zu verletzen.

Hinsichtlich der Frage, was der Inanspruchgenommene zur Erfüllung seiner Prüfungspflichten unternehmen muss, ist die allgemeingültige Vorgabe des BGH zu beachten, welcher zufolge nach Kenntniserlangung einer Rechtsverletzung weiteren gleichartigen Rechtsverletzungen vorgebeugt werden muss. Ferner differenziert das Gericht innerhalb der gleichartigen Rechtsverletzung zwischen einer inhalts- und einer personenbezogenen Konzeption.[364]

Diese vom BGH vorgegebene „Definition" der gleichartigen Rechtsverletzung ist nun spezifisch auf den Dienst von eBay bezogen. Es drängt sich die Frage auf, ob diese für Online-Auktionshäuser geltenden Vorgaben auch für Share-Hosting-Dienste herangezogen werden können. Erforderlich wäre eine hinreichende Vergleichbarkeit beider Dienste.

Zunächst fallen jedoch die Unterschiede auf.[365] Augenfällig ist sicherlich das völlig unterschiedliche Geschäftskonzept. Während die Plattform von eBay der Durchführung von Online-Auktionen dient, stellen die Plattformen der Share-Hoster einen reinen Web-Speicherdienst dar. eBay ist ein Vermittlungsservice zwischen Verkäufern und Käufern, mithin ein elektronischer Marktplatz. Es werden für jeden einsehbare Informationen hinterlegt, mit deren Hilfe die jeweiligen Parteien zusammenfinden und ihre Kauf- und Verkaufsgeschäfte abwickeln. Dies ist bei Share-Hostern gerade nicht der Fall. Deren Dienst besteht lediglich darin, dass Nutzer Informationen hinterlegen und diese Informationen mittels des Download-Link anschließend wieder abrufbar sind.

---

364 BGH GRUR 2007, 890, 894 – Jugendgefährdende Medien bei eBay; vgl. hierzu oben 2. Kapitel, B., IV., 3., d).

365 Dies betont das OLG Hamburg MMR 2008, 823, 825.

Von diesen Unterschieden abgesehen, bestehen allerdings auch signifikante Ähnlichkeiten zwischen eBay und den Share-Hosting-Diensten, welche zutage treten, sobald man auf die generelle Funktion der beiden Dienste abstellt. Ähnlichkeiten bestehen nämlich insoweit, als beide Host-Provider i. S. d. § 10 TMG sind. Sie bieten beide ihren Nutzern eine Plattform an, wo diese Nutzer Informationen hinterlegen und speichern können. Für beide Unternehmen gilt auch, dass die Benutzung ihrer Dienste vollautomatisiert ist und sie selbst bzw. ihre Organe von den jeweiligen hinterlegten Informationen der Nutzer keine Kenntnis nehmen. Vereinfacht kann man sagen, dass eBay und die Share-Hoster ihre Tätigkeit darauf beschränken, einen Dienst zur Speicherung von Informationen anzubieten. Diesbezüglich besteht mithin eine wesentliche Ähnlichkeit.

Aufgrund der soeben aufgezeigten Ähnlichkeiten zwischen eBay und den Share-Hosting-Diensten soll nun untersucht werden, inwieweit die Vorgaben aus der „Jugendgefährdende Medien bei eBay“-Entscheidung zur Bestimmung der gleichartigen Rechtsverletzung übertragbar sind bzw. fruchtbar gemacht werden können. Erstens ist zu klären, inwieweit die inhaltsbezogene Konzeption der gleichartigen Rechtsverletzung auf einen Share-Hoster passt (aa)). Zweitens ist die Anwendbarkeit der personenbezogenen Konzeption zu untersuchen (bb)).

aa) Inhaltsbezogene Konzeption der gleichartigen Rechtsverletzung

Nach Erhalt einer Abmahnung und folglich der Kenntniserlangung einer Rechtsverletzung müssen die Share-Hoster betreffende Dateien von ihren Servern löschen – schließlich besteht nach Kenntniserlangung eine Verpflichtung hierzu gemäß § 10 S. 1 Nr. 2 TMG.[366] Hinsichtlich der ab diesem Moment einsetzenden Prüfungspflichten müsste der Share-Hoster dafür Sorge tragen, dass keine inhaltlich gleichartige Rechtsverletzung mehr eintritt. Das Äquivalent zum rechtsverletzenden jugendgefährdenden Medium im eBay-Fall wäre hier das öffentlich-zugänglich gemachte Werk, welches in der Abmahnung benannt ist. Der Share-Hoster müsste von nun an dafür sorgen, dass dieses Werk nicht mehr über seine Server öffentlich zugänglich gemacht wird, und zwar von niemandem, also weder von demjenigen Nutzer, der das Werk beim ersten Mal hochgeladen hatte, noch von einem anderen Nutzer der Plattform.

---

366 Vgl. BGH ZUM 2004, 831, 836 – Internetversteigerung I.

Bereits bei diesem Erfordernis besteht allerdings ein Problem. Der Betreiber des Share-Hosting-Dienstes müsste das betreffende Werk quasi komplett „aus seinem Programm nehmen" und dafür sorgen, dass es von niemandem mehr hochgeladen würde. Der Share-Hoster müsste vor dem Upload und somit bereits vor der Vergabe des Download-Link eingreifen, denn nach dem Upload besteht für ihn keine Möglichkeit der Kontrolle mehr über die Verwendung des Download-Link. Eine derartige Verpflichtung zur vollständigen Sperrung eines bestimmten Werkes würde allerdings einen nicht unerheblichen Kollateralschaden für alle anderen Nutzer der Plattform nach sich ziehen, welche das dann indizierte Werk ebenfalls nicht mehr hochladen könnten.

Die Verpflichtung zur Sperrung/Löschung würde zugegebenermaßen Sinn ergeben, wenn andere Nutzer beabsichtigten, den Download-Link der Datei später zu verbreiten. Sie würden von vornherein in ihrem Ansinnen gestoppt. Allerdings würden andere Nutzer, welche das in der Abmahnung genannte Werk aus anderen Gründen bei einem Share-Hoster hinterlegen möchten, ebenso hieran gehindert. Wie oben bereits angesprochen, stellt der Vorgang des Hochladens auch einer urheberrechtlich geschützten Datei unter den Voraussetzungen von § 53 Abs. 1 S. 1 UrhG keine Rechtsverletzung dar. Es sind in diesem Sinne Konstellationen denkbar, in denen ein Nutzer eine urheberrechtlich geschützte Datei bei einem Share-Hoster hochladen möchte. Zum einen ist die Anfertigung einer Sicherheitskopie denkbar. Hiergegen lässt sich freilich einwenden, dass es keinen Anlass gebe, ein geschütztes Werk im Internet speichern zu müssen. Ein Nutzer könne hierzu auch eine CD oder einen USB-Stick verwenden. Der Vorteil der Share-Hosting-Dienste liegt allerdings gerade darin, dass sie eine neue, weitere Möglichkeit zur Datensicherung anbieten. Sie kommen insbesondere dann in Betracht, wenn ein Rechner bspw. kein optisches Laufwerk hat bzw. ein USB-Stick gerade nicht verfügbar ist. Hinzu kommt, dass ein Nutzer, der bspw. Musikstücke bei einem Share-Hoster hochgeladen hat, auf diese von jedem Ort aus zugreifen kann, sofern er einen Internetanschluss hat. Dieser Vorteil besteht gerade nicht bei physischen Speichermedien.

Zum anderen ist es vorstellbar, dass der Nutzer den Download-Link nicht der gesamten Internetgemeinde zur Verfügung stellen möchte, sondern lediglich einigen seiner Freunde. Sicherlich besteht Uneinigkeit hinsichtlich der Frage, ob im Rahmen der Privatkopie sieben oder lediglich zwei Vervielfältigungen angefertigt werden dürfen.[367] Auf jeden Fall könnte sich der Nutzer aber, wenn er den Download-Link bspw. per E-Mail an zwei seiner Freunde verschickt, grundsätzlich auf die Schranke der Privatkopie aus § 53 Abs. 1 S. 1 UrhG berufen. Es läge dann eine legale Nutzung vor. Wären die Share-Hoster dazu verpflichtet, das Hochladen eines geschützten Werkes ausnahmslos zu unterbinden, nur weil zuvor ein anderer Nutzer den Download-Link öffentlich zugänglich gemacht hat, so wäre diese legale Nutzung nicht mehr möglich. Denkt man diesen Mechanismus zu Ende, führte dies letztlich dazu, dass überhaupt keine Datei mit geschütztem Inhalt mehr bei Share-Hosting-Diensten hochgeladen werden könnte.

Ein derartiger Kollateralschaden ist bei eBay hingegen nicht zu befürchten, denn die Verpflichtung zur Sperrung der indizierten Angebote besteht für eBay nur insoweit, als durch technische oder sonstige Sicherheitsvorkehrungen nicht sichergestellt ist, dass kein Versand der jugendgefährdenden Artikel an Kinder und Jugendliche erfolgt.[368] eBay muss also nicht den Vertrieb von jugendgefährdenden Artikeln an Erwachsene unterbinden. Dadurch wird das Unternehmen folglich auch nur verpflichtet, den illegalen Vertrieb über seine Plattform einzustellen. Der legale Vertrieb jugendgefährdender Medien (der Vertrieb an Erwachsene) bleibt weiterhin möglich, sodass kein Kollateralschaden entsteht. Diese Konstellation des legalen Vertriebs ist bei eBay ausdrücklich von den Prüfungspflichten ausgenommen.[369]

Eine solche Möglichkeit der Differenzierung besteht im Falle der Share-Hoster mangels Erkennbarkeit der Intention des Nutzers im Moment des Hochladens einer Datei allerdings nicht.[370] Den Share-Hosting-Diensten ist es gerade nicht möglich, das Hochladen eines Werkes dann zu unterbinden, wenn der jeweilige Nutzer beabsichtigt, den Download-Link im Nachhinein öffentlich zugänglich zu

---

367 Während der BGH von sieben Exemplaren ausgeht (vgl. BGH GRUR 1978, 474, 476 – Vervielfältigungsstücke), werden in der Literatur lediglich zwei bzw. drei Exemplare als vom Wortlaut „einzelne Vervielfältigungen" gedeckt angesehen; vgl. hierzu: *Loewenheim*, in: Schricker, UrhG, § 53 Rn. 14; *Dreyer*, in: Dreyer/Kotthoff/Meckel, UrhG, § 53 Rn. 29; *Nordemann*, in: Fromm/Nordemann, UrhG, § 53 Rn. 13, jeweils m. w. N.

368 BGH GRUR 2007, 890, 895 – Jugendgefährdende Medien bei eBay.

369 BGH GRUR 2007, 890, 895 – Jugendgefährdende Medien bei eBay.

370 So auch *Raitz v. Frentz/Masch*, ZUM 2007, 930, 931.

machen. Schließlich ist die wahre Intention des jeweiligen Nutzers, d. h., was dieser anschließend mit dem Download-Link machen möchte, für niemanden erkennbar. Das Hochladen eines geschützten Werkes kann nur komplett für alle Nutzer unterbunden werden, oder das Hochladen bleibt für alle Nutzer weiterhin möglich. Es muss somit bei einer Übertragung der inhaltsbezogenen Konzeption aus der „Jugendgefährdende Medien bei eBay"-Entscheidung berücksichtigt werden, dass die Sperrung eines in der Abmahnung genannten Werkes zwar effektiv weitere Rechtsverletzungen verhindern, allerdings auch einen nicht unwesentlichen Kollateralschaden mit sich bringen würde. Ob eine derartige Verhinderung inhaltlich gleichartiger Rechtsverletzungen den Share-Hosting-Diensten als Prüfungspflicht auferlegt werden kann, ist letztlich eine Frage der Zumutbarkeit. Dort wird auf diese Frage zurückzukommen sein.

bb) Personenbezogene Konzeption der gleichartigen Rechtsverletzung

Wie soeben gesehen, bereitet die Anwendung der zu eBay ergangenen Rechtsprechung im Falle von Share-Hosting-Diensten Schwierigkeiten. Es ergeben sich bei der Übertragung der inhaltsbezogenen Konzeption der gleichartigen Rechtsverletzung weitere Fragen, welche erst im Rahmen der Zumutbarkeit gelöst werden können. Ob sich das gleiche Problem auch bei der personenbezogenen Konzeption der gleichartigen Rechtsverletzung stellt, wird nun untersucht.

Für eBay gilt, dass nach Kenntniserlangung der Rechtsverletzung sicherzustellen ist, dass es zu keiner personenbezogenen gleichartigen Rechtsverletzung mehr kommt – es muss verhindert werden, dass derselbe Versteigerer auf demselben Trägermedium Inhalte derselben jugendgefährdenden Kategorie anbietet.[371] Die Übertragung dieses für eBay geltenden Grundsatzes auf die Share-Hosting-Dienste birgt ebenso wie die inhaltsbezogene Komponente Schwierigkeiten. Es würde bedeuten, dass die Share-Hoster dafür Sorge tragen müssten, dass ein Nutzer, der eine geschützte Datei hochgeladen und den Download-Link anschließend verbreitet hat, in Zukunft keine weiteren Dateien *derselben Kategorie* hochlädt.

Hierbei ergeben sich zwei Probleme. Erstens setzt diese Vorgabe voraus, dass jeder Nutzer dem jeweiligen Share-Hoster auch bekannt ist. Das ist aber gerade aufgrund der anonymen Nutzbarkeit

---

371 BGH GRUR 2007, 890, 895 – Jugendgefährdende Medien bei eBay.

der Dienste in der derzeitigen Form nicht der Fall. Eine Registrierung ist für die Nutzer bei den meisten Anbietern möglich (bei Rapidshare bspw. in Gestalt eines *Collector's Account*), aber nicht erforderlich. Vielmehr besteht die Möglichkeit, völlig anonym eine Datei hochzuladen und den jeweiligen Download-Link zu erhalten, ohne irgendwelche Daten beim Share-Hoster zu hinterlassen. Zweitens stellt sich die Frage, was unter den Begriff *derselben Kategorie* zu fassen ist.

Das erstgenannte Problem lässt sich nur lösen, indem die Share-Hosting-Dienste eine Registrierungspflicht für alle Nutzer einführen und eine anonyme Nutzung ihrer Dienste unterbunden wird. Nur mit einer flächendeckenden Registrierung wären die Share-Hoster in der Lage, das Verhalten eines jeden Nutzers aktiv zu kontrollieren und rechtsverletzende Handlungen eines bestimmten Nutzers zu verhindern. Es bleibt zu untersuchen, ob eine derartige Registrierungspflicht den Anbietern auch als Prüfungspflicht auferlegt werden kann. Diese Frage ergibt sich daraus, dass eine anonyme Nutzung gegebenenfalls ein wesentliches Merkmal des Dienstes darstellt, welches einen Share-Hosting-Dienst von einem anderen Wettbewerber unterscheidet und somit Teil des Geschäftskonzepts ist. Auch ist unklar, wie eine Registrierung konkret ausgestaltet sein müsste. Einerseits könnte es ausreichen sein, wenn ein Nutzer lediglich eine E-Mail-Adresse inklusive Passwort hinterlegt. Andererseits könnte man persönliche Angaben wie Vor- und Zuname, Adresse und Geburtsdatum fordern. Hier kämen eventuell zusätzliche Kosten und ein zusätzlicher Verwaltungsaufwand auf die Share-Hoster zu, wenn man zudem verlangen würde, dass sie die eingegebenen Daten ihrer Nutzer verifizierten. Schließlich könnte sich ein Problem daraus ergeben, dass die Erhebung personenbezogener Bestandsdaten von Nutzern nicht mit den Vorschriften der §§ 13 Abs. 6, 14 TMG vereinbar ist.[372] Ebenso wie für die inhaltsbezogene Konzeption der gleichartigen Rechtsverletzung hängen die aufgeworfenen Fragen letztlich davon ab, was den Share-Hosting-Diensten zugemutet werden kann. Darauf wird sogleich im Rahmen der Zumutbarkeit zurückzukommen sein.

Auch die zweite Problematik, wie das Merkmal derselben Kategorie auf die Share-Hoster übertragen werden kann, wird im Rahmen der Zumutbarkeit zu entscheiden sein. Schließlich kann man das Merk-

---

372 Hierauf hinweisend *Breyer*, MMR 2009, 14, 16.

mal im Sinne einer engen Auslegung so auffassen, dass unter derselben Kategorie lediglich alle weiteren, nicht in der Abmahnung genannten Werke desselben Interpreten zu verstehen sind. Man könnte das Merkmal aber auch weit auslegen, sodass von derselben Kategorie bspw. alle Musiktitel umfasst sind, egal von welcher Band oder welchem Interpreten. Im letzteren Fall würde ein Share-Hoster seine Prüfungspflichten bereits dann verletzen, wenn ein beliebiger urheberrechtlich geschützter Musiktitel über seine Plattform öffentlich zugänglich gemacht würde. Denkbar wäre u. a., alle Dateien des gleichen Formats, bspw. mp3-Dateien, als inbegriffen anzusehen. Erfasst wären dann neben Musiktiteln auch andere Dateiarten, bspw. Hörbücher.

Die verschiedenen Auslegungsmöglichkeiten ergeben sich aus der unterschiedlichen Sachlage bei eBay und den Share-Hosting-Diensten. Im Falle von eBay gibt es für alle als jugendgefährdend eingestuften Medien eine abgeschlossene Liste der Bundesprüfstelle[373]. Es stellt sich für eBay also nicht die Frage, wie eine Kategorie zu definieren ist - es genügt ein Blick in die betreffende Liste, um zu wissen, welche Artikel gesperrt werden müssen. Anders ist dies hingegen bei den Share-Hostern, da es hier keine Vorgabe zur Kategorieneinteilung gibt. Eine Sperrung des Hochladens jeglicher Musikwerke wäre, von der Frage der technischen Realisierbarkeit eines derartigen Filters abgesehen, eine sehr weit reichende Maßnahme. Eine Prüfungspflicht dahingehend, dass ein Hochladen der Musikwerke desselben Interpreten unterbunden würde, wäre weniger einschneidend. Die Beantwortung der Frage, was im Falle eines Share-Hosting-Dienstes unter derselben Kategorie zu verstehen ist, muss folglich im Rahmen der Zumutbarkeit entschieden werden.

Zusammenfassend ist zu sagen, dass ähnlich wie für eBay davon auszugehen ist, dass der Inhalt der Prüfungspflichten darin besteht, gleichartige Rechtsverletzungen zu verhindern. Es verbleiben allerdings letztlich doch erhebliche Interpretationsspielräume hinsichtlich der Frage, wann eine gleichartige Rechtsverletzung vorliegt. Inwiefern die für eBay geltende, weiter gehende Differenzierung in inhalts- und personenbezogene gleichartige Rechtsverletzungen übertragen werden kann und welche konkreten Vorkehrungsmaß-

---

373 Bundesprüfstelle für Jugendgefährdende Medien, Homepage abrufbar unter www.bundespruefstelle.de, zuletzt aufgerufen am 06.04.2010.

nahmen den Share-Hostern im Detail aufzuerlegen sind, hängt maßgeblich davon ab, was man ihnen zumuten kann.

c) Zumutbarkeit der Prüfungspflichten

In diesem Abschnitt geht es nun um die Frage, was von den Share-Hosting-Diensten konkret als Prüfungspflicht verlangt bzw. zugemutet werden kann. Hierzu ist eine Abwägung zwischen den berechtigten Interessen der Rechteinhaber an einer Vermeidung weiterer gleichartiger Rechtsverletzungen und den berechtigten Interessen des Plattformbetreibers an einer weiterhin wirtschaftlich sinnvollen Geschäftstätigkeit, die im Einklang mit der Rechtsordnung steht, erforderlich.[374]

aa) Grad der Gefahr

Der Grad der Gefahr für das betroffene Rechtsgut entspricht der Wahrscheinlichkeit des Schadenseintritts. Es stellt sich die Frage, wie groß die Gefahr für den Rechteinhaber eines Werkes ist, dass Nutzer Download-Links hierzu in Link-Sammlungen veröffentlichen. Je größer die Gefahr für das Urheberrecht ist, desto mehr spricht dies für die Annahme strengerer Prüfungspflichten. Dadurch, dass sich die verschiedenen Link-Sammlungen in ihrer Popularität stark unterscheiden, hängt die Gefahr für das Urheberrecht nicht unwesentlich davon ab, in welcher Link-Sammlung ein Download-Link veröffentlicht wird. Je populärer eine Link-Sammlung ist, desto mehr Nutzer greifen auf sie zu und desto höher ist die Wahrscheinlichkeit, dass sich zumindest einer der Nutzer die Datei herunterlädt bzw. dass sich Tausende Nutzer die Datei herunterladen. Aber selbst wenn die Veröffentlichung in einer eher unbekannten, von weniger Internetnutzern frequentierten Link-Sammlung erfolgt, besteht auch in einem solchen Fall ein hohes Risiko und somit eine erhebliche Gefahr für das Urheberrecht des Rechteinhabers. Man muss sich vergegenwärtigen, dass ab dem Zeitpunkt der Veröffentlichung faktisch die gesamte Internetgemeinde Zugriff auf den Download-Link und somit auf die geschützte Datei hat. Diese potenzielle Gefahr ist entscheidend. Jeder Internetnutzer kann die jeweilige Seite der Link-Sammlung aufrufen und den Download-Link aktivieren. Hinzu kommt, dass eine Link-Sammlung innerhalb weniger Tage enorm an Popularität gewinnen kann. Der Art des Dienstes, den die Share-Hoster darstellen, ist daher eine nicht unwesentli-

---

[374] LG Hamburg ZUM 2009, 863, 869; OLG Hamburg MMR 2008, 823, 825.

che Gefahrgeneigtheit zu attestieren. Sie bieten die Möglichkeit, anonym und ohne nennenswerten Aufwand urheberrechtlich geschützte Dateien öffentlich zugänglich zu machen. In ihrer derzeitigen Ausgestaltung sind diese Dienste zu Zwecken des illegalen File-Sharing somit sehr attraktiv. Unabhängig davon, ob ein Download-Link letztlich in einer populären oder weniger bekannten Link-Sammlung veröffentlicht wurde, muss der Grad der Gefahr einer Rechtsverletzung durch den Missbrauch einer Share-Hosting-Plattform als signifikant eingestuft werden. Der Grad der Gefahr für das Urheberrecht spricht somit für strenge, intensive Prüfungspflichten.

bb) Funktion und Aufgabenstellung

Hinsichtlich der Funktion und Aufgabenstellung ist im Sinne der ambiente-Rechtsprechung davon auszugehen, dass je neutraler der Dienst einzuschätzen ist, desto weniger einschneidend die Prüfungspflichten festzusetzen sind. Neutral in diesem Sinne ist die Zurverfügungstellung eines Dienstes oder einer Technologie, welche einen legalen Nutzungszweck hat, die dann allerdings von Dritten zu rechtsverletzenden Zwecken eingesetzt wird. Je mehr sich Share-Hosting-Dienste auf das reine Anbieten von Speicherplatz beschränken, desto neutraler ist ihre Funktion anzusehen.

Umgekehrt spricht für die Annahme strengerer Prüfungspflichten eine aktive Rolle - eine solche ist gegeben, wenn ein Share-Hoster bspw. seinen Nutzern Rechtsverletzungen nahelegt und somit deren eigenverantwortliches Handeln begünstigt oder dazu verleitet.[375] Als Beispiel für eine aktive Rolle kann auf die Internetversteigerung-I- und -II-Entscheidungen verwiesen werden. eBay biete zwar an sich eine neutrale Plattform zum Einstellen von Artikeln an, so der BGH. Dadurch jedoch, dass eBay aufgrund der bei jedem Verkauf anfallenden Provision wirtschaftlich von markenrechtsverletzenden Artikeln profitiere, sei der Vertrieb derartiger Artikel für eBay von Vorteil.[376] Man kann somit durchaus ein Interesse daran unterstellen, gegen Markenrechtsverletzungen nicht einzuschreiten. Schließlich erhält das Unternehmen für jeden verkauften Artikel eine Provision. Dieser Befund sorgt dafür, dass eBay auch Elemente eines aktiven Störers aufweist und dies somit für strengere Prüfungspflichten spricht. Gleiches gilt für den Softwarehersteller, der

---

375 Hierzu auch *Leistner*, GRUR 2006, 801, 805; *Ahrens*, in: FS Canaris, 3, 18.

376 *Leistner*, GRUR 2006, 801, 805.

sein Produkt damit bewirbt, dass der Nutzer zu Urheberrechtsverletzungen regelrecht herausgefordert und animiert wird.[377] Auch in einem solchen Fall ist von einer aktiven Rolle und somit von strengen Prüfungspflichten des Inanspruchgenommenen auszugehen.

Keinen Vorteil durch eine Rechtsverletzung seiner Kunden hat hingegen bspw. ein Presseunternehmen, wenn es eine markenrechtsverletzende Anzeige abdruckt.[378] Schließlich erhält es, anders als eBay, keine Provision für den anschließenden Verkauf der Ware, sodass man hier von einem durchweg neutralen Dienst sprechen kann. Das Presseunternehmen erhält einmalig den Preis für die Platzierung der Anzeige. Inwieweit die Anzeige spätere Verkäufe des werbenden Unternehmens beeinflusst, ist für das Presseunternehmen belanglos. In der Konsequenz spricht diese neutrale Stellung des Presseunternehmens für geringere Prüfungspflichten.

Zur Funktion und Aufgabenstellung der Share-Hosting-Dienste lässt sich konstatieren: Die Zurverfügungstellung ihrer Plattform und des automatisierten Upload-Verfahrens sind zunächst als eine neutrale Handlung einzustufen. Diese Betrachtung ändert sich nicht dadurch, dass zuvor als Entstehungsgrund für die Prüfungspflichten die Zurverfügungstellung der Plattform als ein besonders gefährliches Vorverhalten qualifiziert wurde. Allein die Tatsache, dass Prüfungspflichten entstehen, spricht für sich allein gesehen noch nicht für die Annahme einer aktiven, Rechtsverletzungen Dritter unterstützenden Handlung.

Die Share-Hosting-Dienste bieten ihren Nutzern an, jede Art von Datei auf ihren Servern zu speichern, ganz gleich, ob es sich um urheberrechtlich geschützte Dateien handelt oder nicht. Der Prozess des Hochladens ist automatisiert, sodass sie vom Inhalt der Dateien keine Kenntnis erlangen. Der vertrauliche Umgang der von Nutzern hinterlegten Dateien bildet darüber hinaus einen Eckpfeiler des Geschäftskonzepts.[379] Insoweit ist das Anbieten dieser Dienste neutral. Diese Betrachtung ändert sich, wenn Share-Hoster, ähnlich wie eBay, von Rechtsverletzungen ihrer Nutzer profitieren und dieses Verhalten in irgendeiner Weise zu ihren eigenen Gunsten beeinflus-

---

377 Diese Konstellation entspricht BGH MMR 2009, 625 – Cybersky; vgl. hierzu oben 2. Kapitel, B., IV., 3., b).

378 BGH GRUR 1999, 418 – Möbelklassiker.

379 OLG Köln MMR 2007, 786, 787.

sen. Dann würden sie eine aktive Funktion übernehmen und in der Folge strengeren Prüfungspflichten unterliegen.

In dieser Hinsicht ist zum einen das System der Erzielung von Bonuspunkten zu nennen.[380] Hierbei erhalten registrierte Nutzer Bonuspunkte für jeden Download einer von ihnen beim Share-Hoster hinterlegten Datei. Die so erworbenen Punkte können dann bspw. zur Verlängerung oder Eröffnung von neuen Benutzerkonten eingetauscht werden. Hierdurch setzen die Share-Hoster einen Anreiz für die Nutzer, Dateien hochzuladen und die Download-Links anschließend öffentlich zugänglich zu machen. Es erklärt sich von selbst, dass gerade urheberrechtlich geschützte Dateien, welche ansonsten käuflich erworben werden müssten, eine höhere Nachfrage versprechen als Dateien, welche ohnehin auch an anderer Stelle im Internet frei verfügbar sind. Ein Nutzer bspw., welcher den Download-Link zu einem ungeschützten Musikwerk veröffentlicht, wird mit nicht besonders vielen Downloads rechnen können, wenn die Datei auf der Webpage des Interpreten frei verfügbar ist.[381] Anders hingegen verhält sich die Situation bei einer erst kürzlich auf den Markt gebrachten „Single". Wird der jeweilige Download-Link einer hinterlegten Datei öffentlich zugänglich gemacht, ist in der Folge mit einer hohen Anzahl von Downloads zu rechnen. Man könnte folglich argumentieren, dass die Share-Hosting-Dienste zumindest indirekt einen Anreiz dafür setzen, dass gerade Download-Links von urheberrechtlich geschützten Dateien veröffentlicht werden.[382]

Direkt profitiert vom System der Bonuspunkte natürlich zunächst der einzelne Nutzer, der eine Datei hochlädt, soweit diese Datei anschließend von anderen Internetnutzern heruntergeladen wird. Durch das Punktesystem profitieren aber auch die Share-Hoster.

---

380 Beim Share-Hoster Rapidshare werden diese Bonuspunkte als *RapidPoints* bezeichnet; vgl. 1. Kapitel, B.

381 Vgl. bspw. die Homepage der Gruppe Metallica unter www.metallica.com, auf welcher unter der Rubrik „Downloads" zahlreiche Musikstücke und Videos heruntergeladen werden können. Die Homepage wurde am 14.03.2010 das letzte Mal aufgerufen.

382 Allerdings sind auch Konstellationen denkbar, in denen private, nicht geschützte Dateien eine große Nachfrage bei Rapidshare erhalten können. Beispielsweise lässt sich das Interesse an einem ungeschützten, privaten Videoclip durch eine vorherige Veröffentlichung bei YouTube steigern. Der Videoclip kann auf diese Weise bekannt gemacht werden. Erreicht besagter Videoclip hohe Aufrufquoten und wird er sodann über die Plattform von Rapidshare öffentlich zugänglich gemacht, so ist auch in einem solchen Fall mit zahlreichen Downloads zu rechnen.

Zum einen sorgen die Punkte für eine Kundenbindung der Nutzer, da diese durch deren Einlösung Nutzungsentgelte sparen können. Zum anderen besteht insbesondere bei anonymen Nutzern die Möglichkeit, Werbung einzublenden.

Wie bei vielen anderen Anbietern im Internet ist also auch das Interesse der Share-Hosting-Dienste in erster Linie ein rein finanzielles. Je mehr Nutzer vom Dienst Gebrauch machen, desto mehr profitieren sie in Form von Werbeeinnahmen. Die Verfolgung finanzieller Interessen ist an sich nicht zu beanstanden; ganz im Gegenteil, sie ist Teil unserer freien Wirtschaftsordnung. Allerdings ist die Gewinnerzielungsabsicht ein wichtiger Punkt, in dem sich die Share-Hoster bspw. von der in der ambiente-Entscheidung beklagten und als neutral einzustufenden DENIC unterscheiden. Die DENIC arbeitet gemeinnützig, nimmt also eine im Interesse sämtlicher Internetnutzer liegende Aufgabe wahr.

Einen weiteren Hinweis darauf, dass die Share-Hoster daran interessiert sind, eine rege Nutzung ihrer Plattform zu erreichen, zeigen die Betreiber in Gestalt ihrer Eigenbeschreibungen. Auf der Startseite von www.rapidshare.com heißt es bspw. wie folgt:

> "Share your files for free. 1. Select file and click the upload button, 2. Share download link".[383]

Es wird also ausdrücklich als Bestandteil der Nutzung der Plattform suggeriert, den Download-Link der gespeicherten Datei anschließend zu verteilen. Die Verbreitung hochgeladener Dateien ist daher nicht unerwünscht, sondern gerade gewollt. Ob man allerdings so weit gehen kann wie das LG Düsseldorf[384], welches aus der Eigenbeschreibung des Dienstes die Schlussfolgerung zieht, der Share-Hoster verfolge eine „massenhafte Verbreitung über den kleinen Bekanntenkreis hinaus", ist fraglich. Die o. g. Eigenbeschreibung besagt ausdrücklich nur „[…] 2. Download-Link verteilen". Es heißt nicht „[…] 2. Download massenhaft verteilen" oder „[…] 2. Download-Link über den Bekanntenkreis hinaus verteilen". Man muss daher feststellen, dass die Eigenbeschreibung auf der Homepage in neutraler Art und Weise die Nutzungsform des Dienstes beschreibt - bspw. das Hochladen eines privaten, nicht urheberrechtlich geschützten Urlaubsvideos und die anschließende Vertei-

---

383 Vgl. hierzu die Homepage von Rapidshare unter www.rapidshare.com, zuletzt aufgerufen am 20.04.2010; dazu auch LG Düsseldorf, ZUM 2008, 338, 339.

384 LG Düsseldorf ZUM 2008, 338, 342.

lung des Download-Link an eine Handvoll ausgewählter Freunde. Natürlich umfasst die Eigenbeschreibung auch das Hochladen einer urheberrechtlich geschützten Datei und die anschließende Verbreitung des Download-Link in einer Link-Sammlung. Man wird bei rein objektiver Betrachtung in der Eigenbeschreibung allerdings keine Aufforderung oder Ermutigung der Kunden zur massenhaften Verbreitung von geschützten Dateien sehen können. Es wird lediglich die Funktionsweise in neutraler Art und Weise beschrieben. Gerade hierin liegt ein wesentlicher Unterschied zur Eigenbeschreibung eines Vertriebspartners des Softwareherstellers in der Cybersky-Entscheidung[385], welcher direkt auf den möglichen urheberrechtswidrigen Gebrauch seines Produktes hinwies und diesen sogar bewarb. Man wird den Share-Hostern durch eine wie oben gefasste Eigenbeschreibung kein direktes Auffordern zur Rechtsverletzung unterstellen können.

Nach alledem kommt es darauf an, welchen Aspekt man stärker gewichtet: die neutrale, keine Aufforderung zu Rechtsverletzungen beinhaltende Eigenbeschreibung eines Share-Hoster oder die auf Gewinnerzielung gerichtete – auch von urheberrechtswidrigem Nutzerverhalten profitierende und letztlich dieses durch einzelne Maßnahmen (Bonuspunkte) fördernde – Geschäftspolitik des Unternehmens. Hier wird für den zweitgenannten Aspekt und damit für eine Intensivierung der Prüfungspflichten unter dem Gesichtspunkt der Funktion und Aufgabenstellung der Share-Hoster votiert.

cc) Sozialwert der Handlung

Eng mit der Funktion des Inanspruchgenommenen hängt auch der Sozialwert der Handlung zusammen. Hierunter ist die private und gemeinschaftliche Nützlichkeit einer Handlung im Sinne der bestehenden Verkehrsanschauung zu verstehen,[386] wobei hier als Handlung das Anbieten des Web-Speicherdienstes durch die Share-Hoster zu sehen ist. Konkret stellt sich die Frage, welchen sozialen Nutzen bzw. welchen sozialen Wert die von den Share-Hostern erbrachte Dienstleistung hat. Es ist darauf einzugehen, inwieweit sie einen wesentlichen Fortschritt darstellen, sowie auch darauf, welche

385 BGH MMR 2009, 625 – Cybersky. Wörtlich hieß es in der Eigenbeschreibung des beklagten Softwareherstellers: *„Wenn also das normale TV nichts mehr zu bieten hat, reicht ein Knopfdruck auf die Fernbedienung und ‚kostenloses Pay-TV' steht bereit."*

386 Vgl. 3. Kapitel, D., III., 2.

negativen Auswirkungen es hätte, würde man Dienstleistungen wie den Web-Speicherdienst einstellen.

Die von den Share-Hosting-Diensten erbrachte Dienstleistung hält neben der Möglichkeit zur missbräuchlichen Nutzung substanzielle legale Nutzungsmöglichkeiten bereit.[387] Aufgrund der Kapazitätsgrenzen von E-Mail-Diensten bieten sie eine taugliche Alternative zum Versenden größerer Dateien. Hierbei kann es sich um Bilder, Power-Point-Präsentationen oder kleinere, selbstgedrehte Videoclips handeln, welche aufgrund ihrer Größe einer E-Mail nicht angehängt werden können. Es besteht zudem die Möglichkeit, auf den Servern der Share-Hoster Sicherheitskopien zu hinterlegen, wenn gerade kein externes Speichermedium verfügbar ist. Sowohl für die geschäftliche als auch die private Nutzung bietet das Prinzip des Share-Hosting daher einen nicht nur praktischen, sondern derzeit sogar einzigartigen Dienst zur Verbreitung von Informationen über das Internet an.[388] Eine alternative Technologie bzw. ein alternatives, gleich effizientes Geschäftskonzept zur Verbreitung von Informationen fehlt bislang. Der Gebrauch von File-Sharing-Systemen wie *KaZaA, Gnutella* oder *BitTorrent* bietet keinen adäquaten Ersatz. Zwar sind über diese P2P-Netzwerke Dateien schnell über das Internet zu verteilen. Allerdings ist eine Datei in einem P2P-Netzwerk stets auch allen anderen Nutzern des Netzwerks zugänglich. Möchte eine Person eine Datei lediglich einem abgrenzbaren Personenkreis zugänglich machen, erweist sich ein P2P-Netzwerk als ungeeignet. Eine gezielte Verteilung ist damit gerade nicht möglich. Durch die Nutzung von Share-Hostern hingegen lässt sich die Verteilung des Download-Link an einen ausgewählten Personenkreis gewährleisten. Deshalb ist ihre Nutzung die derzeit schnellste und effizienteste Möglichkeit zur *gezielten* Verteilung einer für den E-Mail-Versand zu großen Datei über das Internet.

Hinzu kommt der gesellschaftliche Wert von Share-Hosting-Diensten im Rahmen der Weitergabe von Informationen, die der Meinungsbildung dienen. So können Aufzeichnungen von Privatpersonen über Ereignisse der Zeitgeschichte angeboten oder Belege für Missstände weitergegeben werden, ohne über E-Mail-Daten

---

387 OLG Köln MMR 2007, 786, 787; OLG Düsseldorf MMR 2010, 483, 484. Der Share-Hoster Rapidshare selbst geht davon aus, dass sein Dienst zu rechtswidrigen Zwecken missbraucht wird – allerdings liege der Anteil einer derartigen rechtswidrigen Nutzung seiner Server im niedrigen einstelligen Bereich; vgl. LG Hamburg ZUM 2009, 863, 865.

388 In diesem Sinne auch OLG Düsseldorf MMR 2010, 483, 484.

identifizierbar zu sein. In diesem Sinne lässt sich in grundrechtlicher Dimension argumentieren, dass die Institution des Share-Hosting für ein wesentliches Element der freiheitlich-demokratischen Grundordnung, das Grundrecht der Meinungsfreiheit, förderlich sein kann.[389] Insgesamt sind daher zahlreiche legale und vor allem auch gesellschaftlich wertvolle Nutzungsmöglichkeiten vorhanden.

Es wird ersichtlich, dass das Share-Hosting eine wichtige technische Errungenschaft darstellt. Man wird daher von einem relevanten sozialen und gesellschaftlichen Wert der Tätigkeit des Share-Hosting sprechen können. Dieser Wert spricht dafür, die Prüfungspflichten nicht übermäßig streng zu formulieren.

Dafür, dass die Beachtung des sozialen Wertes der infrage gestellten Tätigkeit keine deutsche Eigenheit darstellt, sondern ein auch in anderen Rechtsordnungen relevantes Kriterium ist, zeigt ein rechtsvergleichender Blick auf die Rechtsprechung des amerikanischen Supreme Court.

In der für die urheberrechtliche Sekundärhaftung richtungsweisenden Betamax-Entscheidung[390] hatte der Supreme Court über die Verantwortlichkeit des Herstellers von Videorekordern für seitens der Nutzer begangene Urheberrechtsverletzungen zu entscheiden. Das Gericht führte aus, dass eine sogenannte *contributory infringement*[391] nur dann angenommen werde könne, sofern es für das infrage stehende Produkt (hier der Videorekorder Betamax) keine

389 Hierzu mit weiteren Beispielen *Breyer*, MMR 2009, 14.

390 *Sony Corp. of America* v. *Universal City Studios, Inc.*, 464 U.S. 417 (1984), abrufbar auf der Homepage der Cornell Law School unter http://www.law.cornell.edu/copyright/cases/464_US_417.htm, zuletzt aufgerufen am 27.04.2010. Diese Entscheidung wurde sodann als Grundlage für die bereits angesprochene Grokster-Entscheidung herangezogen, worin die urheberrechtliche Sekundärhaftung für *contributory infringement* anhand der *inducement theory* weiterentwickelt wurde; vgl. oben 2. Kapitel, B., IV., 2., b).

391 Anders als die in Deutschland verwendete Störerfigur stehen im amerikanischen Urheberrecht zwei verschiedene Haftungsfiguren zur Verfügung, um mittelbare Rechtsverletzungen zu erfassen. Neben der sog. *vicarious infringement* befasste sich der Supreme Court eingehend mit der Haftungsfigur der *contributory infringement*, welcher zufolge grundsätzlich derjenige eine mitwirkende (Urheberrechts-)Verletzung begeht, der vorsätzlich eine Rechtsverletzung veranlasst oder unterstützt (engl.: *One infringes contributorily by intentionally inducing or encouraging direct infringement*). Hierzu auch *Leistner/Spindler*, GRUR Int. 2005, 773, 776.

substanziellen, nicht rechtsverletzenden Nutzungsmöglichkeiten gebe. Anders gewendet genüge es demnach für eine Ablehnung der *contributory infringement*, wenn eine substantielle Anzahl an legalen Nutzungsmöglichkeiten vorhanden sei.

Der dahinterliegende Gedanke ist, dass der Entwickler einer technischen Erfindung nicht bereits deshalb verantwortlich gemacht werden soll, weil seine Erfindung auch zu rechtsverletzendem Handeln missbraucht werden kann.[392] Im Sinne der Förderung des technischen Fortschritts müssten Rechtsverletzungen in Kauf genommen werden, sofern es, wie gesagt, substanzielle legale Nutzungsmöglichkeiten gebe. Eine Einschränkung dieses Grundsatzes führte der Supreme Court dann später in der Grokster-Entscheidung aus.[393] Demnach ist die Verantwortlichkeit eines Diensteanbieters trotz substanzieller legaler Nutzungsmöglichkeiten dann anzunehmen, wenn der Hersteller eine rechtsverletzende Nutzungsmöglichkeit seines Produkts aktiv bewirbt.

Wie oben festgestellt wurde, liegt eine aktive Bewerbung rechtsverletzender Nutzungsmöglichkeiten bei den Share-Hostern nicht vor.[394] Außerdem gibt es nicht nur zahlreiche legale, sondern eben auch soziale und gesellschaftlich wertvolle Nutzungsmöglichkeiten ihrer Dienste. Der Blick auf die amerikanische Rechtsprechung zeigt also, dass der soziale Wert des Produkts bzw. der Handlung im Rahmen der Bewertung einer mittelbaren Urheberrechtsverletzung ein relevantes Kriterium darstellt.

---

392 Dieser Gedanke ist in ähnlicher Form auch dem BGH nicht fremd. Das Gericht lehnte in seiner Personalausweise-Entscheidung die damalige Forderung der Rechteinhaber ab, Herstellern von Tonbandgeräten die Verpflichtung aufzuerlegen, die Personalien eines jeden Käufers zwecks späterer Geltendmachung von Ansprüchen aufzunehmen. Eine derartige Verpflichtung befand der BGH als nicht zumutbar, solange es sich um Geräte handele, deren Vertrieb *mindestens zu einem nicht völlig unerheblichen Teil* an Käuferkreise erfolge, die das Gerät nicht zu Rechtsverletzungen benutzen wollten; vgl. BGH GRUR 1965, 104, 108 – Personalausweise. Letztlich ist die Formel des Supreme Court ein wenig strenger, da er eine Haftung erst dann verneint, wenn es substanzielle, nicht rechtsverletzende Nutzungsmöglichkeiten gibt, während es dem BGH ausreicht, dass ein nicht völlig unerheblicher Teil des Vertriebs an rechtstreue Nutzer erfolgt.

393 Vgl. hierzu 2. Kapitel, B., IV., 3., b).

394 Vgl. 4. Kapitel, A., III., 2., c), bb).

dd) Höhe und Art des mutmaßlichen Schadens

Hinsichtlich der Art des Schadens wird man bei einer Urheberrechtsverletzung im Internet nur schwerlich differenzieren können. Durch das öffentliche Zugänglichmachen einer geschützten Datei ist das Urheberrecht vollständig verletzt. Eine teilweise Verletzung oder Ähnliches ist hingegen nicht möglich, sodass die Art des mutmaßlichen Schadens kein geeignetes Kriterium darstellt.

Anders ist die Lage hingegen bei dessen Höhe. Insoweit kommt es darauf an, wie lange ein geschütztes Werk öffentlich zugänglich ist. Der mutmaßliche Schaden ist für den Rechteinhaber geringer, wenn ein Werk ohne seine Zustimmung lediglich für wenige Stunden öffentlich zugänglich gemacht wird – im Gegensatz zu einer öffentlichen Zugänglichmachung über mehrere Tage hinweg. In zuletzt genannter Situation ist die Wahrscheinlichkeit einer größeren Anzahl von Downloads und in der Folge von Verkaufsausfällen um ein Vielfaches höher.[395] Aus diesem Grund ist die Höhe des mutmaßlichen Schadens als relevantes Kriterium anzusehen. Die Höhe des mutmaßlichen Schadens spricht daher für strenge Prüfungspflichten.

ee) Vertrauensschutz des Rechteinhabers

Ein weiteres Kriterium zur Bestimmung der Zumutbarkeit der Prüfungspflichten stellt der Vertrauensschutz des Rechteinhabers dar. Allgemein gesprochen ist danach zu berücksichtigen, inwieweit derjenige, der eine Gefahrenquelle beherrscht, für eine Enttäuschung schutzwürdiger Erwartungshaltungen des Verkehrs verantwortlich ist. Es drängt sich die Frage auf, ob ein Share-Hoster durch die Eröffnung seines Dienstes einen Vertrauenstatbestand geschaffen hat, d. h. einen Vertrauenstatbestand dahingehend, dass sich die Rechteinhaber „sicher" fühlen dürfen. Hierbei ist der für die deliktsrechtlichen Verkehrspflichten geltende Grundsatz zu beach-

---

395 Das Argument der Verkaufsausfälle ist allerdings nur unter Vorbehalt zu berücksichtigen. Es kann nicht davon ausgegangen werden, dass jeder illegale Download einer geschützten Datei mit einem Verkaufsausfall einhergeht. Es ist zwar richtig, dass ein Nutzer ein Lied, welches er illegal aus dem Internet heruntergeladen hat, nicht mehr im Handel kaufen wird. Allerdings ist es nicht zwingend, dass ein Nutzer jedes Lied, welches er illegal aus dem Internet heruntergeladen hat, ansonsten im Handel gekauft hätte. Es soll hier nicht angezweifelt werden, dass der Musik- und Unterhaltungsindustrie durch illegales File-Sharing Verkaufsausfälle erleidet. Fraglich bleibt allerdings, welche Bemessungsgrundlage für einen derartigen Verkaufsausfall heranzuziehen ist.

ten: Je mehr der Verkehr auf eine Abwesenheit von Gefahren vertraut (vertrauen darf), desto höher sind auch die Sorgfaltspflichten. Als Maßstab ist auf die Normalität im Sinne der Verkehrsanschauung abzustellen.

Man wird davon ausgehen müssen, dass die Betreiber der Share-Hoster bereits im Moment der Inbetriebnahme ihrer Dienste, spätestens aber nach der ersten ihnen angezeigten Rechtsverletzung Kenntnis davon haben, dass ihre Plattformen auch zu illegalen Zwecken missbraucht werden. Die Möglichkeit der missbräuchlichen Nutzung liegt also nicht fern, man wird sie ganz im Gegenteil sogar als offensichtlich bezeichnen können. Es stellt sich die Frage, inwieweit die Rechteinhaber somit darauf vertrauen dürfen, dass die Share-Hoster ihre Dienste, also die Gefahrenquelle, abschirmen. Aufgrund der Offensichtlichkeit möglicher Rechtsverletzungen ist davon auszugehen, dass die Rechteinhaber im Sinne der Verkehrsauffassung darauf vertrauen dürfen, dass die Betreiber bestimmte Handlungen unterlassen und zugleich andere Handlungen aktiv vornehmen. Die Rechteinhaber dürfen z. B. darauf zählen, dass die Share-Hoster es unterlassen, ihre Nutzer auf missbräuchliche Nutzungsmöglichkeiten des Dienstes hinzuweisen bzw. ihre Nutzer zu missbräuchlichen Handlungen zu ermutigen. Weiterhin dürfen sich die Rechteinhaber darauf verlassen, dass die Betreiber aufgrund der Offensichtlichkeit möglicher Rechtsverletzungen auch aktiv Handlungen vornehmen, um besagten Rechtsverletzungen vorzubeugen. Der Vertrauensschutz der Rechteinhaber spricht damit wegen der Offensichtlichkeit möglicher Rechtsverletzungen seitens der Nutzer für die Annahme strenger Prüfungspflichten.

ff) Beherrschbarkeit des Risikos

Ein weiteres Kriterium zur Bestimmung der Zumutbarkeit der Prüfungspflichten ist die Beherrschbarkeit des Risikos. Je mehr der Inanspruchgenommene das Risiko kontrollieren kann, desto mehr spricht dies für das Auferlegen strenger Prüfungspflichten. Stehen hingegen lediglich geringe Möglichkeiten zur Verfügung, um Gefahren abzuwehren, so sind weniger strenge Prüfungspflichten zu formulieren.

Es ist also zu fragen, inwieweit die Share-Hoster auf Rechtsverletzungen ihrer Nutzer Einfluss nehmen können. Dafür, dass sie das Risiko nur in geringem Maße beherrschen, spricht die Tatsache, dass die Entscheidung über die Veröffentlichung des Download-Link allein beim Nutzer liegt. Auf das Verhalten des Nutzers nach Erteilung des Download-Link haben die Betreiber schließlich keinen Einfluss. Sobald eine Datei hochgeladen und der Download-Link dem Nutzer zugeteilt wurde, haben sie sich jeglicher Verfügungsgewalt über den Download-Link begeben. Ab diesem Zeitpunkt beherrscht der Nutzer, nicht aber der Share-Hoster das Risiko einer Rechtsverletzung. Dies spricht dafür, den Share-Hosting-Diensten lediglich geringe Prüfungspflichten aufzuerlegen.

Auf der anderen Seite ist der Zeitraum vor Erteilung des Download-Link zu beachten. Die Share-Hoster können darauf Einfluss nehmen, wem sie die Benutzung ihrer Plattform gestatten und welche Dateien letztlich hochgeladen werden, bevor sie den Download-Link aus ihrem Machtbereich in denjenigen der Nutzer entlassen. So kommen mehrere Möglichkeiten in Betracht, sei es in Gestalt von Filtersystemen, der Implementierung von Warn- und Verbotshinweisen oder anderen vergleichbaren Maßnahmen. Inwieweit diese Möglichkeiten auch tatsächlich zumutbar sind, ist innerhalb der Schlussbetrachtung näher zu erörtern. Hier genügt zunächst die Feststellung, dass es diese Möglichkeiten zur Kontrolle des Risikos gibt. In diesem Sinne ist den Share-Hosting-Diensten für den Zeitraum vor Erteilung des Download-Link eine nicht unwesentliche Möglichkeit zur Kontrolle des Risikos zu attestieren. Das spricht für die Annahme strenger Prüfungspflichten.

Dem Kriterium der Beherrschbarkeit des Risikos ist keine eindeutige Aussage zu der Intensität der Prüfungspflichten zu entnehmen. Denn für den Zeitraum bis zur Erteilung des Download-Link sprechen die Möglichkeiten zur Beherrschung des Risikos für strenge Prüfungspflichten. Für den Zeitraum danach ist mangels Kontrollmöglichkeiten von geringen Prüfungspflichten auszugehen. Im Ergebnis ist für eine Intensivierung der Prüfungspflichten zu plädieren, da ein Share-Hoster frei entscheiden kann, ob er den Download-Link einem Nutzer zuweist oder nicht.

gg) Sonstige Faktoren

Im Abschnitt über die Bestimmung der Verkehrspflichten[396] wurde im Anschluss an den Inhalt der Verkehrspflichten deren Reichweite untersucht. Die dort genannten Kriterien sollen bei der hier vorgenommenen Untersuchung der Prüfungspflichten im Rahmen der Zumutbarkeit behandelt und auf ihre Tauglichkeit als Kriterien innerhalb der Prüfungspflichten untersucht werden. Besagte Kriterien

---

396 Vgl. 3. Kapitel, D., III.

sind die Eröffnung des persönlichen Schutzbereiches für die Rechteinhaber, das Vorliegen des Rechtswidrigkeitszusammenhangs sowie der den Share-Hosting-Diensten zustehende Vertrauensschutz.

Hinsichtlich des persönlichen Schutzbereiches bestehen keine Bedenken. Die Prüfungspflichten dienen dem Schutz der Rechteinhaber. Sie sollen auch verhindern, dass Nutzer Urheberrechtsverletzungen begehen. Und um diese von den Nutzern begangenen Urheberrechtsverletzungen geht es auch in den bislang von deutschen Gerichten entschiedenen Verfahren.[397] Der Rechtswidrigkeitszusammenhang ist mithin ebenfalls gegeben.

Schließlich ist noch der den Share-Hostern zustehende Vertrauensschutz zu berücksichtigen. Man kann dies auch mit Sorgfaltsmaßnahmen aufseiten des Opfers, hier des Rechteinhabers, beschreiben. Die Share-Hosting-Dienste als Inanspruchgenommene dürfen sich darauf verlassen, dass die Rechteinhaber das ihnen Obliegende zur Prävention beitragen. Letztere dürfen nicht untätig bleiben und ihnen mögliche sowie zumutbare Präventionsmaßnahmen unterlassen. Diesbezüglich bleibt zu erörtern, ob und wenn ja inwiefern sich die Rechteinhaber selbst vor der Gefahr der öffentlichen Zugänglichmachung durch die Nutzer schützen können.

Indes sind die Möglichkeiten der Rechteinhaber begrenzt. Denn sie haben keine Kontrolle darüber, welche Dateien bei den Share-Hostern hochgeladen werden. Ebenfalls fehlt es an einer Kontrolle über die Verwendung der Download-Links durch die jeweiligen Nutzer. Denkbar wäre die Vornahme technischer Sicherungsmaßnahmen, bspw. in Form eines Kopierschutzes. Dadurch könnte bereits das Hochladen urheberrechtlich geschützter Dateien auf die Server verhindert werden, womit einer späteren Veröffentlichung des Download-Link bereits im Ansatz ein Riegel vorgeschoben wäre. In der Folge würde allerdings auch die legale Anfertigung einer Privatkopie i. S. v. § 53 Abs. 1 UrhG verhindert, sodass man diese Maßnahme von den Rechteinhabern nicht verlangen kann. Ferner wäre denkbar, die Rechteinhaber ihrerseits alles Mögliche versuchen zu lassen, um die Internetnutzer zumindest über die Illegalität ihres Verhaltens aufzuklären. Dies könnte in Form von Warnhinweisen auf physischen Tonträgern wie CDs erfolgen bzw. durch Pop-ups beim käuflichen Erwerb einer geschützten Datei im Inter-

---

397 Vgl. hierzu OLG Köln MMR 2007, 786; LG Düsseldorf ZUM 2008, 338; LG Frankfurt am Main ZUM 2008, 996; OLG Hamburg MMR 2008, 823; LG Hamburg ZUM 2009, 863; OLG Düsseldorf MMR 2010, 483.

net. Letztlich wird man allerdings konstatieren müssen, dass die Möglichkeiten der Rechteinhaber, zum Schutz ihrer Werke beizutragen, limitiert sind. Im Ergebnis spricht somit auch das Zumutbarkeitskriterium des Vertrauensschutzes für die Annahme strenger Prüfungspflichten.

hh) Feststellung der den Share-Hosting-Diensten konkret obliegenden Prüfungspflichten

Auf der Grundlage der soeben untersuchten Kriterien kann im Weiteren bestimmt werden, welche Vorkehrungsmaßnahmen die Share-Hoster letztlich vornehmen müssen, um ihre Prüfungspflichten zu erfüllen. Nahezu alle Kriterien sprechen dafür, ihnen strenge Prüfungspflichten aufzuerlegen. Lediglich das Kriterium des sozialen Werts der Handlung spricht für die Annahme milder Prüfungspflichten.

Bevor diesbezüglich an die hinsichtlich des Inhalts der Prüfungspflichten offengebliebenen Fragen angeknüpft wird, kann zunächst eine generelle Prüfungspflicht zur Schaltung von Warn- und Verbotshinweisen auf der Startseite als zumutbar erachtet werden. Die Share-Hoster sollten die Nutzer auf die Illegalität der öffentlichen Zugänglichmachung eines zu einer geschützten Datei führenden Download-Link hinweisen. Es handelt sich hierbei zwar um eine Art von Vorkehrungsmaßnahme, welche nicht aktiv Veröffentlichungen verhindert, da die Entscheidung der Veröffentlichung weiterhin beim jeweiligen Nutzer verbleibt. Aus diesem Grund ist die Verpflichtung zur Warnung auch die schwächste Form der Prüfungspflicht. Man könnte daher die Ansicht vertreten, eine derartige Maßnahme sei überflüssig und wirkungslos. Indes ist nicht ausgeschlossen, dass optisch hervorgehobene Warn- und Verbotshinweise abschreckende Wirkung entfalten, insbesondere auf Jugendliche.

Zusätzlich spricht für die Verpflichtung zur Einfügung von Warn- und Verbotshinweisen, dass dies mit einem geringen Aufwand für die Share-Hoster verbunden wäre und zudem lediglich einmalige Kosten verursachen würde (nämlich die Erstellung der Hinweise). Es ist den Share-Hostern zugutezuhalten, dass die meisten von ihnen in ihren Nutzungsbedingungen das Verbot der Verbreitung urheberrechtlich geschützter Dateien erwähnen. Dies kann nicht als ausreichend angesehen werden, da zumeist erst der entsprechende Link auf der Homepage angeklickt werden muss, um den jeweiligen Hinweis zu sehen. Dem kommen jedoch wohl die wenigsten Nutzer nach. Dieser Hinweis sollte vielmehr bereits auf der Startseite erscheinen, und zwar in unübersehbarer Form, bspw. in der Größe von einem Drittel der Homepage. So wäre garantiert, dass der Hinweis von jedem Nutzer auch wahrgenommen würde. Neben einem Warnhinweis auf der Startseite sollte bei jedem Upload-Vorgang ein weiterer Warnhinweis eingeblendet werden. Dass regelmäßige Nutzer hierdurch verloren gehen könnten, müssen die Betreiber in Kauf nehmen. Schließlich entstünde rein qualitativ kein schlechterer Service für die Nutzer, sodass das Geschäftsmodell nicht angetastet würde. Des Weiteren müssten die Nutzer nicht etwa längere Wartezeiten hinnehmen, vielmehr wären sie nur ständig mit den Warnhinweisen konfrontiert.

Zur Bestimmung der ansonsten bestehenden Prüfungspflichten ist auf die im Hinblick auf den Inhalt der Prüfungspflichten offen gebliebenen Aspekte zurückzukommen. Dort wurde zunächst festgestellt, dass der Inhalt der Prüfungspflicht die Verhinderung gleichartiger Rechtsverletzungen vorsieht. Es konnte allerdings nicht vollends geklärt werden, inwieweit auch für Share-Hoster - ähnlich wie für eBay - zwischen einer inhaltsbezogenen und einer personenbezogenen Konzeption der gleichartigen Rechtsverletzung differenziert werden kann, da diese Frage letztlich von der Zumutbarkeit abhängt. Mithilfe der soeben geprüften Zumutbarkeitskriterien wird nun versucht, diese Fragen im Folgenden einer Antwort zuzuführen und somit die restlichen Prüfungspflichten abschließend festzulegen.

Zunächst ist auf die Frage der inhaltsbezogenen gleichartigen Rechtsverletzung einzugehen. Das Problem hierbei bestand darin, dass mit einer kompletten Sperrung eines einmal öffentlich zugänglich gemachten Werkes zwangsweise ein nicht unwesentlicher Kollateralschaden einherginge. Entscheidendes Gewicht kommt daher der Frage zu, welche technischen und manuellen Möglichkeiten einem Share-Hoster überhaupt zur Verfügung stehen, um die erneute Veröffentlichung eines einmal bereits veröffentlichten Werkes zu verhindern. Sofern derartige Möglichkeiten bestehen, ist zu beurteilen, ob sie auch hinsichtlich ihrer finanziellen Belastung und etwaigen sonstigen negativen Effekte zumutbar sind.

Eine denkbare Maßnahme zur Verhinderung von Rechtsverletzungen ist der Einsatz von Filtersystemen, welche bereits im Moment des Upload greifen. So kommt es erst gar nicht zur Erteilung eines

Download-Link an den Nutzer.[398] Das bedeutet, dass jede Datei, welche bei einem Share-Hoster hochgeladen werden soll, zunächst durch den Filter läuft, bevor sie auf dem Server abgelegt wird. Konkret stehen derzeit sogenannte MD5- sowie Wortfilter zur Verfügung, wobei diesen beiden Filtermethoden signifikante Nachteile innewohnen.

Ein MD5-Filter erkennt urheberrechtlich geschützte Werke nicht als solche, sondern lediglich identische, bereits zuvor einmal hochgeladene Dateien. Wird ein Share-Hoster auf einen veröffentlichten Download-Link aufmerksam gemacht, so wird die dazugehörige Datei vom Server gelöscht. Sodann wird die Datenbank des MD5-Filters um diese Datei erweitert – bei zukünftigen Uploads erkennt der MD5-Filter allerdings nur identische Dateien. Dies führt dazu, dass der Upload eines geschützten, in der Datenbank des MD5-Filters vorhandenen Werkes nicht in allen Fällen verhindert werden kann. Bei einer anderen Aufnahme desselben Werkes kann nämlich schon bei geringsten Abweichungen (z. B. in der Lautstärke) ein völlig anderer Hash-Wert[399] ermittelt werden. In der Folge wird der Upload zugelassen.[400]

Ebenso bestehen Umgehungsmöglichkeiten des Wortfilters. Dieser verhindert lediglich das Wiederhochladen „wortgleicher Dateien". Ein urheberrechtlich geschütztes Werk kann allerdings problemlos unter einem anderen Namen gespeichert werden, sodass auch der Wortfilter leicht zu umgehen ist.

Die beiden Filtertypen sind zwar geeignet, das Risiko einer Rechtsverletzung zu verringern bzw. die Vornahme einer Rechtsverletzung zumindest zu erschweren. Weder MD5- noch der Wortfilter können jedoch die lückenlose Erfassung und Filterung eines bestimmten Werkes garantieren. Aber selbst wenn die lückenlose Filterung möglich wäre, sprechen gewichtige Gründe gegen eine der-

---

398 OLG Köln MMR 2007, 786, 788; LG Düsseldorf ZUM 2008, 338, 341; OLG Hamburg MMR 2008, 823, 825.

399 Der Hash-Wert ist eine Art elektronischer Fingerabdruck. Durch mathematische Transformation wird aus einer Information ein Wert generiert. Die mathematische Operation, die aus einer Information einen Hash-Wert erzeugt, ist so beschaffen, dass sie zu einem völlig anderen Ergebnis führt, wenn sie auf eine abgeänderte Information angewendet wird; vgl. hierzu *Brisch/Brisch*, in: Hoeren/Sieber, Handbuch Multimediarecht, Teil 13.3, Rn. 1 f. Aus diesem Grund bietet sich der Hash-Wert als Hilfe zur Identifizierung von Dateien an.

400 LG Düsseldorf ZUM 2008, 338, 341.

artige Prüfungspflicht zur Verhinderung inhaltsbezogener gleichartiger Rechtsverletzungen. So kommt einer der Unterschiede in der Funktionsweise zwischen eBay und den Share-Hosting-Diensten zum Tragen, womit wieder das Problem des Kollateralschadens angesprochen ist. Indem eBay alle ohne Altersverifikationssystem eingestellten Angebote von jugendgefährdenden Medien sperrt bzw. löscht, kommt sie ihrer Prüfungspflicht nach, ohne andere legale Nutzungen ihrer Plattform zu beschränken. Den Share-Hosting-Diensten ist ein vergleichbares Handeln gerade nicht möglich. Blockieren sie den Upload eines Werkes, verhindern sie zwar jede weitere öffentliche Zugänglichmachung über ihre Server. Gleichzeitig verhindert die Blockade aber auch jede legale Nutzung des besagten Werkes.[401] Bereits die Rechtsverletzung durch einen einzelnen Nutzer würde den Upload des betreffenden Werkes für alle anderen Nutzer sperren. Sind den Share-Hostern auch strenge Prüfungspflichten vorzuschreiben, so dürfen ihnen keine Maßnahmen auferlegt werden, welche das gesamte Geschäftsmodell infrage stellen[402] bzw. unweigerlich zu einer Einstellung des Dienstes aufgrund der hohen Kosten der Vorsorgemaßnahmen oder ausbleibender Nachfrage mangels Attraktivität des Dienstes führen würden. Hintergedanke dieser europäischen Vorgabe ist der Schutz von Geschäftspraktiken, denen ein sozialer und gesellschaftlicher Nutzen zu attestieren ist. Wie bereits erwähnt, ist dies bei Share-Hosting-Diensten aufgrund der substanziellen legalen Nutzungsmöglichkeit der Fall. Mit Rücksicht auf die legalen Nutzer schließt die substanzielle legale Nutzungsmöglichkeit ein vollständiges Verbot bzw. derart strenge Auflagen, welche einem Verbot gleichkommen, aus.

Andererseits greift dieses „Schutz"-Argument zugunsten der Share-Hoster nur so lange, wie das Geschäftsmodell selbst legal ist. Zweifel am Vorhandensein einer substanziellen legalen Nutzungsmöglichkeit und somit der Legalität des Geschäftsmodells hat u. a. das OLG Hamburg[403] geäußert. Dem Gericht zufolge kann ein Geschäftsmodell, welches der massenhaften Begehung von Urheberrechtsverletzungen wissentlich Vorschub leistet, von der Rechtsordnung nicht toleriert werden. Dieser Aussage kann nicht zugestimmt werden. Vielmehr ist der Geschäftszweck darin zu sehen, Dateien

---

401 Vgl. hierzu bereits oben 4. Kapitel, A., III., 2., b), aa).

402 Erwägungsgrund 42 der E-Commerce-Richtlinie 2000/31/EG, bestätigt in BGH ZUM 2004, 831, 836 – Internetversteigerung I sowie BGH GRUR 2007, 890, 894 – Jugendgefährdende Medien bei eBay.

403 OLG Hamburg MMR 2008, 823, 825 ff.

öffentlich zugänglich zu machen. Nur weil Anreize dazu gesetzt werden, dass eine Datei oft heruntergeladen wird, bedeutet dies nicht, dass dadurch eindeutig zur Verbreitung geschützter Dateien animiert wird.[404]

Somit wird man den Share-Hostern nicht vorwerfen können, ein von der Rechtsordnung nicht gebilligtes Geschäftsmodell zu betreiben. Trotz der ihnen aufzuerlegenden strengen Prüfungspflichten wird man in diesem Sinne die Anwendung von Filtern nicht als zumutbar erachten können.[405] Um inhaltsbezogene gleichartige Rechtsverletzungen zu vermeiden, kommen daher Filter nicht in Betracht.

Eine andere denkbare Maßnahme zur Verhinderung inhaltsbezogener gleichartiger Rechtsverletzungen wäre die Einführung einer sogenannten Abuse-Abteilung.[406] Hierbei handelt es sich um Mitarbeiter, welche damit beschäftigt sind, einschlägige Link-Sammlungen nach Download-Links von indizierten Dateien zu durchkämmen. Im konkreten Fall müsste die Abteilung die im Netz vorhandenen Link-Sammlungen nach Download-Links zu Werken durchsuchen, von deren öffentlicher Zugänglichmachung sie in Abmahnungen in Kenntnis gesetzt wurde. Im Anschluss hieran müssten die Mitarbeiter die zu den jeweiligen Download-Links passende Datei auf den Servern umgehend löschen. Die Effizienz einer solchen Abuse-Abteilung hängt zum einen von der Personenstärke, zum anderen von deren taktischem Vorgehen ab, d. h. davon, nach welcher Systematik das Internet durchsucht wird. Dies ist gerade deshalb wichtig, weil zahlreiche Link-Sammlungen in unregelmäßigen Abständen ihre Internetadressen wechseln bzw. ständig neue Link-Sammlungen aufmachen. Man könnte vertreten, dass die Aufgabe der Abuse-Abteilung darin bestehe, alle im Internet vorhandenen Link-Sammlungen zu durchsuchen. Andererseits lässt sich auch argumentieren, dass lediglich diejenigen Link-Sammlungen, welche dem Share-Hoster durch Benennung in den Abmahnungen bekannt sind, durchsucht werden müssen. Je umfassender und gezielter das

---

404 Vgl. den bereits oben 4. Kapitel, A., III., 2., c)., bb) dargelegten Unterschied zwischen der aggressiven und zur Rechtsverletzung auffordernden Werbung in der Cybersky-Entscheidung und der an sich neutralen Eigenbeschreibung von Rapidshare.

405 In diesem Sinne auch OLG Düsseldorf MMR 2010, 483, 485.

406 OLG Köln MMR 2007, 786, 788; LG Düsseldorf ZUM 2008, 338, 341; LG Hamburg ZUM 2009, 863, 868.

Internet nach illegalen Download-Links durchsucht wird, desto mehr kann deren Anzahl begrenzt werden. Allerdings geht dies mit steigenden Verwaltungs-, insbesondere Personalkosten, einher.

Ein Ausschluss der Gefahr kann mithilfe der Abuse-Abteilung allerdings nicht erreicht werden. Sie kann nicht flächendeckend verhindern, dass ein Werk öffentlich zugänglich gemacht wird. Selbst wenn eine personell stark besetzte Abuse-Abteilung das gesamte Internet durchforstet, setzt die Kontrolle nur bei bereits veröffentlichten Download-Links an. Die Abuse-Abteilung wird niemals der Veröffentlichung von Download-Links vorbeugen können. Das Löschen einmal veröffentlichter Download-Links ist stets nur eine Reaktion seitens der Abuse-Abteilung, welche einen Schaden eindämmen, aber nicht vollends verhindern kann. Die Abuse-Abteilung kann lediglich dazu dienen, das Zeitfenster zwischen Veröffentlichung und Löschung so klein wie möglich zu halten. Nichtsdestoweniger kann sie in signifikanter Weise dazu beitragen, die Anzahl an Rechtsverletzungen zu verringern – selbst wenn dies voraussetzt, dass sie in ausreichender Personalstärke rund um die Uhr besetzt ist. Schließlich erfolgen Downloads aus allen Zeitzonen der Welt, sodass nicht damit zu rechnen ist, dass zur Nachtzeit in Europa insgesamt weltweit weniger Downloads erfolgen als zur europäischen Tageszeit. Die so entstehenden Mehrkosten sind den Share-Hosting-Diensten zuzumuten.

Neben der inhaltsbezogenen Konzeption der gleichartigen Rechtsverletzung bleibt abschließend zu untersuchen, ob und inwieweit die personenbezogene Konzeption bei Share-Hosting-Diensten Anwendung finden kann. Es gibt zwei Problempunkte. Erstens setzt eine personenbezogene Komponente der gleichartigen Rechtsverletzung voraus, dass jeder Nutzer den Share-Hostern auch bekannt ist. Zweitens stellt sich die Frage, inwieweit sich das Merkmal „derselben Kategorie“ auf die Share-Hosting-Dienste übertragen lässt.[407]

Hinsichtlich des ersten Problems wird die Verhinderung personenbezogener gleichartiger Verletzungen von vornherein nur dann möglich sein, wenn die Share-Hoster die anonyme Nutzbarkeit ihrer Dienste unterbinden und eine Registrierungspflicht für alle Nutzer einführen. Andernfalls besteht keine Möglichkeit, flächendeckend die abermalige Rechtsverletzung eines Nutzers zu verhindern. Auch bei einer Registrierung bleibt das Risiko bestehen, dass der Nutzer

---

407 Vgl. hierzu oben 4. Kapitel, A., III., 2., b), bb).

den Download-Link anschließend weiter verteilt. Jedoch darf man davon ausgehen, dass viele Veröffentlichungen nur unter dem Deckmantel der Anonymität vorgenommen werden. Im Falle einer Registrierung bestünde dieser Anreiz nicht mehr. Sollte der Nutzer dennoch weiterhin Download-Links zu urheberrechtlich geschützten Dateien öffentlich zugänglich machen, könnte der Abuse-Abteilung aufgetragen werden, diesen Kunden zu überwachen und fragwürdige Dateien zu löschen.[408] In Betracht kommt auch die Löschung/Sperrung des jeweiligen Kontos. Um zu verhindern, dass sich ein Nutzer, dessen veröffentlichte Datei vom jeweiligen Share-Hoster gelöscht wurde, unter einem anderen Mitgliedsnamen registriert und die Datei abermals öffentlich zugänglich macht, müssen die Share-Hoster bei der Registrierung eine ausreichende Menge an Daten abfragen, sodass eine eindeutige Identifikation jedes Kunden möglich ist.

Es reicht nicht aus, allein eine E-Mail-Adresse und ein Kennwort zu hinterlegen, wie dies bspw. derzeit bei der Einrichtung eines *Collector's Account* bei Rapidshare der Fall ist. Die Share-Hoster müssen im Anmeldeformular Vor- und Zuname, Adresse sowie das Geburtsdatum bei der Registrierung verlangen. Zur Verifikation dieser Daten käme dann eine Abgleichung bei der Schutzgemeinschaft für allgemeine Kreditsicherung (SCHUFA) in Betracht.[409] Abfragen bzw. Weiterleitungen von Kundendaten an die SCHUFA sind in vielen anderen Bereichen in Deutschland bereits Standard. So fordern die meisten (Privat-)Banken vor der Eröffnung eines Kontos oder vor Vergabe eines Kredites die bei der SCHUFA zur jeweiligen Person hinterlegten Daten an. Gleiches gilt für Mobilfunkanbieter bei Abschluss eines Handy-Vertrages oder bei Versandhäusern vor Annahme einer Bestellung. Beim Online-Auktionshaus eBay ist eine Abgleichung der Daten bei der SCHUFA bereits seit November 2005 Standard.[410] Die SCHUFA ist hierbei nur eines

---

408 Hierbei würde sich allerdings die Frage stellen, wie diese Überwachung konkret auszusehen habe. Denkbar wäre es, dem Share-Hoster die Verpflichtung aufzuerlegen, jede urheberrechtlich geschützte Datei aus dem Account eines solchen Nutzers zu löschen. In der praktischen Umsetzung würde dies allerdings Probleme bereiten, da einem Share-Hoster gar nicht die Mittel zur Verfügung stehen, um zu beurteilen, ob eine Datei im Account eines Nutzers urheberrechtlich geschützt ist oder nicht.

409 LG Düsseldorf ZUM 2008, 338, 341.

410 Vgl. hierzu die Webpage von eBay unter http://pages.ebay.de/help/account/schufa-help.html#5, zuletzt aufgerufen am 29.03.2010. Hierbei ist zu beachten, dass eBay laut eigener Aussage die SCHUFA-

von mehreren privaten Unternehmen in Deutschland, allerdings mit etwa 65 Millionen kreditrelevanten Kundendaten natürlicher Personen dasjenige mit der größten Datenbank.[411]

Es ist davon auszugehen, dass ein Großteil der Nutzer ohne den Deckmantel der Anonymität keine Veröffentlichungshandlung mehr vornehmen würde. Die Kosten der Einführung der flächendeckenden Registrierung aller Nutzer würde lediglich eine ergänzende Programmierung notwendig machen, welche auch nur einmalige Kosten verursachen würde. Dies ist den Share-Hosting-Diensten zuzumuten. Gleiches gilt für die SCHUFA-Abgleichung, deren Inanspruchnahme ebenfalls erhöhten Verwaltungsaufwand und dadurch Kosten verursacht, welche jedoch aufgrund des großen Verhinderungs- bzw. Abschreckungspotenzials ebenfalls als zumutbar anzusehen sind. Es sei zugegeben, dass auch die SCHUFA-Abgleichung keine hundertprozentige Identifikationsgarantie bietet, da ein Nutzer theoretisch, sofern ihm bekannt, auch die Daten einer anderen Person angeben könnte. Die SCHUFA-Abfrage gibt dem Share-Hoster nur Gewissheit darüber, dass die registrierte Person tatsächlich existiert. Um eine eindeutige Identifikation zu gewährleisten, müsste eine Legitimationsprüfung mithilfe des PostIdent-Verfahrens[412] durchgeführt werden, welches bspw. von Direktbanken im Rahmen der Kontoeröffnung in Anspruch genommen wird.[413] Allerdings ist dieses Verfahren sowohl für den Share-Hoster als auch für den jeweiligen Kunden weitaus aufwendiger, da das Vorzeigen des Personalausweises in einer Filiale der Deutschen Post hierfür erforderlich ist. Es ist davon auszugehen, dass viele Kunden einen derartigen Aufwand nicht erbringen würden, sodass hierdurch das Geschäftsmodell infrage gestellt wäre. Daher ist die Verwendung des PostIdent-Verfahrens als unzumutbar abzulehnen. Die Einführung einer Registrierungspflicht für alle Nutzer inklusive

---

Prüfung nicht dazu nutzt, die Kreditwürdigkeit abzufragen oder andere Auskünfte über die finanzielle Situation einzuholen. Die SCHUFA-Prüfung dient lediglich der Verifizierung der persönlichen Daten.

411 Vgl. die Angaben auf der Homepage der SCHUFA Holding AG unter http://www.schufa.de/de/produkteservices/produkteservices.jsp, zuletzt aufgerufen am 29.03.2010.

412 Nähere Informationen zu dieser Art der Legitimationsprüfung finden sich auf der Homepage der Deutschen Post unter http://www.deutschepost.de/dpag?xmlFile=1015469, zuletzt besucht am 10.05.2010.

413 Hierzu auch LG Düsseldorf ZUM 2008, 338, 341; *Breyer*, MMR 2009, 14, 16.

einer SCHUFA-Abfrage ist aufgrund des geringen Aufwandes hingegen als zumutbar zu erachten.

Gegen die Auferlegung einer Registrierungspflicht für alle Nutzer könnte jedoch die Vorschrift des § 14 Abs. 1 TMG sprechen.[414] Diese gestattet die Verwendung von Daten nur dann, wenn es sich um Bestandsdaten handelt. *Bestandsdaten* sind personenbezogene Daten[415], die zur Begründung, inhaltlichen Ausgestaltung oder Änderung eines Vertragsverhältnisses zwischen dem Diensteanbieter und dem Nutzer erforderlich sind. In diesem Sinne erforderliche Daten sind bspw. Kenn- und Passwörter, die IP-Adresse sowie Zahlungsdaten (Konto- und Kreditkartennummer) eines Nutzers.[416] Der Name, die Adresse sowie das Geburtsdatum einer Person stellen personenbezogene Daten i. S. d. § 3 Abs. 1 BDSG dar. *Breyer* zufolge erfüllen diese Angaben allerdings nicht die Anforderungen, um als Bestandsdaten i. S. d. § 14 Abs. 1 TMG gelten zu können.[417] Schließlich könne ein Vertrag auch ohne die Kenntnis des Geburtsdatums des Vertragspartners geschlossen werden, sodass die Speicherung der Daten nicht erforderlich i. S. d. § 14 Abs. 1 TMG sei. Die Einführung einer allgemeinen Registrierungspflicht, in deren Rahmen o. g. personenbezogene Daten gespeichert würden, sei daher als rechtswidrig zu erachten.

Hier hilft auch nicht die in § 14 Abs. 1 TMG genannte Einschränkung, die Vorschrift nur auf diejenigen Telemedien anzuwenden, bei denen der Telemediendienst Leistungsgegenstand des Vertrags ist und nicht nur das Anbahnungs- oder Abwicklungsmedium darstellt.[418] Bei Share-Hosting-Diensten ist Leistungsgegenstand des Vertrags schließlich das Anbieten von Speicherplatz, also gerade die Benutzung des Telemediums.

Es bietet sich jedoch an, das Merkmal der „Begründung eines Vertragsverhältnisses" innerhalb von § 14 Abs. 1 TMG weit auszulegen.

---

414 Hierauf macht *Breyer*, MMR 2010, 14, 16 aufmerksam.

415 Personenbezogene *Daten* sind Einzelangaben über persönliche oder sachliche Verhältnisse einer bestimmten oder bestimmbaren natürlichen Person (Betroffener); vgl. § 3 Abs. 1 BDSG. Beispiele hierzu finden sich bei *Weichert*, in: Däubler/Klebe/Wede/Weichert, BDSG, § 3 Rn. 2 ff.

416 *Hoeren*, NJW 2007, 801, 805.

417 *Breyer*, MMR 2009, 14, 16.

418 *Heckmann*, in: jurisPK-Internetrecht, S. 205 f. Dies ist bspw. bei eBay der Fall, da der eigentliche Kaufvertrag zwischen dem Versteigerer und dem Bieter zustande kommt und eBay als Telemedium lediglich das Anbahnungs- und Abwicklungskriterium bereitstellt.

Dafür spricht, dass ein Share-Hoster nur dann ein Vertragsverhältnis begründen kann, wenn ausreichend Informationen zur Verfügung stehen, um gegebenenfalls anschließend entstehende Prüfungspflichten zu erfüllen. Ihre Prüfungspflichten können die Share-Hoster ohne personenbezogene Daten wie Name, Adresse und Geburtsdatum allerdings nicht erfüllen, da es ihnen ohne diese Informationen nicht möglich ist, einen Nutzer zu identifizieren. In der Folge würden sie mangels Identifizierbarkeit des jeweiligen Nutzers regelmäßig ihre Prüfungspflichten verletzen und im Anschluss daran für die begangenen Rechtsverletzungen haften. Aus diesem Grund lässt sich argumentieren, dass wegen der Erfüllbarkeit potenzieller Prüfungspflichten die Erhebung personenbezogener Daten der Nutzer für einen Share-Hosting-Dienst zur Begründung eines Vertrags erforderlich i. S d. § 14 Abs. 1 TMG ist.

Hiervon abgesehen ist auch der Sinn und Zweck des § 14 Abs. 1 TMG zu berücksichtigen. Er soll verhindern, dass Unternehmen unnötig Daten sammeln und diese zu eigenen Zwecken verwerten. Hingegen sollen die Share-Hoster eine Registrierungspflicht einführen, um im Rahmen ihrer Prüfungspflichten zukünftige Rechtsverletzungen zu vermeiden, und nicht etwa, um selbst von diesen Daten zu profitieren. Die Verwendung von personenbezogenen Daten dient in erster Linie dem Rechtsschutz von Dritten, nämlich den Inhabern betroffener Urheberrechte. Aus den genannten Gründen ist davon auszugehen, dass § 14 Abs. 1 TMG der Einführung einer Registrierungspflicht als Prüfungspflicht nicht entgegensteht. Es bleibt folglich bei der Feststellung, dass eine Registrierungspflicht als zumutbar zu erachten ist.

Die für eBay geltenden Grundsätze der personenbezogenen gleichartigen Rechtsverletzung lassen sich auf Share-Hosting-Dienste insoweit übertragen, als die Prüfungspflicht die Verhinderung weiterer Rechtsverletzungen desselben Nutzers umfasst.

Es bleibt noch zu klären, was unter Dateien „derselben Kategorie" zu verstehen ist. Anders als in der Konstellation von jugendgefährdenden Medien bei eBay, in welcher eindeutige Kategorien zur Verfügung stehen,[419] ist es schwierig, innerhalb der Gruppe urheberrechtlich geschützter Dateien nach einzelnen Kategorien zu diffe-

[419] Verherrlichung der NS-Ideologie, Anreize zur Gewalttätigkeit, Pornografie etc.

renzieren. Es stellt sich die Frage, für welche Dateien ein Share-Hoster in Zukunft eine Veröffentlichung verhindern muss.

Man könnte im Falle der öffentlichen Zugänglichmachung eines Musikwerkes darunter alle weiteren Musikwerke des gleichen Interpreten fassen. Dies würde aber für das Ziel, insgesamt einen effektiven Urheberrechtsschutz zu gewährleisten, nicht sehr viel nutzen, da die Veröffentlichung geschützter Werke anderer Interpreten bis zur Kenntniserlangung des Share-Hoster weiterhin problemlos möglich wäre. Man könnte die Prüfungspflicht auch so auslegen, dass sie die Veröffentlichung von Dateien des gleichen Dateityps durch einen auffällig gewordenen Nutzer verhindern müsse. Dadurch, dass die meisten Lieder im mp3-Format gespeichert sind, wären damit im Grunde genommen alle geschützten Musiktitel erfasst. Hier bestünde dann allerdings das Problem des oben erwähnten Kollateralschadens.[420] Schließlich gibt es auch jede Menge andere, nicht geschützte Dateien im mp3-Format. Ein Share-Hoster müsste demnach jede mp3-Datei eines Nutzers sodann daraufhin überprüfen, ob es sich bei dieser Datei um eine urheberrechtlich geschützte handelt. Eine solche Überprüfung wird aber weder zumutbar noch in der Realität durchführbar sein. Sie müsste manuell vorgenommen werden und wäre aufgrund der verzweigten und oftmals schwer zu durchschauenden Rechteketten mit langwieriger Recherchearbeit verbunden. Den Share-Hostern fehlt es diesbezüglich an Mitarbeitern mit der nötigen Expertise. Es gibt schließlich auch keine Aufstellung aller urheberrechtlich geschützten Werke, welche sie in einfacher Weise konsultieren könnten.

Anders ist die Situation, wenn eBay seiner Prüfungspflicht hinsichtlich jugendgefährdender Medien nachkommen möchte. Denn für diese Kategorie führt die Bundesprüfstelle für jugendgefährdende Medien (BPjM) eine Indizierungsliste, welche in ihrer Vierteljahreszeitschrift, der „BPjM-Aktuell", abgedruckt wird. Auch sind Abfragen per E-Mail hinsichtlich einzelner Medien möglich.[421] Mangels Vergleichbarkeit zwischen eBay und den Share-Hosting-Diensten kommt eine Kategorienübertragung nicht in Betracht.

Zusammengefasst ergeben sich die folgenden Prüfungspflichten. Zunächst müssen deutlich sichtbar Warn- und Verbotshinweise auf der Startseite sowie vor jedem Upload-Vorgang angezeigt werden.

---

420 Vgl. 4. Kapitel, A., III., 2., b), aa).

421 Vgl. hierzu die Homepage der Bundesprüfstelle unter www.bundespruefstelle.de, zuletzt aufgerufen am 29.03.2010.

Daneben obliegt den Share-Hostern – ähnlich wie eBay – die Prüfungspflicht, weitere gleichartige Rechtsverletzungen zu verhindern, wobei für Share-Hosting-Dienste ebenfalls zwischen inhalts- und personenbezogen gleichartigen Rechtsverletzungen differenziert werden kann. Allerdings ergeben sich im Vergleich zu eBay Unterschiede bei der inhaltlichen Ausgestaltung.

Eine inhaltlich gleichartige Rechtsverletzung liegt dann vor, wenn ein Werk, aufgrund dessen der Share-Hoster eine Abmahnung erhalten hat, abermals öffentlich zugänglich gemacht wird.[422] Um dies zu verhindern, muss er eine mit ausreichend Personal ausgestattete Abuse-Abteilung einrichten. Die Verwendung von derzeit verfügbaren MD5- und Wortfiltersystemen kann hingegen nicht verlangt werden.

Dadurch, dass die Abuse Abteilung lediglich im Nachhinein auf Rechtsverletzungen reagieren und zudem niemals flächendeckend alle Link-Sammlungen überwachen kann, liegt der Schwerpunkt der Prüfungspflichten auf der Verhinderung personenbezogener gleichartiger Rechtsverletzungen. Hiervon umfasst sind wiederholte Rechtsverletzungen derselben Nutzer. Um betreffende Nutzer zu identifizieren, obliegt den Share-Hosting-Diensten zunächst einmal die Einführung einer allgemeinen Registrierungspflicht, bei welcher eine eindeutige Identifikationsmöglichkeit der Nutzer gewährleistet ist. Anders als in den eBay-Fällen wird man ferner allerdings nicht lediglich die Pflicht statuieren, weitere Rechtsverletzungen „derselben Kategorie“ von auffällig gewordenen Nutzern zu verhindern. Mangels möglicher bzw. tauglicher Kategorienbildung wird man von den Share-Hostern vielmehr verlangen müssen, *jede* weitere Rechtsverletzung von auffällig gewordenen Nutzern zu verhindern. Hierbei müssen die Share-Hosting-Dienste in Kauf nehmen, dass die Verhinderung jeglicher weiterer Rechtsverletzung unter Umständen nur dadurch möglich ist, dass das Konto des jeweiligen Nutzers nach Bekanntwerden einer Rechtsverletzung aufgelöst und der Nutzer von der weiteren Nutzung der Plattform ausgeschlossen wird. Dass ein solcher Ausschluss von Nutzern bereits aufgrund einer einzigen Urheberrechtsverletzung vorzunehmen ist, muss in Kauf genommen werden.

Diese verglichen mit eBay sehr strenge Prüfungspflicht zur Vermeidung *jeder* weiteren Rechtsverletzung des gleichen Nutzers rechtfertigt sich aufgrund der oben genannten Kriterien, die nahezu alle-

---

422 Insoweit besteht Übereinstimmung mit dem zu eBay Gesagten.

samt für strenge Prüfungspflichten sprechen. Dem sozialen Wert der Share-Hosting-Dienste wird auf der anderen Seite dadurch Rechnung getragen, dass im Rahmen der legalen Nutzung des Dienstes ein Kollateralschaden durch den Verzicht einer Verpflichtung zur Verwendung von Filtersystemen verhindert wird.

B. Ergebnis zum 4. Kapitel

Ein Anspruch auf Unterlassen gemäß § 97 Abs. 1 S. 1 UrhG i. V. m. § 19a UrhG ist gegeben, wenn der Share-Hoster als Störer zu qualifizieren ist. Eine Haftung als Täter bzw. als Teilnehmer scheitert an der fehlenden eigenen Tatbestandsverwirklichung bzw. am fehlenden Vorsatz hinsichtlich der Haupttat. Neben der erforderlichen adäquaten Kausalität sind Share-Hoster nur dann Störer, wenn sie Prüfungspflichten verletzen. Derartige Prüfungspflichten entstehen ab dem Zeitpunkt, ab dem sie ihre Plattform eröffnen und zudem vom Rechteinhaber über eine Rechtsverletzung in Kenntnis gesetzt werden.

Neben der Verwendung von ausreichenden Warn- und Verbotshinweisen obliegt es den Betreibern, in Zukunft gleichartige Rechtsverletzungen zu unterbinden. In inhaltlicher Hinsicht bedeutet dies die Verhinderung weiterer Veröffentlichungen der in den Abmahnungen genannten Werke; in personenbezogener Hinsicht die Verhinderung jeder weiteren Rechtsverletzung durch denselben Nutzer. Zur Erfüllung der inhaltlichen Vorgabe muss eine ständig besetzte Abuse-Abteilung eingerichtet werden, welche mit ausreichend Personal ausgestattet ist und das Internet nach veröffentlichten Download-Links der in den Abmahnungen genannten Werke durchsucht sowie diese anschließend löscht. Zur Erfüllung der personenbezogenen Vorgabe muss ein Share-Hoster eine allgemeine Registrierungspflicht einführen und in der Folge jede weitere Rechtsverletzung von auffällig gewordenen Nutzern verhindern – wenn notwendig sogar durch vollständige Sperrung des jeweiligen Nutzers. Verletzt der Share-Hoster diese Prüfungspflichten, so ist das Unternehmen Störer und haftet auf Unterlassen gemäß § 97 Abs. 1 S. 1 UrhG i. V. m. §§ 1004, 823 Abs. 1 BGB.

Bei der Formulierung dieses Ergebnisses ist zuzugestehen, dass die Rechteinhaber erst dann mit einem Schutz ihrer Urheberrechte rechnen können, nachdem zumindest ein Nutzer einen Download-

Link zu ihrem Werk veröffentlicht und sie den Betreiber darüber in Kenntnis gesetzt haben. Denn erst ab diesem Moment greifen die Prüfungspflichten ein. Die Rechteinhaber müssen stets erst eine Rechtsverletzung abwarten. Dass dies kein Idealzustand des Rechtsschutzes ist, bedarf keiner weiteren Erläuterung. Allerdings ist ein vollständiger Schutz der Urheberrechte im Internet utopisch bzw. wäre nur durch eine vollständige Abschaltung der Share-Hosting-Dienste zu bewerkstelligen - dass ein solch drastischer Schritt nicht zumutbar ist, wurde oben aufgezeigt. Die substanzielle legale Nutzungsmöglichkeit der Plattformen und der sich in ihr verwirklichende technische sowie gesellschaftliche Fortschritt rechtfertigen die verbleibende „Restgefahr". Insgesamt wird mit den oben statuierten Prüfungspflichten ein verträglicher Ausgleich geschaffen. Die Share-Hosting-Dienste können unter diesen Auflagen weiterhin bestehen, während die Rechteinhaber zwar nicht in idealer, aber in hinlänglicher Weise geschützt werden.

Schlussbetrachtung und Zusammenfassung der wesentlichen Ergebnisse

Es wurde eingangs die Frage aufgeworfen, inwieweit die Anbieter von Share-Hosting-Diensten im Internet für die seitens ihrer Nutzer vorgenommenen Urheberrechtsverletzungen als Störer verantwortlich gemacht werden können. Zunächst wurde eine ausführliche Analyse der dogmatischen Grundlage der Störerfigur vorgenommen, bevor anschließend im 4. Kapitel auf die Verantwortlichkeit von Share-Hosting-Diensten eingegangen werden konnte.

Hierzu wurde die Vorgabe der Rechtsprechung, wonach die Störerhaftung auf einer analogen Anwendung der allgemein-zivilrechtlichen Vorschrift des § 1004 BGB basiert, untersucht. Trotz der unbestimmten Formulierung des Anspruchsgegners in § 97 Abs. 1 S. 1 UrhG fehlt es an der Unvollständigkeit i. S. e. Gesetzeslücke. Die Vorschrift ist vielmehr auch ohne eine Analogie anwendbar, da Urheberrechtsverletzungen unerlaubte Handlungen i. S. d. §§ 823 ff. BGB darstellen und hierdurch der unbestimmte Rechtsbegriff in § 97 Abs. 1 S. 1 UrhG konkretisiert werden kann. Die Querverbindungen zwischen Deliktsrecht und negatorischer Haftung, insbesondere in Gestalt des allgemeinen Rechtsgedankens, wonach zum Schutze aller absoluten Rechte ein Unterlassungsanspruch zur Verfügung stehen muss, eröffnen innerhalb des § 823 Abs. 1 BGB den Rückgriff auf § 1004 BGB. Dadurch kann auch der Störerbegriff in § 97 Abs. 1 S. 1 UrhG Anwendung finden.

Es stellte sich daraufhin die Frage, ob die Störerfigur des § 1004 BGB auch inhaltlich mit derjenigen des urheberrechtlichen Störers übereinstimmt, sodass § 1004 BGB als dogmatische Grundlage angesehen werden kann. Hierbei kam in § 1004 BGB allein die Figur des mittelbaren Handlungsstörers in Betracht, weil sowohl die Figur des Handlungs- als auch diejenige des Zustandsstörers nur bei unmittelbaren Verletzungshandlungen Anwendung finden. Neben den gemeinsamen Merkmalen des Rechtsguteingriffs durch einen Dritten sowie der adäquaten Kausalität unterscheiden sich beide Figuren allerdings beim haftungsbeschränkenden Element. Anders als beim mittelbaren Handlungsstörer erfolgt die Haftungsbegrenzung beim urheberrechtlichen Störer auf Tatbestandsseite mithilfe des Instruments der Prüfungspflichten. Dadurch, dass sich bis auf die Prüfungspflichten alle wesentlichen Tatbestandselemente des urheberrechtlichen Störers beim mittelbaren Handlungsstörer wiederfinden, kann § 1004 BGB als solide Grundlage für die urheberrechtliche Störerfigur angesehen werden. Es blieb folglich einzig allein die dogmatische Grundlage der haftungsbeschränkenden Prüfungspflichten zu klären.

Mithilfe der Querverbindungen zwischen Deliktsrecht und negatorischer Haftung wurde auch die Möglichkeit einer Rückeinbindung der urheberrechtlichen Prüfungspflichten in die deliktsrechtlichen Verkehrspflichten aufgezeigt. Die Einbruchstelle hierfür bildet das gemeinsame Merkmal der Rechtswidrigkeit. Ebenso wie in § 823 Abs. 1 BGB besteht auch in § 1004 BGB die Notwendigkeit, die Rechtswidrigkeitsindikation bei mittelbaren Verletzungshandlungen zu begrenzen. In § 823 Abs. 1 BGB erfolgt diese Begrenzung mithilfe der Verkehrspflichten; neben dem Vorliegen der adäquaten Kausalität ist ein mittelbares Verhalten erst dann rechtswidrig, wenn zusätzlich hierzu eine Verkehrspflicht verletzt wird. Die Systematik der urheberrechtlichen Prüfungspflichten beruht auf demselben Prinzip. Auch sie erfüllen im Rahmen des § 97 Abs. 1 S. 1 i. V. m. § 1004 BGB bereits auf Tatbestandsseite die Funktion einer Begrenzung der Rechtswidrigkeitsindikation bei mittelbaren Verletzungshandlungen. Aufgrund des gemeinsamen Merkmals der Rechtswidrigkeit in § 823 Abs. 1 BGB und § 1004 BGB kann folglich zur Bestimmung der Prüfungspflichten, neben den verallgemeinerbaren Vorgaben aus der Rechtsprechung, auf die Verkehrspflichten-Dogmatik zurückgegriffen werden.

Aus dieser Dogmatik der Verkehrspflichten sind neben dem Vorliegen einer Entstehungsvoraussetzung (Eröffnung eines Verkehrs, Übernahme einer Aufgabe, vorangegangenes besonders gefährliches Tun) insbesondere die folgenden Kriterien zur Bestimmung der Prüfungspflichten zu berücksichtigen: die Wahrscheinlichkeit des Schadenseintritts, die Art und Höhe des drohenden Schadens, die Beherrschbarkeit der Gefahr, der soziale Wert der Handlung, der Vertrauensschutz des Geschädigten sowie auch derjenige des Pflichtenträgers. Die urheberrechtliche Störerfigur findet folglich ihre Grundlage in der Normenkette des § 97 Abs. 1 S. 1 i. V. m. §§ 1004, 823 Abs. 1 BGB.

Bei der anschließenden Untersuchung der eingangs gestellten Frage zur Verantwortlichkeit des Betreibers eines Share-Hosting-Dienstes wurde zur Bestimmung der Prüfungspflichten dreistufig vorgegangen. Unterschieden wurde zwischen Bestehen, Inhalt und Zumutbarkeit der Prüfungspflichten. Nach Kenntniserlangung einer Rechtsverletzung bestehen Prüfungspflichten aufgrund eines besonders gefährlichen Vorverhaltens in Gestalt der Eröffnung eines Web-Speicherdienstes und der somit einhergehenden Gefahrerhöhung für Urheberrechte Dritter. Hinsichtlich des Inhalts wurde aufgrund vorhandener Ähnlichkeiten zwischen dem Online-Auktionshaus eBay und den Share-Hosting-Diensten die in der „Jugendgefährdende Medien bei eBay"-Entscheidung des BGH vorgenommene Differenzierung zwischen inhalts- und personenbezogener gleichartiger Rechtsverletzung übernommen und an die Share-Hosting-Dienste angepasst. Im Rahmen der Zumutbarkeit wurden schließlich anhand von Kriterien aus der Rechtsprechung, wie der Funktion und Aufgabenstellung des Inanspruchgenommenen, sowie anhand der Kriterien aus der Verkehrspflichtendogmatik die einem Share-Hoster obliegenden Prüfungspflichten abschließend bestimmt. Obwohl nahezu alle Kriterien für strenge Prüfungspflichten sprechen, sorgt der gesellschaftliche Wert des Dienstes und natürlich der Umstand, dass auch die Share-Hosting-Dienste nicht rechtlos gestellt werden dürfen, dafür, dass ihnen nicht jede erdenkliche Vorkehrungsmaßnahme zugemutet werden kann.

Letzten Endes obliegt dem Unternehmen die Prüfungspflicht, neben der Unterhaltung einer ausreichend besetzten Abuse-Abteilung die Implementierung von Warn- und Verbotshinweisen zu gewährleisten. Besagte Abuse-Abteilung muss in erster Linie nach Kenntniserlangung einer Rechtsverletzung einschlägige Link-Sammlungen im Internet überwachen und die Anzahl erneuter Veröffentlichungen von in Abmahnungen benannten Werken durch Löschung des jeweiligen Download-Link eingrenzen. Darüber hinaus müssen die Share-Hoster eine allgemeine Registrierung aller Nutzer vornehmen. Aufgrund der damit möglichen Identifizierung werden sie in die Lage versetzt, jede weitere Rechtsverletzung durch die in Abmahnungen benannten Nutzer zu verhindern. Diese Prüfungspflicht ist mit Sicherheit die am weitesten gehende, da ihre Umsetzung den vollständigen Ausschluss von Nutzern nach sich zieht. Sofern ein Share-Hosting-Dienst diese Prüfungspflichten verletzt, kann er als Störer gemäß § 97 Abs. 1 S. 1 UrhG i. V. m. § 19a UrhG i. V. m. §§ 1004, 823 Abs. 1 BGB auf Unterlassung in Anspruch genommen werden.

FSC
www.fsc.org
MIX
Papier | Fördert gute Waldnutzung
FSC® C083411

Kolibri 360 GmbH
Ferdinand-Jühlke-Straße 7
99095 Erfurt, Deutschland
produktsicherheit@kolibri360.de